법상

스님과

함께 하는

쿰부

트레킹

히말라야,
내가
작아지는
즐거움

ⓒ 법상, 2010

2010년 7월 5일 초판 1쇄 발행
2023년 10월 25일 초판 11쇄 발행

지은이 법상
발행인 박상근(至弘) • 편집인 류지호 • 편집이사 양동민
편집 김재호, 양민호, 김소영, 최호승, 하다해 • 디자인 백지원
제작 김명환 • 마케팅 김대현, 이선호 • 관리 윤정안
콘텐츠국 유권준, 정승채, 김희준
펴낸곳 불광출판사 (03169) 서울시 종로구 사직로10길 17 인왕빌딩 301호
대표전화 02) 420-3200 편집부 02) 420-3300 팩시밀리 02) 420-3400
출판등록 제300-2009-130호(1979. 10. 10.)

ISBN 978-89-7479-582-5 (03810)

값 19,000원

잘못된 책은 구입하신 서점에서 바꾸어 드립니다.
독자의 의견을 기다립니다. www.bulkwang.co.kr
불광출판사는 (주)불광미디어의 단행본 브랜드입니다.

히말라야,

내가
작아지는
즐거움

글·사진
법상

불광출판사

저자의 말

티베트의 위대한 성자 밀라레빠(Milarepa, 1052~1135)는 '여행을 떠나는 것만으로도 깨달음의 반은 성취한 것'이라는 말을 남기고 히말라야로 떠났다. 그에게 히말라야는 우주의 중심이자 수미산이었고, 히말라야 순례는 깨달음의 원천이었으며, 끊임없이 돌고 도는 윤회라는 여행의 종지부와도 같았다. 그는 탐욕과 성냄과 어리석음으로 괴로워하는 이들에게 '모든 것을 버리고 히말라야로 떠나라'고 외친다.

내 안에 밀라레빠의 이 명징한 외침이 전해지는 순간 모든 시간과 우주가 정지된 듯했다. 그리고 얼마 뒤 밀라레빠의 말에 홀린 것처럼 네팔과 히말라야를 찾았고, 먼발치에서 설산을 바라보며 또 한 번 내 심장은 멎어 버리는 것만 같았다. 이번 히말라야로의 순례는 내 삶에 아주 장대한 오랜 계획의 일환임을 의심할 수 없다.

이 책은 하나의 단순한 여행기가 아닌 내면의 히말라야로 떠난 여행기다. 내 안에서 히말라야는 단순한 설산이 아니라 속뜰의 깊고 드넓으며, 높고도 웅건한 지고의 지향점이다. 그렇기에 정보를 담고 있는 여행 안내서가 아닌, 홀로 걷는 투명한 여행을 통해 자기 안의

저자의 말

히말라야를 찾아가는 구도 과정이자 만행이요, 삶의 안내서이기도 하다. 외국에 나가 보니 한국의 대학생들이며, 직장을 그만 두고 여행을 떠나 온 사람들이 얼마나 많은지를 단번에 알 수 있었다. 특히 요즘은 건강에 대한 관심이 높아지기 시작하면서부터 붐처럼 일어나는 걷기 여행의 흐름을 타고 히말라야로 트레킹을 떠나는 이들도 많아지고 있다. 다른 여행에 비해 히말라야를 걷는 트레킹은 그 어떤 여행보다도 자기 자신을 살피고 내밀한 삶의 진실을 찾을 수 있는 자기 탐구의 여행으로 손색이 없다. 트레킹은 차나 운송 수단을 빌려 목적지까지 편히 다녀오면서 눈요기를 하는 것이 아니라, 직접 두 발로 걸어 오르는 지난한 과정이 아닌가. 편의 시설도 거의 없는 자연 그대로의 야생의 산 속을, 그것도 해발 3,000~5,500m의 높은 설산의 기슭이나 봉우리까지 직접 온몸으로 온 감각으로 걸어 올라야 한다. 그 걷고 걷는 과정 속에 자연스럽게 우리 마음은 고요함을 찾게 되고, 오래고 익숙한 일상에서 벗어나 잊고 지냈던 본래적인 자기 자신과 마주하게 된다.

이것은 흡사 구도자들의 수행의 길과 다르지 않다. 가부좌가 그렇듯, 걷는다는 행위는 그 자체로 생각을 비우고 무심(無心)으로 나아가게 하는 아주 중요한 수행 방법이다. 오랫동안 걷다 보면 우리는 저절로 생각이 멎는 것을 경험한다. 생각이 단순 명쾌해지고 저절로 욕심과 집착과 내면의 화가 사라진다. 그러면서 자기 자신에 대한 통찰, 삶에 대한 지혜로운 사유와 사색이 뒤따른다. 비로소 삶에 대해, 나 자신에 대해 전체적으로 볼 수 있는 적력한 자각이 열린다. 그래서 많은 사람들은 여행을 통해 새로운 삶의 가능성에 눈뜨게 되고, 비로소 어떻게 살아야 하는가에 대한 자기다운 독자적 삶의 방식을 깨닫곤 한다.

여행 중에 만난 한 여행자가 칼라파타르 그 높은 고지까지 갔다

오면서 추억이 될 만한 작은 조약돌 하나 가져오지 않았느냐고 물었다. 그러나 그곳은 무언가를 가져오거나, 얻어오는 곳이 아니라 다만 내려놓고 오는 곳이다. 그래서 성지를 여행하는 이들은 언제나 비우고 비워 작아져 돌아오지, 무언가를 키우고 얻어서 돌아오는 것이 아니다.

우리는 참된 여행을 통해 더 커지는 것이 아니라 더 작아진다. 우리가 그동안 '나'라는 틀 속에 갇혀 아웅다웅하며 돈, 명성, 권력, 인기, 소유 등을 끊임없이 확장해 오려고 애썼던 자기 자신의 에고(ego)와 아상(我相)을 겸손히 비우고 내려놓게 되는 것이다. 아집과 집착과 욕망과 소유물의 크기를 나의 존재감으로 알고 키워오려고 애쓰던 그 마음을 한껏 작아지게 하고 돌아오는 것이다.

세상에서는 '내가 확장되는 즐거움'에 빠져 살지만, 여행을 떠나 삶을 관조하게 되면 '내가 작아지는 즐거움'이 어떤 것인지를 비로소 깨닫고 느끼기 시작한다. 그러나 그 작아짐의 즐거움은 곧 정신적 차원의 무한한 확장을 의미한다. '나'라는 아상과 에고가 작아지고 작아져 무아(無我)가 되었을 때 비로소 온 우주와 하나 되는 우주적 참된 자아와 만나게 되는 것이다. 아이러니하게도 아상이 작아질 때 본연의 지혜로운 참 나는 한껏 드러나게 된다.

바로 그 순간 우리는 여행을 통해 자기 자신답게 사는 길이 무엇인지를 깨닫게 되고, 막막한 삶의 갈림길 앞에서 지혜로운 삶을 선택할 수 있는 우주적인 답변을 들을 수도 있으며, 앞으로의 삶을 어떻게 살아나가야 할지에 대해 내 안의 붓다께 직접 답변을 듣게 되기도 한다. 모든 해답은 내 안에 있다. 그러나 끊임없이 아상의 확장을 위해 살아가는 일상에서는 그 답을 찾을 수 없다가 비로소 여행을 떠나며 두

발에 의지해 걷고 걷는 과정 속에서 '내가 작아지는 즐거움'과 함께
삶의 해답을 찾는 방법을 깨닫게 된다. 삶이란 본래 완전한 것이었으며
질문도 답도 모두 내 안에 구족되어 있었음을 깨닫는 것이다.
이처럼 여행은 의도하든 의도하지 않든 간에 누구에게나 구도(求道)의 한
과정이다. 우린 여행자가 되는 동시에 순례자가 되고 구도자가 된다.
누구나 여행을 통해 자신이 삶에서 깨달아야 할 귀중한 선물을 얻게
된다. 특히 홀로 걷는 여행은 또랑또랑한 지혜로써 삶을 빛나게 한다.
쿰부 여신의 명징하고도 포근한 품속을 느릿느릿 걸으며 얻은 것,
아니 내려놓은 것들을 이렇게 한 권의 책으로 세상에 회향하며,
이 한 권의 책이 여행을 떠나는 모든 이들에게 자기 안에 잠재해 있던
구도의 향기를 꽃피우고, 순례의 여정을 의미 있게 만들어 줄 수
있기를 바래본다. 또한 떠나고 싶어도 떠나지 못하는 일상에 갇힌
이들에게 한번쯤 무거운 짐을 내려놓고 훌쩍 떠날 수 있는 계기를
마련해 줄 수 있다면 그것도 좋겠다.
지금 이 순간도 세계 각국을 여행하며 '내가 작아지는 즐거움'과
동시에 '내가 영적으로 커지는 즐거움'을 깨달아가고 있는 모든
여행자들에게 각별한 연대감 같은 것을 느끼며 그 모든 여행자들에게
깊은 깨달음이 있길 소망해 본다.
끝으로 이 책이 나오기까지 도움을 주신 목탁소리의 많은 법우님들과
선후배 도반 스님들, 그리고 불광출판사 사기순 편집부장님을 비롯한
출판사 관계자 분들께 깊은 감사의 말씀을 드린다.

2010년 초여름 운학사에서
법상 합장

차 례

히말라야, 내가 작아지는 즐거움

1일차
카투만두→루클라→팍딩

결국, 히말라야를 품다 012

- 비행기 추락, 우주적인 질서를 수용하라
- 생각을 너무 신뢰하지 말라
- 루클라에서 만난 여인
- 지텐라이의 행복
- 티베트 불교문화의 향기, 루클라에서 팍딩까지
- 여유작작 따뜻한 차 한 잔
- 히말라야 젊은이들의 소망
- 팍딩의 밤, 고일(高逸)한 외로움이 분다

2일차
팍딩→남체바자

탐세쿠, 설산 영봉에 취하다 048

- 추위에 잠을 설치다
- 자신의 일을 하는 즐거움
- 히말라야의 아이들
- 히말라야에 깃들어 사는 사람들
- 쿰부의 최대 도시, 남체바자의 풍경

3일차
남체바자→샹보체→히말라야 호텔→남체바자

남체바자와 샹보체, 그 선연한 하루 070

- 고산 적응을 위한 하루 휴식
- 가벼운 산책, 샹보체와 에베레스트 뷰 호텔
- 산중 롯지의 고즈넉한 저녁 풍경

4일차
남체바자→텡보체

쿰부의 최대 사원, 텡보체 곰파 086

- 걷는 것은 곧 하나 되는 과정
- 푼키텡가에서 만난 한국인
- 통증과 함께 600의 고도를 오르다
- 텡보체 곰파, 순례자의 기도

차 례

5일차
템보체→팡보체→딩보체

쿰부의 본격적 풍광,
팡보체와 딩보체 106

- 이른 아침, 처음 보는 풍경 속을 걷다
- 팡보체와 딩보체, 그 황량하고도 압도적인 풍광
- 산중 마을에서 생각이 멎다
- 자연 치유, 통증이 사라지다

6일차
딩보체→낭카르창 피크→딩보체

낭카르창 피크,
다음 발자국을 향해 걷다 130

- 이것이 바로 히말라야구나
- 다음 발자국을 향해 걷다
- 5086 낭카르창에서 시간이 멈추다
- 밀라레빠의 노래, 욕망을 버리고 히말라야로 가자
- 온전한 휴식, 달빛 쇼크

7일차
딩보체→투클라→로부체→고락샵

로부체를 넘어 고락샵까지,
내맡김의 길 156

- 고독과 침묵 속의 새벽길
- 4,800 고지를 흐르는 생명수
- 계획은 언제든 변경될 수 있다
- 고도가 오르면 물가도 오른다
- 하나의 방식일 뿐, 더 나은 방식은 아니다
- 반짝이는 삶을 엿보다

8일차
고락샵→칼라파타르→로부체

칼라파타르,
목적 없이 다만 걸을 뿐 184

- 최종 목적지에서 최악의 악천후를 만나다
- 완전한 신비의 순간, 완벽한 날들
- 칼라파타르 롯지의 아침 풍경
- 걸을 때 정신은 우주와 연결된다

9일차
로부체 → 종라

종라,
내가 작아지는 즐거움 206

- 우주의 역설, 버릴 때 더 큰 것을 얻는다
- 내가 작아지는 것을 즐거워하라
- 마땅히 모든 것을 잃어라
- 정신 번쩍 드는 로부체의 새벽
- 개발과 발전으로 히말라야가 사라진다
- 불편하게 사는 즐거움
- 종라 롯지의 평온한 오후

10일차
종라 → 촐라패스 → 닥낙

촐라패스,
빙하와 크레바스를 넘다 238

- 촐라패스 정상을 향해 걷다
- 아슬아슬 빙지대를 넘는 사람들
- 삶을 심각해 하지 말라
- 최악의 오르막을 앞두고 펼쳐진 콘서트

11일차
닥낙 → 고쿄 → 고쿄리 → 고쿄

쿰부 설산의 장엄한 파노라마,
고쿄리 260

- 부풀려진 미래라는 환상에 속지 말라
- 고쿄리를 오르며 침묵의 연주를 듣다
- 알고 떠나는 여행, 모르고 떠나는 여행
- 한두 번 가 보고 여행기를 출간한다고?
- 내려갈 때 보았네, 올라갈 때 보지 못한 그 꽃

12일차
고쿄 → 마체르모 → 포르체탱가 → 쿰중

하산,
신의 거처 마체르모를 지나 286

- 외로운 설산 마을에서 한 생을 유유하다
- 신들의 마을을 지나 계절을 관통하다
- 대자연과의 연대감
- 산중 도시, 쿰중에서 마지막 밤을 보내다

13~14일차
쿰중 → 남체바자 → 루클라 → 카투만두

순례,
삶이라는 또 다른 히말라야로 304

- 몸살감기에 간절한 차 한 잔 생각
- 아픈 몸을 바라보는 즐거움
- 다시 루클라에서

- 저자의 말 004
- 히말라야 트레킹 지도 011
- 법상 스님께 묻는 트레킹 Q&A 320

01 DAYS

카투만두
↙
루클라
↙
팍딩

1일차 결국, 히말라야를 품다

비행기 추락,
우주적인 질서를
수용하라

드디어 그토록 기다려오던 날이 밝았다. 그냥 쉬엄쉬엄 기다린 것이 아니라, 너무나도 간절히 이번 생에 꼭 하나 끝내고 가야 하는 그 어떤 숙제라도 되는 양 결연히도 기다려 왔다. 그러나 막상 그 기다림이 현실이 되는 순간, 의연히도 무덤덤하다.

원래의 계획대로라면 삼 일쯤 전에 루클라(Lukla: 2,860m)행 비행기에 올랐어야 한다. 내 일정이 조금씩 당겨진 이유도 있었고, 무엇보다 생각지 못했던 네팔 인들의 명절이 계속되면서 바로 엊그제까지 모든 관공서가 문을 닫는 바람에 산행에 필요한 퍼밋(Permit, 입장허가서)이며 팀스(TIMS, 트레커 정보운영 시스템) 발급이 늦어졌고, 그 차에 전부터 알고 지내던 현지인 벗으로부터 명절 초대도 받고, 산골 마을의 인연 있는 학교에도 다녀올 겸 해서 마음 편하게 먹고 비행기 표를 3일 늦추었다.

덕분에 오늘 출발하게 되었는데, 엊저녁 듣게 된 충격적 소식! 내가 타고 가려 했던 그 날짜에 출발한 비행기가 루클라 공항의 날씨

사정과 운전자의 부주의로 인해 그만 추락을 했다는 게 아닌가! 조종사 한 사람은 겨우 탈출을 했지만 독일인 17명과 오스트리아인 2명, 그리고 네팔 현지인 포터와 가이드 4명이 모두 그 자리에서 사망하고 말았다. 순간 머릿속에서 독일인과 오스트리아인 사이에 '한국인 1명'이라는 오싹한 상상력이 스치며 소름이 끼쳐 왔다. 국제 뉴스에도 연일 보도되고 있다더니 나중에 카투만두에서 이메일을 열어보니 아니나 다를까, 산에 있는 2주 동안 내 일정을 알고 있던 몇몇 지인으로부터 걱정 어린 메일이 와 있었다.

물론 이 또한 정확한 인연과 우주적인 질서에 따른 삶이라는 큰 계획의 일환이었겠지만, 내 계획을 바꾸지 않고 일단 루크라까지라도 가고 보겠다고 고집을 부렸더라면 내 자유의지의 선택에 의해 내 삶이 마감되었을 수도 있었을 것 아닌가. 모르긴 해도 더 큰 인과의 법칙 속에서 그들은 정확히 가야 할 때가 되어 그 비행기에 오른 것일 수도 있고, 나는 아직 그때가 아니기에 내 입장에서는 그저 단순한 에피소드로 끝났는지 모른다. 우주법계에서 부여하는 삶의 질서는 개개인이 자기 고집과 아상(我相)과 온갖 판단 분별로 상황을 자기 식대로 해석하지 않는 이상 언제나 필요한 일들을 정확히 필요한 바로 그때에 자비로운 목적을 가지고 펼쳐내 보여주고 있다. 그러나 자기 고집과 집착으로 우주의 질서를 받아들이지 못한 채 대항하고 투쟁하려 한다면 그것은 제 스스로 지옥 속으로 뛰어드는 것과 다르지 않다.

그러면 나는 그 비행기를 타지 않아서 살았고 그렇기에 그들보다 우월하거나 운이 좋고, 그들은 운이 나쁘거나 악행을 많이 했거나 잘못한 일이 많아서 그렇게 죽음을 맞이하게 되었을까? 그렇지 않을

1일차 **결국, 히말라야를 품다**

● 네팔 공항 풍경

것이다. 그것이 바로 그들과 나에게 주어진 삶의 몫이요, 계획인 것이다. 물론 그 계획은 자기 스스로 만들어 내는 것이다. 죽지 않고 살아 있는 것이 죽은 자에 비해 우월한 것도, 승리자가 된 것도 아니다. 우리는 모두 언젠가 한 번은 죽음을 맞이해야 하며, 그것은 누구에게나 다양한 방법으로 찾아올지언정 분명히 공평하게 찾아오고야 만다. 그렇기에 죽음은 실패나 좌절이나 아픔, 이별, 슬픔을 의미하는 것이 아니라 자연스러운 삶의 한 부분이다. 죽음은 끝이 아니라 삶의 과정이요, 삶 그 자체인 것이다.

어쨌든 일정에 차질은 생겼지만, 그래서 계획 변경으로 인한 아쉬움도 없지 않지만 그 대신에 나는 이렇게 살아 있다. 당장에 눈앞에 드러난 현실은 일정 차질이며 계획 변경이지만, 그 뒤에는 또 다른 목적이 숨어 있었던 것이다. 우리의 삶을 조금 더 깊이 지켜보면 이처럼 삶의 그 뒤에 숨은 목적, 혹은 더 깊은 차원의 질서가 있다는 것을 깨닫게 되곤 한다. 그러니 삶에서 무슨 문제가 생겼다고 해서 괴로워할 일만은 아니다. 계획된 일정에 부득이한 변경이 생겼다고 해서 아쉬워할 것은 없다. 심지어 그 변경으로 인해 큰 손실을 입었다고 할지라도 안타까워할 일이 아니다.

삶 속에서 등장하는 수많은 부득이한 계획 변경과 어쩔 수 없는 사건, 사고들에 대해 문제를 제기하지 말라. 있는 그대로의 현실을 다만 있는 그대로 받아들이고 수용하라. 그것은 그렇게 되기로 되어 있었던 것이다. 내 계획이 전혀 눈치채지 못하는 더 큰 법계(法界)의 계획표에는 이미 기록되어 있던 것이다.

'내 생각', '내 계획', '내 욕심', '내 집착', '내 소유'라는 아상이 강한 사람일수록 내가 만들어 놓았던 인생 계획에 작은 변동이라도 생기면

도저히 참지 못하고 화를 내며 받아들이지 못한다. 심지어 세상을
원망하고, 사람들을 원망한다. 내 계획대로 삶이 이루어지기를
바라며, 내 생각대로, 내 욕심대로 모든 것이 되어 지기를 바라는
것이다. 그러나 아상에 갇혀 있지 않은 자는 삶에 계획을 세우기는
할지언정 애초부터 '반드시, 절대로 이렇게 되어야 한다'고 하는 자기
고집을 내세우지 않기 때문에 그 어떤 변화에도 심리적인 괴로움을
만들어 내지 않는다.

그 어떤 변화도 마땅히 받아들일 준비가 되어 있다. 이렇게 되어도
좋고, 저렇게 되어도 좋다. 삶의 그 어떤 변화무쌍한 변화에도
유연하게 대응할 준비가 되어 있다. 어느 한쪽에 집착하지 않는
사람은 언제든 고통을 만들어 내지 않는다. 그는 더 큰 질서를 안다.
인생의 더 깊은 차원에서 만들어내는 신(神)의 질서, 법계라는 진리의
이치에 완전히 자기를 내맡긴다. 자기 고집과 아상을 버리고 활짝
열린 마음으로 더 큰 삶의 진리에 나를 고스란히 내던진다. 삶의
거대한 강줄기에서 벗어나 보려고 발버둥치는 것이 아니라 그저 힘을
빼고 함께 따라 흐른다.

이러한 대수용과 무집착과 대긍정이야말로 우리의 삶이 비좁은
인간의 틀에 갇히지 않고 진리의 차원, 붓다의 차원, 신의 차원으로
접근하는 것을 가능하게 만든다. 더구나 그 '더 큰 질서'는 언제나 더
높고 깊은 차원에서 보면 항상 나를 돕고 있다. 겉으로 보기에는
계획대로 안 되는 것 같고, 때때로 나에게 너무도 불합리하게
느껴지며 불리하고 고통스럽게 보이는 일일지라도 그것은 우리
생각의 틀을 뛰어넘는 더 높은 차원에서 보면 우리를 돕기 위한
대본인 것이다. 때때로 그것은 우리의 업장(業障)을 녹여 주기 위한

것일 수도 있고, 혹은 그 사건을 통해 한 단계 성숙할 수 있는 지혜를 전해 주기 위한 것일 수도 있다. 그것이 무엇이 되었든 그 '더 큰 질서' '더 깊은 진리'에 나를 완전히 내던지고 맡기는 삶은 모든 고통과 근심을 덜어주고 우리를 진리로, 신에게로, 깨달음으로 이끈다. 3일 연기된 일정의 의미를 지켜보며, 설산으로의 여행 대신 다른 삶으로의 여행을 먼저 떠난 그들의 영전에 깊은 조의와 함께 '티베트 사자의 서'를 한 편 독송해 바쳐 본다.

언제 사고가 있었냐는 듯 사람들로 붐비는 네팔 공항

1일차 결국, 히말라야를 품다

생각을
너무 신뢰하지
말라

국내선 공항은 언제 사고가 있었냐는 듯 루클라 행 비행기를 기다리는 사람들로 붐빈다. 10월~11월이 네팔 트레킹의 가장 큰 성수기인데다 작년 한 해 국내 정치의 안정으로 인해 유례없는 최대의 관광객들이 네팔을 찾았다는데, 올해는 작년보다 더 많다고 한다.

8시 출발 시간이 한참 지났는데도 "씨타 항공, 루클라"를 외치는 말이 없어 현지인에게 물었더니 '네팔리 타임'이라며 어제는 3시간도 넘게 지연되었었다고 귀띔해 준다. 그러고 보니 3년 전에 왔을 때에도 카투만두-포카라 행 오전 8시 비행기를 오후가 되어서야 탔던 기억이 있다. 그 말을 듣고 오히려 편안한 마음으로 이 시간을 누려본다.

한 30분쯤 더 지났을까. 웬일로 생각보다 빨리 비행기의 출발을 알리는 소리가 들려온다. 표를 끊고 나가 버스에 올라 비행장 한쪽에 서 있는 작은 비행기로 향했다. 네팔의 공항은 국제선과 국내선이 가까이 함께 있는데 한 나라 수도의 대표공항답지 않게 작고 소담하다. 버스에서 내려 비행기 앞에 줄을 서니 사람과 함께 체크인

히말라야, 내가 작아지는 즐거움

루클라행 비행기에서
바라다 본 네팔의 시골
풍경

20여 명 남짓 탈 수
있는 아주 작은
비행기, 앞으면
조종사의
조종석까지 환히
보이는 미니 비행기

할 때 맡긴 짐들도 함께 싣고 있다.
20여 명 남짓 탈 수 있는 아주 작은 비행기, 앞으면 조종사의
조종석까지 환히 보이는 미니 비행기다. 일행이 다 타자마자 비행기
기체 전체를 뒤흔들며 미니 프로펠러가 돌아가더니 미끄러지듯
움직인다. 잠시 뒤 '구르릉' 소리를 내며 그 작은 기체가 쏜살같이
달리더니 드디어 창밖으로 카투만두의 전경을 발아래로 펼쳐낸다.
의외로 안정감 있게 그리 높지 않은 하늘을, 아니 아슬아슬하게 산
위를 날고 있다. 비행기가 뜨자마자 조종사 보조석에 있던 한 남자가
일어나더니 작은 쟁반에 두 종류의 사탕을 내어 온다.
'일반 항공사에서 하는 서비스를 다 하기는 하네' 하는 생각이 들면서
미소가 지어진다.
야트막한 산 위를 사뿐사뿐 나는 동안 산 위에 펼쳐진 네팔의
전형적인 산골 논밭 풍경과 올망졸망한 집들에 시선이 머문다. 푸르른
초록빛과 익어가는 노란 황금빛의 논이 옹기종기 모여 있는 마을, 집,
길, 산과 어우러져 마음까지 시원하게 씻어주는 듯하다. 잠시 뒤
비행기가 산 위를 가볍게 날아오르고 전형적인 네팔 산악 마을의
풍경인 계단식 다랑이 논이 한국의 가을 들녘처럼 누렇게 익어가고
있다.
한 20여 분쯤 떠 있었던 것 같은데 비행기는 벌써 착륙을 준비 중이다.
착륙 직전 창밖으로 거대한 산군이 펼쳐지면서 기체가 주춤하고
흔들리더니 비행기가 눈앞에 보이는 산을 향해 정면으로 돌진을 하는
게 아닌가. 순간 엊그제의 사고가 떠올랐다. 루클라 공항에 도착하기
직전 산에서 방향을 틀어야 하는데 그것을 못 해 정면의 산에
부딪혔다는 신문기사가 오버랩 되며 온몸이 순간 경직되어 옴을

느낀다.

'이놈의 생각', 생각이 공연한 공포감을 또 만들어낸 것이다. 물론 아무 일 없이 잘 도착했지만, 생각이란 놈은 비행기에 타는 순간부터 엊그제 있었던 사고를 끄집어냄으로써 계속해서 불안과 공포를 만들어 내고 있었던 것이다. 비행기가 조금만 주춤거려도 '혹시나 잘못된 것이 아닐까' 싶고, 조금만 조종사가 딴 짓을 해도 '저 사람이 저러다 어쩌려고' 하며 혼자서 생각으로 근심과 걱정을 만들어 내고 있는 것이다.

생각은 언제나 이런 식으로 눈앞에 나타나는 상황에 자동적으로 과거의 기억들을 끄집어 내면서 온갖 망상 분별들을 만들어 낸다. 그리고 대부분 그렇게 마구잡이로 끄집어 내는 생각들은 별로 의미 없고 쓸모없이 왔다가 가는 것이 대부분이다. 화가 날 때, 살펴보면 화가 날 법한 상황이 생기면 반사적으로 욱 하고 올라오듯이 생각도 마찬가지로 온갖 상황이나 조건이 생기면 무조건적으로 기억 속 흔적들을 끄집어내 연관된 것들을 막 의식의 표면으로 쏘아 올린다. 꿈처럼 아무런 질서도 없이 언뜻 비슷한 기억들을 죄다 끄집어내고 보는 것이다. 이게 바로 생각의 속성이다.

이처럼 생각은 과거의 기억을 먹고 산다. 그런데 이때 우리가 알아야 할 아주 중요한 사실은 그렇게 과거의 생각들이 솟구치는 순간 우리는 '지금 여기'라는 충만한 자리를 놓치고 만다는 사실이다. 생각은 늘 그런 방법으로 우리 내면의 본연의 평화와 고요를 밀어내곤 한다. 한 번 그 늪에 빠져 버리면 꼬리에 꼬리를 물고 쏟아지는 생각의 의미 없는 혼돈 속에서 허우적대느라 현존(現存)에서 오는 충만한 삶의 에너지는 그 기운을 잃고 만다.

생각을 너무 신뢰하지 말라. 너무 생각이나 판단에 의존하려 하지 말라. 과거의 기억들로 오늘을 판단하거나 과거의 색안경으로 지금 이 순간을 평가하지 말라. 무심(無心)의 순간을 조금씩 늘려 나가보라. 생각이 놓아지는 순간 우리 마음은 짧은 평화를 경험한다. 그리고 또 하나 중요한 사실은 생각이 힘을 잃고 대신 그 자리에 무심과 관조(觀照)가 빛을 비출 때 우리의 의식은 비로소 깨어나기 시작한다는 사실이다. 또한 바로 그때 생각지 못한 아이디어나 기존의 관습을 넘어서는 번뜩이는 창의, 그리고 기억과 사고 너머의 깊은 존재의 심연 속에서 지혜의 가르침들이 직관적이고도 창조적인 영감의 방식으로 드러나기도 하는 것이다. 그 모든 것은 생각과 기억이라는 과거의 잔재, 또 계획과 바람과 욕망이라는 미래의 잔재가 모두 사라진 '지금 이 순간'이라는 현존의 순간에 깃드는 것이다.

그러니 공연한 생각으로 너무 근심 걱정할 것은 없다. 그것은 그저 생각과 기억이 만들어 내는 쓸데없는 것들일 뿐이다. 그래서 어니 젤린스키는 그의 책 『느리게 사는 즐거움(Don't Hurry, Be Happy)』에서 "걱정의 40%는 절대 현실로 일어나지 않는 것, 30%는 이미 일어난 일에 대한 것, 22%는 사소한 고민, 4%는 우리 힘으로는 어쩔 도리가 없는 일, 4%는 우리가 바꿔놓을 수 있는 일"이라고 말했다. 결국 걱정은 제로라는 말. 본래부터 근심이나 걱정이 실체적으로 있는 것이 아니라 자기 스스로 만들어 놓고 거기에 빠져 공연히 근심하고 있을 뿐인 것이다.

그렇게 올라오는 생각들을 바라보며 몸의 경직이 풀리고 있는데 곧바로 비행기는 이륙을 마쳤다. 착륙 절차도 아주 간단하고 그 시간도 매우 짧다. '쿠쿵' 하고 비행기가 땅으로 구른 지 불과 2~3분도

026
히말라야, 내가 작아지는 즐거움

루클라 공항 주변에는 포터와 가이드를 알선해 주겠다는 현지 여행사 직원들로 북새통을 이룬다.

1일차 결국, 히말라야를 품다

안 될 것 같은데 비행기 문이 열리고 사람들은 짐을 주섬주섬 챙겨들고 바삐 내린다.

비행기를 나서는 순간, 루클라의 전경이 그림처럼 펼쳐진다. 진한 물감을 풀어낸 듯 강한 콘트라스트의 빨간색, 파란색, 초록색 집들이 포근히 둘러싸인 산 아래 소박하게 누워 있다. 비행장 한쪽 언덕에는 두 명의 군인이 마을을 배경으로 뜨고 내리는 비행기를 묵묵히 지켜보고 있다. 20여 명의 함께 내린 동행자들이 모두들 여행자거나 가이드, 포터다 보니 앞으로 이들과 계속 만날 것 같은 느낌.

일반적으로 개인 여행자들은 루클라에 도착해 포터나 가이드를 구하곤 하는데, 단체 여행자들은 여행사에서 구해 준 가이드와 포터를 카투만두에서부터 그들의 비행기 값까지 지불하면서 함께 오기도 한다. 물론 비행기 표는 여행자들의 반값 정도로 저렴하다. 그렇다고 하더라도 카투만두-루클라 노선의 왕복 비행기 가격이 24만 원 정도이니 10만 원이 넘는 지출을 감행하면서라도 2주 이상을 함께 먹고 자며 지내고 의지해야 할 가이드와 포터를 믿을 만한 여행사를 통해 데려오곤 하는 것이다.

공항 주변에는 포터와 가이드를 알선해 주겠다는 현지 여행사 직원들로 북새통을 이룬다. 주로 포터는 미화 하루 10달러, 가이드는 15달러 전후의 가격이 책정되어 있다. 나는 다행히도 카투만두에서 여행사를 운영하면서 사회복지재단을 함께 운영하고 있는 오랜 벗 라케스의 도움으로 중간소개업자나 수수료를 떼어가는 여행사를 통하지 않고 하루 600루피(약 9천 원, 8달러 50센트, 70루피가 1달러인데 보통 70루피를 천 원으로 보면 계산이 쉽다)에 좋은 포터를 소개 받은 터라 그를 만나러 루클라 시내의 쿰부 롯지(Lodge, 산장)로 향한다.

루클라에서
만난
여인

쿰부 롯지 앞에서 그를 기다리고 있는데 롯지의 인터넷 방 주인인
듯한 젊은 여자 분이 내가 한국 사람인 것을 알고는 말을 걸어온다.
미리 한국 사람을 보면 물어보려고 준비한 듯한 메모지를 가져와서는
몇몇 기초적인 영어 인사말을 한국말로 어떻게 표현할 수 있는지를
영어 발음으로 적어 달라고 한다. "잘 지내고 있나요?", "보고 싶어요",
"사랑해요", 그러면서 수줍은 미소를 지으며 남자친구가 한국
사람이라고 한다. 어쩌다 한 번씩 전화 통화를 하는데 한국말로
안부를 묻고 싶었단다. 그녀의 얼굴에 그리움이 묻어난다.
그가 히말라야를 찾았을 때 잠시 만났는데 대번에 둘은 서로에게
반했다. 하지만 그들에게 주어진 시간은 너무도 짧았고 그리움은
너무도 길다. 그를 본 지가 언제인지도 모르겠다. 다시 만날 수 있기는
한 것인지, 사랑이 계속될 가능성이 조금이라도 있기는 한 것인지 알
수 없다. 다만 그녀는 비행기가 착륙할 때마다 혹시나 있을 한국인을
찾았고, 한국인을 보자마자 반가움과 애락(哀樂)의 마음으로 그와

연결될 수 있는 연문(戀文)의 언어를 묻고 싶었던 것이다.

사랑은 이토록 애잔하다. 아침 햇살을 받아 반짝이는 그녀의 머릿결과 낯빛에서 만남과 이별의 아름다운 이야기 하나가 바람처럼 구름처럼 흘러가는 듯하다. 이 세상에 사랑처럼 아름다우면서도 또 늘 삶 속에서 경험하는 것이면서도, 그 실전에서는 늘 어눌하고 서툴며 올바른 방법을 모르고 헤매는 것이 또 있을까? 내가 만나 왔던 많은 이들이 사랑으로 인해 얼마나 큰 상처를 입었는지, 또 더불어 성숙해 졌는지를 헤아리자면 끝도 없다.

한 젊은 친구는 헤어짐의 아픔 때문에 자살을 하기도 했고, 또 어떤 친구는 오랜 정신적 후유증을 겪다가 정신이상이 온 경우도 보아 왔다. 이처럼 때때로 서툰 사랑, 충분히 그 깊이를 헤아리지 못한 중독적이고 집착적인 사랑의 끝은 상상 그 이상이다.

많은 이들이 사랑과 소유를 동격으로 여기는 듯하다. 사랑하면 당연히 '내 여자', '내 남자'가 되어야 하는 것이다. 그러나 생각해 보라. 이 세상 그 어떤 대상이 영원한 '내 것'일 수 있는가. 나 자신도 내가 아닐진대, 내가 소유하고 있는 것, 내가 사랑하는 대상이 어찌 영속적인 내 소유가 될 수 있겠는가. 집착과 소유를 동반한 사랑은 그 끝이 언제나 고통과 슬픔일 수밖에 없는 태생적 한계를 안고 있다. 집착과 소유는 언젠가 반드시 사라지고야 마는 무상(無常)의 특성을 가지고 있기 때문이다.

사랑하되 집착하지 말라. 사랑은 '내 것'으로 만들려는 이기적인 마음이 아니라 아집(我執)을 놓아버린 순수한 이타적인 마음 그 자체다. 진정한 사랑에는 '나'라는 에고며 아상(我相)이 개입되지 않는다. 예를 들어 그가 또 다른 사람이 생겨 나를 떠나간다고 했을 때조차 그가 그

히말라야, 내가 작아지는 즐거움

사람과 함께 함으로써 나와 함께 있을 때보다 더 행복할 수 있다면 그를 위해 마땅히 보내줄 수 있는 것이 본래적인 사랑의 속성이 아니겠나. 마음이 벌써 떠났는데도 집착을 버리지 못하는 마음은 지독한 아집이 만들어 내는 강박증이요, 정신이상에 가깝다. 그러나 과연 어떻게 집착 없는 사랑이 가능할 수 있을까? 물론 가능하다. 아니 가능한 정도가 아니라 그것이야말로 진정한 신의 사랑, 붓다가 말씀하신 동체적인 사랑으로 가는 길이다. 그런 투명하고 흔적 없는, 사랑 그 자체의 사랑을 했을 때 사랑은 그 세속적인 의미를 넘어 명상으로 들어서는 올찬 깨달음의 길로 변모한다.

어스레한 그녀의 애화(哀話) 한 자락에 축복을 보내며, 이 사랑이 이루어지고 말고를 넘어서 이 이야기 속에서 하나의 성숙과 깨침을 이루기를. 이 사랑이라는 생생하고 진한 삶의 현장이 가져다 주는 더 깊은 목적의 의미를 깨쳐 보기를.

• 쿰부 롯지 앞 인터넷 방 주인인 듯한 여인. 남자 친구가 한국인이라며 '보고 싶어요', '사랑해요' 등을 영어 발음으로 적어달라고 했다.

지텐라이의 행복

멈칫 멈칫 내 눈치를 보던 한 청년의 눈빛이 내 눈과 투명하게 마주친다. 앞으로 나와 2주 이상을 함께 걸을 쿰부(Kumbu, 에베레스트를 중심으로 마칼루, 초오유까지의 남쪽 지역)의 도반, 포터 지텐이다. 첫 인상이라는 잠깐의 순간에 직관적으로 상대의 상당 부분을 알게 된다고 하더니, 우리의 이 첫 눈빛의 마주침이 서로의 마음에 진한 심상을 남긴다. 아직은 어려 보이는 순한 얼굴에 선한 눈웃음, 수줍은 듯 다소 긴장한 듯한 표정에서 순간 믿음 같은 것이 피어올랐다. 환한 웃음과 악수로 간단한 대면을 마치고 이런 저런 이야기를 나누며 잠시 출발에 앞서 이야기꽃을 피워본다.

나이는 20살, 이름은 지텐라이, 포터 3년 차, 고등학교를 졸업하고 대학을 포기한 채 포터를 시작했다. 가족은 11명, 할아버지, 아버지, 어머니, 5명의 남형제와 3명의 여자 동생이 있고 그중 지텐은 이 모든 동생들을 돌봐야 하는 장남이다. 막내 여동생은 이제 겨우 2살, 2살에서 20살인 지텐까지 2~3년 차이로 형제자매가 주루룩 아홉이나 된다. 지텐은 장남이기도 하지만 유일하게 돈벌이를 하는 자식이고,

8명의 동생들은 모두 학생이거나 아기이다. 부모님들도 워낙 소규모로 농사를 지으시다 보니 11명의 가족은 궁핍을 면치 못하고 있다. 그러니 이 대가족의 생계가 20살 지텐의 어깨에 무겁게 매달려 있는 것이다.

한 번의 포터 일정이 끝나면 지텐은 맛있는 과자들을 사가지고 가서 동생들 나누어 주는 재미를 좋아한다. 물론 할아버지와 두 분의 부모님 용돈과 생활비도 드려야 하고, 동생들 학교생활에 필요한 학용품도 사 주어야 한다. 듣고만 있어도 내 어깨가 무거워질 정도인데, 지텐은 이 일이 그리 행복하단다. 그리고 이 정도의 수입을 올리는 것만으로도 상당한 자부심을 느낄 정도라고 한다. 그야말로 환한 얼굴빛에서 행복이 뚝뚝 떨어지는 것이 보인다.

우리가 생각하는 행복이라는 것이 진정 어떤 기준을 가진 것인지, 과연 기준이란 게 있기는 한 것인지 다시금 생각해 보게 된다. 사실 행복이란 그것을 느끼는 마음의 태도를 말하는 것이지, 어떤 특정한 조건이나 상황을 말하는 것은 아니다. 특별히 정해진 '행복의 조건'은 없다. 아무리 완벽한 상황 속에서도 불행한 사람이 있는가 하면, 최악의 상황 속에서도 평안을 찾고 행복을 느끼는 사람들이 있지 않은가. 행복이란 '추구'하는 것이 아니라, 누리고 만끽하는 것이다. 행복의 모든 조건이 다 충족된 상태를 추구하는 것이 아니라, 지금 여기에서 주어진 삶의 조건을 누리고 만끽하는 것이다. 그렇기에 지금 여기에서 행복을 누리지 못하는 사람은 언제까지고 행복을 이룰 수 없다.

그 무엇도 바랄 것이 없고, 추구하지 않으며, 오직 주어진 삶의 모든 조건을 받아들이면서, 작은 행복의 조각들 속에서 큰 행복의 감각을

1일차 결국, 히말라야를 품다

누리는 데 행복의 비결이 있다. 더욱이 우리는 지금 여기에서 누리고 있는 것을 사실은 단순히 누리고 있기만 한 것이 아니라 창조하고 있는 것이다. 행복을 누리는 것은 행복을 창조하는 것이고, 불행을 느끼는 것은 불행을 창조하는 것과 다르지 않다. 무엇을 느끼고, 누리고, 내뿜으며, 생각하느냐에 따라 우리의 미래가 그대로 창조되어지기 때문이다.

아직은 어려 보이는
순한 얼굴에 선한
눈웃음,
수줍은 듯 다소
긴장한 듯한
첫인상의 포터
지텐라이

히말라야, 내가 작아지는 즐거움

티베트 불교문화의 향기, 루클라에서 팍딩까지

드디어 출발. 루클라 작은 마을길을 통과하는데 길옆의 빵집이며 트레킹용품점, 여행사, 항공사의 사무실 등에는 이제 막 트레킹을 마치고 내려온 이들과 이제 막 트레킹을 시작하려 분주히 준비하는 이들의 이야기꽃으로 장사진을 이룬다. 사람만 그런 게 아니다. 잔뜩 짐을 싣고 먼먼 길을 오르기 시작하는 야크들과 홀가분한 몸으로 내려오는 야크들이 교차하며 흥미로운 대조를 이룬다. 루클라 마을을 통과하니 이제 본격적인 산행이 시작되는 지점이다. 그저 흔한 우리나라의 여름 산길을 연상케 하는 소박한 오솔길 위를 다소 설레는 마음으로 걷기 시작한다.
걷다 보니 여행자들을 많이 보게 되는데, 의외로 연세가 지긋하신 분들도 많다. 그 오래고 무딘 몸을 쿵쿵거리며 장하게 산을 하산하는 분들의 표정에 무언가를 해 냈다는 자신감이 충만하다.
길을 걸을 때는 차를 타고 다닐 때와는 달리 주변의 작고 사소한 것들의 생기로운 움직임을 다 살펴볼 수 있고, 내 주변에서 무슨 일이 일어나고 있는지, 어떤 생명들이 다양하게 삶을 살아내고 있는지, 평소에는 그다지 자세히 살펴보지 못하던 것들을 유심히 지켜보는 새로운 눈이 열린다. 그것이야말로 걷는 즐거움, 산책의 즐거움이며 산길을 걷는 즐거움에서 빼놓을 수 없는 부분이다. 작은 꽃들, 나무들, 새들과 계곡의 크고 작은 변화들을 예민하게 내 온몸의 감각이 고스란히 느끼게 되고, 그런 주변 자연에 대한 관찰과 감각은 우리 존재를 깨어나게 하고 세상을 향해 활짝 열려 있게 한다.

검은 새 한 마리가 휘휘 날아와서는 지붕 위 끝자락에 앉았다. 가만히 무엇을 하나 살펴보다가 사진 한 장 담아보려고 찰칵 하는 순간에 날아가 버리는데, 위로 날아오르는 게 아니라 계곡 위 아슬아슬하게 지어진 집 아래로 수직 하강을 하면서 계곡 저 아래까지 순식간에 날아가 버린다.

걷는 내내 길옆으로 펼쳐진 논밭의 초록 물결과 그 사이사이에 박혀 있는 집들 그리고 무심한 나무들에게 시선이 머문다. 허름한 시골 농가 한 채, 그 곁에 딸린 밭뙈기 조금, 이 정도면 한 평생 대장부의 살림살이 그럭저럭 괜찮겠다 싶은 생각이 들었다.

두런두런 지텐과 이야기를 나누며 걷다 보니 벌써 점심때다. 지텐이 잘 아는 식당에서 라라누들스프(네팔 라면)를 시켜 먹는다. 쉽게 말해 우리나라의 라면 반 개 정도 하는 분량의, 양념이 안 되어 있어 자체 조미료로 간을 낸 라면이다. 라면을 먹고 나서 따뜻한 홍차 한 잔을 마시며 여유롭게 주위를 돌아본다.

날씨가 너무 좋다. 하늘은 진하게 푸르고, 햇살은 그 어느 때보다 따사롭고, 온도도 걷기에 딱 좋다. 우리나라 가을 날씨처럼 상쾌한데다 살랑거리는 바람은 더없이 걷는 이를 청량하게 씻어준다. 루클라

히말라야, 내가 작아지는 즐거움

에베레스트 트레킹이 시작되는 루클라 마을길. 이곳에서 미처 준비하지 못한 트레킹 장비를 빌릴 수도 있다.

초입에서부터 걸음을 더해갈수록 쿰부의 풍경은 여행자를 압도한다. 평화로운 들녘과 오밀조밀한 집들, 마을길들, 투명하고 푸른 하늘과 쨍하게 부서지는 햇살, 이 모든 풍경이 안나푸르나(Annapurna)의 그것과는 확연한 차이를 보인다. 아무래도 티베트와 가까운 지역이라 그런지, 티베트 불교의 영향력 아래에서 문화를 이루고 있는 셸파 족들의 생활상이 이 산과 들녘과 마을 곳곳에, 그리고 그들의 생활양식에

고스란히 녹아들어 있는 듯 보인다.

초모롱마(Chomolongma, 에베레스트: 8,848m), 눕체(Nuptse: 7,861m), 쿰부체(Khumbutse: 6,636m), 푸모리(Pumo Ri: 7,165m), 로체(Lhotse: 8,501m) 등 설산 영봉의 뒤쪽 능사면은 지금은 중국 땅이 된 티베트의 영역이다. 그러니 안나푸르나와는 달리 티베트의 문화가 고스란히 내려앉아 녹아든 것이 당연한 일. 실제 이곳 쿰부 지역에 사는 사람들은 티베트의 감파(Khampa) 지방에서 이주해 온 사람들이다.

산자락 중턱에 자리한 작은 곰파(Gompa, 사원)들, 초르텐(불탑)들, 곳곳에 자리 잡은 마니차(경전이 들어있고 경전이 새겨져 있는 원통형의 바퀴)와 바윗돌에 섭새겨진 마니스톤(마니석, 경전이 새겨져 있는 바위나 돌), 흩날리는 룽다(경전을 적은 천 다발을 묶어 놓은 길다란 끈)와 타르초(경전을 적은 깃발), 이 모든 것이 흡사 라다크(Ladakh, 작은 티베트라 불리는 티베트 접경지역 인도의 작은 마을)에서 익숙하게 보아왔던 것들과 닮아 있지만 다른 어딘가 모를 이곳만의 특색이 또한 아로새겨져 있다. 라다크에서는 곰파에 가서나 볼 수 있는 것들이, 이곳에서는 마을 곳곳에 그저 불교문화가 그들 삶의 한 부분이 된 양 흩어져 녹아들어 있는 것이다.

마을 입구에 경전 문구를 새겨 넣은 마니스톤이 마을을 지켜주는 신장처럼 당당하게 서 있고, 길가 곳곳에 마니차가 서 있어 길을 걸으면서 경전을 읊듯 길을 걸으며 마니차를 돌릴 수 있게 되어 있다. 또한 집과 집의 지붕 사이에 룽다를 걸어 놓아 진리가 마음껏 바람을 타고 온 누리에 퍼져나갈 수 있도록 해 놓았고, 룽다와 마니스톤이 있는 곳이면 어김없이 타르초가 우뚝 선 기상으로 흩날리고 있다.

이 모든 것들을 느끼며 바쁠 것 없이 여유작작하게 걷는다. 한 발 한 발 에움길을 돌고 돌아 구름이 흐르듯 발길도 흘러간다. 이 한 발 한 발이

히말라야, 내가 작아지는 즐거움

얼마나 생기로운지. 걸음걸음마다 생명력이 물씬 피어오름을 느낀다.
길은 가파르지도 힘겹지도 않은 잔잔한 오르막과 내리막의 연장이다.
이 예스러운 마을길을 아그작거리며 걷는다는 이 평범함이 내가
살아오며 내달려온 그 어떤 성취의 순간보다도 더 깊은 순간으로
진하게 다가온다. 아! 야생의 대자연이 살아 숨쉬는, 때 묻지 않은
순박한 사람 풍경 속을 거닌다는 것이야말로 얼마나 큰 축복인가. 이
소박하고 작은 것들 속에서 위대함과 거룩함을 본다.
사실 인간계의 모든 위대함은 작은 것에서부터 나온다. 지금 이
순간의 작고 소박한 일상을 얼마나 깨어있는 순간으로 살아가느냐
하는 것이 바로 얼마나 거룩해지고 위대해질 수 있는가를 결정한다.
그 어떤 위대한 눈에 보이는 성취일지라도 한 순간의 깨어있는 호흡과
현존에 미치지 못한다.

1일차 결국, 히말라야를 품다

**여유작작
따뜻한
차 한 잔**

두세 시간 산책하듯 걸어 팍딩(Phakding: 2,610m)에 도착한다. 사실 지지난 주 안나푸르나 베이스캠프(ABC)와 푼힐(Poon Hill: 3,193m)에 갔다가 내려올 때, 오른쪽 무릎에 통증이 오기 시작했었다. 산행 후 약 일주일 동안 쉬면서도 통증이 사그라지지 않아 이번 순례를 걱정해 왔는데 그럭저럭 버틸 만해서 무리일 거라는 주위의 염려에도 불구하고 쿰부 산행 길에 오른 것이었다. 이번이 아니면 두 번 다시 오기 힘들 거라는 생각이 크게 작용을 했던 것도 있고, 천천히 오르는 데까지 올라보고 정 안 되겠다 싶으면 그때 내려가면 되겠지 하는 편안한 마음으로 길을 나섰는데, 그래도 아직까지는 다리를 조금 절룩거릴 뿐, 그럭저럭 버틸 만하다. 오히려 카투만두에서 쉬고 있을 때보다 다시 길을 걸으니 더 나은 것도 같다. 계속 걷다보면 통증도 잊게 된다.

팍딩은 계곡 곁에 위치한 자그마한 마을이다. 작다고 해도 쿰부 지역 지도에 나오는 수많은 마을에 비한다면 제법 큰 마을에 속한다.

왜냐하면 이곳 쿰부 지역의 지도에 나오는 마을 이름은 수도 없이 많지만 정작 그 마을이라는 것이 겨우 롯지(Lodge, 산장) 한두 개나 서너 개 있으면 마을 이름이 붙는 형편이다 보니 마을이라고 해야 그저 집 몇 채 모여 있는 정도라고 보면 되겠다. 그런 데 비한다면 팍딩은 언뜻 보기에도 예닐곱 개의 롯지에 식당과 간이매점 그리고 현지인들이 사는 집들도 제법 되고, 심지어 당구장에 인터넷 방까지 갖춘 제법 규모 있는 마을인 셈이다. 그도 그럴 것이 이곳은 루클라에서 에베레스트 베이스 캠프(EBC) 트레킹의 전진기지인 남체바자(Namche Bazaar: 3,440m, 줄여서 남체라고도 함)까지의 중간 지점이다. 그러다 보니 대부분의 여행자들은 이곳에서 하루를 묵은 뒤 남체바자로 향한다. 이른 시간 도착하여 롯지 앞 의자에 앉아 따뜻한 물을 한 잔 얻어 한국에서부터 가져 온 보이차(普洱茶)를 우려 마신다. 아, 이 산중에서 마시는 따뜻한 보이차 한 잔의 맛이란! 꼬깃꼬깃 조금씩 포장된 몇몇 종류의 보이차를 열어 마실 때마다 이것을 보내주신 보살님 생각에 새삼 감사함과 행복감이 차처럼 우러난다. 이 차들은 내 바로 손아래 사제(師弟)인 법기 스님의 모친께서 좋은 보이차라며 높은 산에 가면 고산병에 좋다고 조금씩 조금씩 몇 종류를 작은 팩에 담아 보내주신 것이다.

이 보살님은 서울에서 동다향(http://cafe.daum.net/puer)이라는 보이차 전문점을 운영하고 계시는데, 어릴 적부터 아들이 스님이 되면 좋겠다고 입버릇처럼 말하던 것이 현실이 되어 아들이 출가를 했고, 스님이 출가하고는 몇 해 뒤에 갑자기 일평생 하시던 포목점을 그만두고 적지 않으신 춘추에 새롭게 보이차 전문점을 여셨다. 스님이 보기에 모친께서 보이차 전문점을 개원할 만큼 차에 대해 잘 아시는

것도 아닌데 어찌 된 연유인지 여쭈었더니 아들스님에게 평생 좋은
차라도 공양해야겠다 싶어 몇 년을 보이차 공부를 하고, 무슨
연구소에 배우러 다니며 그 춘추에 향학열을 올리신 결과라는 것을
알게 되었다.

아들이 출가를 해도 부모님은 언제까지나 부모님이다. 부모님의
사랑은 자식이 스님이 되었든, 죽을죄를 짓고 감옥에 가 있든 언제나
한결같은 보살의 사랑인 것이다. 부처님께서도 정반왕의 세찬
반대에도 불구하고 "나는 가족과 나라를 떠나기 위해 떠나는 것이
아니라 진정으로 다시 돌아오기 위해 떠난다."고 하고 출가를 감행한
뒤, 성도를 하시고 나서 다시 가족과 나라로 돌아와 부모님과
가족·친지·나라의 많은 이들을 출가로 이끌고, 아라한이 되도록
하셨을 뿐 아니라, 부처님을 낳자마자 돌아가신 어머님을 위해 천상에
직접 올라가 법을 설하고 하강하기도 하셨다. 경전에서도 부모님께
효도하는 것이 그대로 부처님을 공양하는 것과 다르지 않다고 말하고
있다. 사실 부모님이 자식에게 하는 조건 없는 사랑, 그것이 모든
이들에게로 확대되어 갈 수 있다면 그것이 바로 부처님의 동체대비와
다르지 않을 것이다.

해가 기울고 계곡의 온도가 떨어지는 상황에 따뜻한 보이차 한 잔이
온몸을 따뜻하게 녹여주면서 보살님의 사랑이 따스하게 내 안에도
퍼지고 있다.

히말라야, 내가 작아지는 즐거움

히말라야
젊은이들의
소망

롯지 앞마당에서는 아까부터 마을 처녀 총각들이 포터들과 함께 어우러져 배드민턴을 치고 있다. 중고등학생쯤 되어 보이는 어린 여학생들 두세 명이 시작을 하더니 이윽고 포터와 가이드들이 하나둘씩 끼었고, 구경하던 서양 여행자들까지 게임에 뛰어들면서 롯지 앞마당은 한바탕 활기로 가득하다. 저절로 입가에 함박웃음이 피어나면서 작은 행복감에 젖어든다.

이 아이들은 이 마을 가까이에 있는 중학교에 다닌다고 한다. 지금은 여기에서 부모님 일을 도와 농사도 짓고 성수기에는 롯지 일도 돕고 있지만 이들의 공통된 꿈은 카투만두로 대학을 가는 것이다. 그러려면 물론 공부도 잘 해야 되지만 무엇보다 돈이 있어야 한다. 그러다보니 이들 부모들 또한 한국에서와 다르지 않게 뼛골이 빠지도록 돈을 모아 아이들 대학도 보내고 자식들 출세시키기 위해 기꺼이 자신의 한 생을 바친다.

지텐은 일찍부터 대학을 포기했다. 부모님이 대학을 보내 줄 재정적

뒷받침이 없었기 때문인데, 그로 인해 원망스러울 법도 하지만 자신의 처지를 전혀 비관하지 않는 긍정적인 성격의 소유자다. 그러나 자신은 그렇다 치더라도 공부를 좋아하는 동생들까지 학업을 포기하게 하고 싶지는 않다. 때문에 지텐은 지금도 번 돈을 열심히 모아 부모님께 드리면서 이 돈으로 동생들 대학을 꼭 보내달라고 부탁한다. 지난 3년간 포터로 번 돈이 그래도 제법 되는지라 이제 17살이 된 바로 밑의 동생 대학 보낼 밑천은 이미 만든 셈이라고 말하는 말투에 자신감과 뿌듯함이 어린다. 참 대견하다.

다른 아이들처럼 포터를 그만두고 대학 가고 싶지 않느냐는 질문에 자신은 지금 이 삶에 매우 만족하고 동생들 뒷바라지하는 것으로 족하다고 한다. 꿈이 무엇인지를 물었더니 지금은 동생들 공부 시키는 것이고 더 돈을 모으면 이곳에 롯지 하나를 짓는 것이라고 한다. 그것은 대부분 포터들의 바람이고 꿈이기도 하다. 호기심이 발동하여, 얼마 정도를 벌면 롯지 하나를 지을 수 있는지를 물었더니 한참을 생각하다가 내린 답변이 대략 150만 루피라고 한다. 우리 돈으로 대략 2천만 원쯤 하는 액수인 듯싶다. 물론 지금은 갑자기 네팔의 정권이 바뀌면서 최근 1~2년 사이에 물가가 폭등하는 바람에 조금 더 필요할지 모르지만 대략 그 정도면 최신 시설을 갖춘 현대적인 롯지를 지을 수 있다고 한다. 나중에 자신의 롯지를 지으면 공짜로 와서 묵고 먹으라며 환히 웃는다.

갑자기 한 생각 일어난다. 그 정도 액수에 멋진 롯지라면 이곳에 와서 롯지와 절을 하나 짓고 평생 설산에 깃들어 여행자들 밥이나 해 주면서 도나 닦고 사는 것도 나쁘지 않겠다는 생각.

일평생 2천만 원을 모아 롯지 하나를 짓는다면 한국에서 따져보면

히말라야, 내가 작아지는 즐거움

그리 큰돈은 아닐 것이다. 그러나 여기에서는 그야말로 모든 포터들의 평생 소망이자 꿈이다. 평생 등짐으로 20~30kg을, 때때로 짐꾼들은 믿기 어렵겠지만 40~50kg을, 그것도 해발 4,000~5,000m 이상을 오르내리며 짊어 나르면서 번 돈을 아끼고 아껴 모아야지만 그것도 성공한 소수의 포터들에게만 허락되는 것이 아닌가.

팍딩 롯지의 밤풍경. 밤이 늦도록 여행자들의 이야기꽃은 그칠 줄 모른다.

1일차 결국, 히말라야를 품다

팍딩의 밤,
고일(高逸)한
외로움이 분다

저녁을 먹고 롯지 주위를 산책한다. 어둠이 내린 팍딩 거리에
고일(高逸)한 외로움이 바람처럼 불어온다. 낯선 거리, 낯선 어둠
속에서 쓸쓸한 골목을 타박타박 걷는다. 오랜 그리고 깊은 고독감이
아주 진하게 우려낸 차의 쓴맛처럼 감각을 뒤덮는다. 아, 이런 순간 나
자신이 낯설다. 갑자기 기억상실을 일으킨 것처럼 지난 기억의
흔적들이 소리 없이 무뎌지고, 나를 정의내리고 있던 수많은 에고의
껍질들조차 내가 아닌 듯 낯설게 느껴진다. 아, 이 느낌을 어떻게
표현한다? 생의 시작부터 지금까지 마치 아무 일도 없었던 듯 모든
것이 표연하게 느껴지기도 하고, 지난 삶을 정처 없이 정신없이
떠돌며 살아오다 이제야 정신이 돌아온 기억상실증의 낯섦 같기도 한
이 느낌. 아주 낯선 그러나 아주 새로운 느낌, 느낌의 흐름들이 그 어느
때보다도 깊고 투명하게 전해온다.
골목길 집집마다 저녁밥을 지어 먹느라 빠알간 화롯불 주위에
가족들이 모여 앉은 평화로운 풍경이 열린 문 틈새로 고향처럼 번져

나온다. 모든 집들은 문이 조금씩 열려 있다. 장작불 연기 때문인지 열어 둔 문틈으로 집집의 풍경들이 고향의 내음을 폴폴 풍기며 눈에 들어온다. 할아버지와 손녀가 장작불을 때다 말고 문틈을 기웃거리는 여행자를 보고는 시답잖다는 표정을 짓고 있다. 옆집에는 긴 치마를 말끔하게 차려 입은 여인이 저녁을 준비하고 있고, 하루를 고된 일로 보낸 듯한 일꾼들도 모여 앉아 나른한 저녁식사를 즐긴다.

젊은이들은 당구장에 모여 당구 큐를 제법 능숙하게 퉁겨내고, 당구장 한쪽에 흐릿하게 흘러나오는 낡은 텔레비전을 보려고 동네 아이들이 올망졸망 모여들었다. 자리를 미처 차지하지 못한 대여섯 된 남자

긴 치마를 말끔하게 차려 입고 저녁 준비를 하는 여인

아이가 서너 살이나 되었음직한 어린 동생과 함께 벌써 20여 분 동안 당구장 문 밖에서 두 손을 꼭 잡고 추위에 떨며 어린이 만화 프로에서 눈을 떼지 못한다. 아련한 골목 거리의 흐릿한 밤풍경 또한 외로운 여행자의 고향 생각을 자극한다. 한참을 추운 길가에 서서 텔레비전을 보던 두 형제가 손을 잡고 집으로 향한다. 때때로 한두 명씩 지나가던 사람들이 모두 사라지고 이제 거리는 짙은 어둠과 어둠을 비집고 따스한 공간을 겨우 겨우 비추는 흐린 가로등만이 허허로이 서 있다. 그리고 한 명의 여행자가 골목길을 오래도록 기웃거리며 걷는다. 현지인들의 거리를 한동안 서성이다가 롯지가 모여 있는 숙소 쪽으로 걸어오니 9시가 넘은 이 시간까지도 잠들지 않은 여행자들이 식당 불빛 아래 모여 앉아 두런두런 이야기꽃을 피우고 있다. 산중의 밤은 별다른 할 거리가 없다. 그냥 자는 것, 아니면 그냥 앉아 있다가 자는 것 그것밖에 별다른 선택이 없다. 그저 작고 추운 방 침대 위에 앉아 들려오는 계곡 물소리며 그윽한 어둠과 고요를 가만 가만히 듣다가 슬그머니 잠이 쏟아지면 그저 드러누워 자는 것이 저녁 롯지 일과의 전부다.

이런 할 일 없음이 좋다. 아무것도 할 것 없고, 애써 할 필요도 없는 텅 빈 우주 공간과도 같은 이 시간이 얼마나 그윽하고 평화로운지 모른다. 어쩌면 산을 찾는 즐거움이 이런 여유와 고요함을, 할 일 없음의 무위(無爲)를 충분히 누리는 것에 있을지도 모르겠다. 바쁘고 할 일 넘치며 일에 쫓기고, 성공에 목마르며, 할 일을 다 하지 못하면 세상에 뒤처질 것 같은 그 일상에서 벗어나 일 없음을 누려보는 것, 그 얼마나 아름다운 일인가. 어쩌면 우리에게 정말 필요한 것은 그런 것일지 모른다. 어떤가. 일 없는 산중의 소요를 함께 즐겨봄이.

02 DAYS

팍딩
↙
남체바자

탐세쿠,

설산 영봉에 취하다

2일차 탐세쿠, 설산 영봉에 취하다

추위에
잠을
설치다

밤새 잠을 설쳤다. 생각지 못했던 추위 때문이다. 팍딩 마을 자체가
계곡 바로 곁에 위치한데다가 높은 산 아래 그늘진 곳이라 그런지,
본래가 안나푸르나에 비해 이곳이 더 추워서 그런지 알 수는 없지만,
2주쯤 전에 안나푸르나 베이스캠프 해발 4,000m 이상에서도 그리 큰
추위를 느끼지 못했는데, 예상치 못한 추위가 이번 산행의 가장 큰
관건으로 떠올랐다. 2,600m밖에 안 되는 이 낮은 곳의 추위가 이
정도면 앞으로 걸어올라 5,000m 이상에서 며칠을 묵어야 하는지라
달리 고민할 필요가 없다. 남체바자에서 다소 비싼 비용을
감안하고라도 두툼한 겨울 침낭을 빌리는 것 외에는 뾰족한 수가 없어
보인다. 8월말 한국에서 출발하면서 봄여름용 작은 침낭을 하나만
가져 온 데다 그것 하나만으로도 안나푸르나에 올랐을 때는 그리 큰
어려움이 없었기에 여기도 괜찮겠지 하고 카투만두에서 침낭을
빌려오지 않았는데, 그 예상이 크게 빗나간 것이다.
팍딩에서 남체바자까지는 쉬엄쉬엄 걸어도 3~4시간이면 충분한

● 계곡을 따라
옹기종기 마을과
롯지들이 이어진다.

거리다. 밤새 언 몸, 언 손을 따뜻한 밀크 티 한 잔과 가벼운 수프로
녹이고 이른 아침 길을 나선다. 어젯밤을 배회하던 바로 그 거리를
가로질러 팍딩 마을을 뒤로 하며 길을 걷는데, 길 좌우로 우뚝 솟아
있는 산봉우리의 선연한 기상이 시선을 압도한다.
계곡 옆길을 따라 걷는다. 밤새 밖에서 노숙했을 야크들도 짐을 잔뜩
등에 인 채 출발 준비에 한창이다. 어제와 같이 계곡을 따라 옹기종기
마을들이, 아니 롯지와 집들이 하나 둘씩 모여 있다. 출렁다리로
계곡을 두 번 건너고 몇몇 마을과 롯지를 지난다.
새벽빛에 반짝이는 꽃들과 인사를 나눈다. 아직은 낮은 고도라 발아래
작고 소박한 꽃들이 소담히 피어올랐다.
이른 아침 비스듬히 비춰오는 가볍고 따스한 햇살을 온몸으로
느끼면서 천천히 걸음을 옮긴다. 찬 공기와 따뜻한 햇살의 선명하고도
장장한 조화가 몸의 감각을 일깨운다. 이렇게 드맑고 선연한 아침,
홀홀히 산길을 걸을 수 있다는 이 자체가 바로 기적이며 신비이고
고요함이며 평화가 아니고 무엇이겠는가.

2일차 탐세쿠, 설산 영봉에 취하다

자신의
일을 하는
즐거움

한참을 걷자니 돌을 깨 집을 짓는 풍경이 펼쳐진다. 한쪽에선 힘줄
굵은 사내들이 모여 앉아 거친 돌들을 깨어 다듬고 있고, 다른
한쪽에서는 그 돌들을 모아 벽채를 세우고 있다. 그 모습이 햇살에
따스하게 반사되어 아름답고 숭고하게까지 느껴진다.
가만히 생각해 보면 사람이 일을 하고 있다는 것은 얼마나 아름답고도
조화로운 일인가. 저마다 자신에게 주어진 몫의 일을 해 내는 것,
그것이야말로 이번 생에 자신에게 부여된 생명을 온전히 살아낸다는
의미다. 사람은 일로써 자신을 세상에 드러내고, 바깥 세상과
소통한다. 내게 주어진 일이 무엇이든 그것이야말로 나를 나일 수
있게 만들어 주는 나다운 삶이요, 생인 것이다.
거기에는 어느 하나 더 중요하고 덜 중요한 것이 없다. 모든 일은
성스럽다. 위대한 일과 하찮은 일이란 인간의 잣대일 뿐이다. 오히려
위대하고 유명하다고 칭송받던 사람이 평범한 사람들보다 다음 생에
가면 지옥에 가게 될 확률이 더 높을 수도 있다고 한다. 위대함과

유명세 속에는 아상(我相)과 아집(我執)이 개입되기 쉽기 때문이다. 대단한 어떤 일을 성취하기 위해서는 그만큼 엄청난 크기의 욕심과 큰 에너지가 필요하다. 큰 업에는 큰 과보가 따르는 법.

천상세계 사람들은 아주 작은 것으로, 이를테면 먹는 것, 입는 것 같은 어찌 보면 작고 유치한 어린이나 할 법한 일들로 다툰다고 한다. 업이 무겁지 않다 보니 큰 규모의, 이를테면 사업 확장을 위해 엄청난 돈을 대출받거나, 진급을 위해 타인을 음해하거나, 개인의 이익을 위해 타인을 해치거나, 땅을 몇 만평씩 사서 리조트를 짓거나, 산을 깎아 골프장이며 스키장을 짓거나, 어디 어디에 투자 가치가 좋은가를 살펴 투기를 하거나, 사업을 국제적으로 키워 가거나, 명성이 온 세계에 드러나거나 하는 등의 무거운 고민거리가 있을 리가 없다. 업이 가벼운 사람들은 고작해야 기본적인 의식주 같은 사소한 것이 크게 보인다. 그래서 선방의 스님들은 저 스님이 나에게 얼마를 크게 사기 쳤다거나 하는 그런 걸로 싸우는 것이 아니라 사소한 먹는 것 하나로 유치한 투덜거림을 일삼기도 한다. 아주 원초적이고 가벼운 것들이 작지만 그들 단순하고 평범한 삶의 중요한 부분이기 때문이다. 그래서 그 옛날 부처님의 제자 아난다는 꽃밭에서 꽃향기를 맡았다는 이유로 선신(善神)들의 꾸중을 들었다. 아난다가 발끈하여 저 많은 사람들은 꽃을 꺾고 꽃밭을 헤집는데도 가만히 놔두면서 나는 향기 맡은 것을 가지고 왜 그리 크게 꾸중을 하느냐고 따져 물었더니 "업이 무거운 자들에게는 그 무거운 업에 비해 꽃을 꺾는 정도의 업은 죄 축에도 끼지 않을 정도로 작은 것이지만, 업이 가벼운 수행자에게는 그 어떤 탁한 악업의 구름이 없어 투명하고 맑기 때문에 작은 죄업도 크게 보이는 것"이라고 했다.

물론 그렇다고 무조건 큰일보다는 작은 일, 작은 직업을 가져야
한다는 것은 아니다. 자기 나름대로의 삶의 몫이 있는 법이니 자기
그릇에 주어진 몫을 그저 받아들이고 집착과 욕심 없이 행할 수
있다면 아무리 큰일을 할지라도 그것은 흔적 없는 위대성이 깃든 일일
수 있다. 중요한 것은 '어떤 직업'에 있는 것이 아니라, '어떤 마음'으로
행하느냐에 있는 것이다. 업적이나 성취에 얽매이지 않고, 그것이
아집과 욕심을 채우기 위한 것이 아니며, 그렇기에 그 성취의
과정에서 아무런 무리가 없고, 타인의 고통 위에 기초하지 않는 그런
자연스러운 일을 행할 것이다. 그런 일은 말 그대로 자연스러운
법계(法界)의 흐름을 타고 저절로 그렇게 되는 무위(無爲)의 바탕에
기초한다.

그래서 내가 행하는 모든 일은 자연스러워야 한다. 그 일을 행하면서
억지와 개인적 욕심으로 무리하게 추진되는 것이 아닌, 자연스러운
주변 환경의 흐름을 타고, 주변 법계의 알 수 없는 비밀스런 도움을
받으면서 힘들이지 않고, 너무 과도하게 애쓰지 않고 진행되는 일, 그
일이야말로 진리의 일이요, 신이 나에게 부여해 준 이번 생에 내가
가야 할 나다운 삶의 길인 것이다. 그러나 아무리 겉으로 보기에 좋아
보이는 일일지라도 그것이 은연중에 나를 드러내고 과시하며 아상을
강화시키려는 삿된 목적에 동조하는 일이라면 당장에 그 일을
그만두거나, 그 일의 흐름을 자연스러운 무위로써, 이타적인
자비로써, 무아의 실천으로써, 또 깨어있음으로써 바꿔 나가야 한다.

자기 손으로 자기 집을 짓고 고치고 보수하며 산다는 것이야말로
얼마나 본래적인 일인가. 네팔의 시골마을을 다니면서 누구나 집을
짓고 고치는 데 필요한 공구함을 가지고 있는 것을 보았다. 또한

젊은이들이 직접 톱질하고 켜고 짜 맞추면서 나무를 손질하거나 집을
수리하거나 지붕을 고쳐나가는 풍경들을 어렵지 않게 볼 수 있었다.
이처럼 이곳에서는 많은 사람들이 무슨 일이든 직접 하는 것이
자연스럽다. 도시에서처럼 집을 짓든, 농사를 짓든, 길을 내든
무엇이든 죄다 돈을 주고 다른 사람에게 맡기거나, 기계에
맡기기보다는 할 수 있는 기본적인 것들은 스스로 만들고 짓고 쓰며
살아간다. 또 여건상으로도 그럴 수밖에 없다. 그럴 수밖에 없는
여건이라는 것이 우리가 듣기에는 불편하고, 미개한 그런 것으로
들리겠지만 사실 이런 다소 부족한 여건이야말로 인간의 자주성과
독립성을 키워주고, 자연과 조화를 이루게 해 주는 귀한 여건이다.
지구상의 모든 숨을 가진 생명은 모두가 제 집을 제 힘으로 짓고
고치는 능력을 부여받았다. 그것은 생명 고유의 본능이지 능력이라고
부르기도 새삼스러운 본연의 차원에 속하는 것이다. 그런데 어떤가.
유일하게 인간의 세계에서만 자기가 살 집을 자기 손으로 짓지
못하며, 자기가 먹을 먹을거리를 제 힘으로 구하지 못하고, 자기의
가족이 입고 살 옷을 제 힘으로 얻지 못한다. 의식주라는 가장
원초적이고 본래적인 것을 오직 인간들만 타인의 손에 맡기는 것을
주저하지 않는다. 아니 그것이 본래적인 차원에서 무언가 벗어나
있다는 것조차 인정하기를 거부한다.
"돈이 다 해 주는데 무슨 상관이람!"
요즘 같은 분업화되고 전문화된 세상에서 무슨 얼토당토않은 논리를
펴는가 할 것이다. 바로 이 분업화와 전문화가 이 세상을 파괴하고
인간 본연의 창조적이고 자발적이며 자연스러운 삶의 기초를
붕괴시키고 있다는 사실을 직시할 수 있어야 한다.

2일차 탐세쿠, 설산 영봉에 취하다

히말라야의 아이들

길을 걸으며 내 얼굴에 미소를 만드는 것은 꽃들과 진하다 못해
새까맣게 푸른 하늘과 햇살을 받아 반짝이는 나무와 계곡 물들만은
아니다. 어린아이들의 천진한 미소! 새까만 얼굴에 발그레 익어간 볼
살, 줄줄 흘러내려 손등으로 훔친 자국이 역력한 콧물 자국, 오래 씻지
않았거나 빗지 않은 자유분방한 머릿결과 살결, 기워 입고 덧대 입고
오래도록 어머니의 손길로 오히려 예스러워진, 아마도 몇 대를
물려받아 입었을 법한 오랜 누더기 웃옷 하며, 이 성스러운 설산의
기운을 닮은 반짝이는 아이의 눈빛 속에서 자연과 하나 된 천연의 또
다른 자연을 만나는 것이다. 저 어린아이의 투박하지만 오달지고,
저분저분하지만 열통적은 눈빛을 보라. 부디 저 천진함이 먼저
스러져간 어른들의 시그러진 정신과 세상의 어리석음을 닮지 말기를.
아이들이 뛰어노는 마을 한 켠 귀퉁이 낡은 책상 위에 나른한
눈빛으로 아이들을 지켜보다가 낯선 여행자의 카메라를 보고 깜짝
놀라는 고양이 한 마리. 그리고 코스모스가 파란 하늘을 배경으로
옆집 담장 곁을 하늘거리며 서 있다.

히말라야, 내가 작아지는 즐거움

여행자들의 발길은 쉼 없이 흐른다. 어떤 여행자는 그저 발걸음을
재촉하는 것만이 이 여행의 목적인 양 끊임없이 양 발로 땅을
퍽퍽거리며 걸어가고, 또 어떤 여행자는 하늘도 바라보고 아이들의
눈빛도 바라보고 느릿느릿 세월아 네월아 하며 발걸음을 즐기며
걷기도 한다.
이른 아침 팍딩에서 함께 출발했던 두 커플인 듯 보이는 한 무리의
여행자가 꼬질꼬질한 여자 아이에게 막대사탕을 하나 건네더니 아예
짐을 풀고 쉬면서 이내 그 집안까지 둘러보고는 아이와 한바탕
웃음꽃을 피우고 있다. 삶 속에서, 또 이런 자칫 팍팍해지기 쉬운 순례
길에서 잠시만 시선을 평범한 곳에 고정하고 지켜보다 보면 이렇듯
일순간의 작은 웃음과 여유가 밋밋한 여행길에 맑은 샘 같은 청량함을
선사하곤 한다. 미소가 있고, 웃음이 있는 풍경은 바라보기만 해도
정겹고 살갑다. 그리고 또 발걸음은 계속된다.
우뚝 우뚝 솟아 있는 바위 봉우리들이 진한 하늘색과 어우러져 마치
동화 같고 소설 같은 진한 여운을 남긴다. 그 푸르른 하늘색을

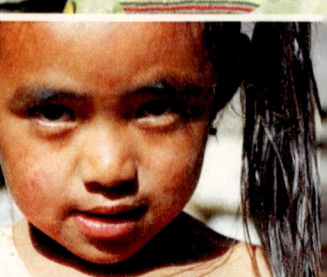

2일차 탐세쿠, 설산 영봉에 취하다

배경으로 이번에는 그림같이 높은 폭포수가 길 바로 옆으로 시원한
노랫소리를 연주하며 떨어진다.
이 이른 아침, 사뭇 찬 온도 속에서도 폭포 아래 작은 샘터 호수에는
벌거벗은 아이들의 물장난이 시간 가는 줄 모르고 계속된다. 그야말로
추운 것도 모르는 '히말라야의 아이들'이다. 그리고 바로 그 인상적인
폭포를 지나자마자 건너편에 어둡게 드리워져 있던 검은 그림자의
앞산이 툭 트이면서 그 뒤로 숨어 있던 하이얀 설산
탐세르쿠(Thamserku: 6,608m)가 거짓말처럼 순간 눈앞에 솟아 올랐다.
이제 본격적으로 설산의 초대를 받는 것인가 싶어 마음을 다시금
추스르며 삼보 일배를 올리는 마음으로 한 발 한 발 조붓한 발걸음을
옮긴다. 탐세르쿠, 캉테가(Kangtega: 6,779m) 영봉들이 연이어 마중을
나오고 설산의 빙하가 녹아 흘렀을 남빛 계곡물이 길벗이 되어
흐르며, 이 믿기 힘든 풍경 위로 형용할 수 없이 아름다운 계곡마을이
펼쳐진다.

히말라야에
깃들어 사는
사람들

아! 이것은 한 폭의 그림, 어찌 이 속에 애살스럽고 어루꾀는 천박한 사람들이 살 수 있겠는가. 그를 에워싸고 있는 둘레 환경은 곧 자기의 분신처럼 업(業)의 투영으로 그곳에 있는 것이다.
내 주변에 사기꾼이 많다면 그것은 곧 내 마음에 사기의 업이 있는 것이고, 내 주변에 나를 돕는 이들이 많다면 나의 마음 한 켠에 이타심이 춤추기 때문이다. 내가 살면서 만날 수 있는 그 어떤 사람도, 그 어떤 상황도, 그 어떤 문제도, 그 어떤 환경도 사실은 모두 내가 만들어 낸 것이다. 그 모든 것은 내 마음이 외적으로 투영된 것일 뿐이다. 내 안에 없는 것들은 내 앞에 나오지 않는다. 그래서 똑같은 환경 속에서, 똑같은 일터에서 똑같은 일을 하는 사람일지라도 어떤 사람에게 그곳은 지옥일 수 있고, 어떤 사람에게 그곳은 천국일 수도 있다. 마음이 세상을 만들어 내기 때문.
똑같은 조건, 똑같은 세상 속에서 어떤 이는 지옥을 경험하고 어떤 이는 자유를 경험하는 것도 이 때문이다. 그래서 마음 하나가 바뀌면

세상이 변한다는 말이 있다. 이 말은 마음이 바뀌면서 세상 자체가 그
어떤 물리적이고 직접적인 개벽을 이룬다는 말이 아니라, 내 마음에
비친 세상이 바뀜을 의미한다. 똑같은 물을 독사가 먹으면 독이
되지만 젖소가 먹으면 우유가 되는 것처럼 마음이 바뀌면 독이 우유로
바뀌고 불행하던 현실이 행복으로 바뀐다.
한 발 더 나아간다면, 주변 환경은 그 속의 사람을 바꾸고, 사람은 그
주변 환경을 바꾼다. 모든 것은 서로 의지하며 서로 연결되어 있다.
그래서 아름다운 사람이 사는 곳은 그 풍경도 아름다워지고, 아름다운
곳에 사는 사람들은 그 풍경 덕분에 마음이 아름다워진다. 그것이
바로 신토불이(身土不二)의 소식!
큰 산이 큰 사람을 만든다고 하지만 반대로 큰 사람이 그 산을 위대한
산으로 만들기도 하는 것이다. 큰 산, 명산, 명당자리에서 위인이
나오기도 하지만 그 산에 위대한 영혼이 깃들어 있다면 그 산이
거꾸로 성스러워지는 것이다.
이 아름답고 성스러운 쿰부 계곡 자락에 어찌 마구잡이로 시류에
휩쓸린 사람들이 깃들 수 있겠는가. 물론 이 와중에도 히말라야의
성스러운 품어줌과 길들임에서 벗어나 독자적인 에고와 아집으로
길을 잃은 영혼들이야 어쩔 수 없는 일. 세상 어디에나 돌연변이는
있게 마련이니까. 그것이야말로 이 세상이 가지는 또 다른 역설이요,
어쩌면 그 또한 꼭 필요한 더 깊은 차원의 다양성이고 삶이라는
연극을 위한 필수적인 신들의 장치인지도 모른다.
아름다운 마을 밴커(Bankar: 2,630m)와 몬조(Monjo: 2,835m)를 지난다.
마을을 정확히 관통하는 마을길을 따라 걷자니 아기자기한 집들과
지붕 위에 흩날리는 룽다, 그리고 집집마다 작은 돌담을 쌓아 올려

히말라야, 내가 작아지는 즐거움

밭농사를 짓는 모습들이 새삼스런 진풍경으로 다가온다. 아침 햇빛에 반짝이며 빛나는 배추잎사귀며 흡사 상추나 쑥갓들 같은 소담한 초록빛 채소들이 어쩌면 저렇게 싱그러울 수 있는지, 저 평범한 채소들조차 이 히말라야 대자연의 품속에서 그 기운을 먹고 자란 것이겠지 하는 생각이 들자 저들에게서 마구마구 생명력이 뿜어져 나오는 것만 같다. 나른한 아침 햇살을 맞으며 집 앞 의자에 앉아 하염없이 지나치는 여행자들을 보며 저들은 무슨 생각을 할까. 아침밥을 짓는 것인지 집집마다 하얀 연기를 뿜어 올리며 여행자의 가슴에 고향의 정감을 선사하고 있다. 머얼리 하얀 구름 테를 두른 캉테가가 올려다 보이는 몬조 마을의 풍경이 적력하게 빛난다.
몬조 마을을 지나서 조금 더 걸으니 조르살레(Jorsale: 2,810m)를 조금 못 미쳐 퍼밋(Permit, 입장허가서)과 팀스(TIMS, 트레커 정보운영 시스템)를

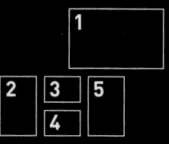

1 몬조의 한 롯지
2 세계 각국의 트레커들
3 벤커의 마을길
4 사가르마타 국립공원 관리사무소
5 두드코시 강

● 남체바자까지
오르는 동안
철다리를 따라
두드코시강을 몇
번이고 건너야
한다.

체크하는 조르살레 체크포스트인 사가르마타 국립공원(Sagarmatha National Park) 관리사무소가 나온다. 팀스는 카투만두에서 미리 준비해 와야 하고 퍼밋은 이곳에서 직접 발급받을 수 있다. 잠시 팀스와 퍼밋을 체크하고 숨을 돌린 뒤에 곧장 조르살레로 향한다.
이른 점심을 조르살레의 빛이 잘 드는 식당에서 가볍게 먹고 오후의 여유를 즐긴다. 부서지는 햇살이 온 세상을, 순례자의 얼굴을, 한 포기 이름 모를 풀을 향해 축복을 내린다. 이 투명한 여유와 평화로움을 시끌시끌한 식당 앞 뜨락에서 가만히 누려본다.
지텐이 너무 이른 식사라 조금 더 가다가 점심을 먹는 것이 어떻겠느냐는 내 말에 앞으로는 남체바자까지 전혀 밥을 먹을 수 있는 마을이 없다고 하더니, 역시 점심 이후에는 그동안의 나지막한 계곡이 완만함을 뛰어올라 폭포 같은 거친 가파름으로 바뀌더니 인간의 길 또한 가파른 오르막으로 바뀌고 있다. 호흡에 발걸음을 일치시키며 한 숨 한 숨 지켜보는 걸음걸이로 오르막을 오른다. 이 높은 계곡 중턱에 아찔한 출렁다리 라르자 브릿지(Larja Bridge) 위로 사람도 건너고 야크도 건너고 룽다와 산골의 시린 바람도 함께 건넌다.
오금이 저려오는 절벽 위 출렁다리를 중간쯤 걸어갔나 싶은데 저쪽 반대편 끝에서 야크의 육중한 행렬이 이어지는 게 아닌가. 이 비좁은 흔들다리 위에서 야크와 마주치는 운명이라니. 다리 위로 펄럭이는 룽다가 점점 거세진다. 계곡의 바람치고는 너무 거칠다. 아슬아슬 다리를 건넜는데 이번엔 이쪽 야크 떼와 조금 더 규모가 큰 저쪽 야크 떼가 내 바로 앞에서 비좁은 길을 앞두고 신경전을 벌이고 있다. 일단 나부터 살고 보자 싶어 그 가파른 산자락을 숨도 안 쉬고 아슬아슬 야크 떼를 피해 뛰어오른다. 그리고 이윽고 계속되는 오르막길.

쿰부의 최대 도시, 남체바자의 풍경

천천히 천천히 오르는 것이 아니라 다만 한 발 한 발만을 숨과 함께 내딛다 보니 어느덧 남체바자의 수채화 같은 마을이 눈앞에 펼쳐진다. 해끔한 설산으로 둘러싸인, 옴팍하게 부채꼴을 이루며 마치 야외 콘서트장을 연상케 하는 쿰부 지역 최대의 마을이자 에베레스트 베이스캠프의 전초기지, 바로 남체바자다. 마을의 입구에는 티베트와 가까운 마을임을 알려주듯 티베트 불교의 초르텐(탑)과 초르텐 주위를 감싸며 휘날리는 룽다와 타르초가 여행자를 반기듯 맞아 준다.

지텐의 추천으로 가려고 했던 시설 좋고 값도 싸고 음식 맛도 좋다던 롯지는 오전에 이미 꽉 차고, 조금 허름하고 오래 되었지만 지텐의 친구가 운영한다는 롯지가 있어 그리로 방을 정한다.

이 산중에서 하룻밤 싱글룸이 200루피(약 3천 원, 70루피=1달러=천 원으로 계산하면 편하다), 지텐 친구라고 특별히 할인하여 150루피에 얻었다. 약 2천 원 남짓 하는 돈이니 시설은 허름하지만 가격 대비 매우 만족스럽다. 이렇게 거의 모든 롯지가 방값은 200~300루피를

● 쿰부의 최대 도시, 남체바자

오르내리지만 한 끼 밥값도 똑같이 200~300루피를 심심치 않게 넘어선다. 그도 그럴 것이 방에는 침대 하나 달랑, 희미한 형광등 하나가 전부다. 난방이며 전기 충전시설, 화장실이나 욕조는 꿈도 꾸지 마시라. 물론 500~600루피 정도면 몇몇 고급 롯지에서 묵으며 욕실 겸 화장실이 딸린 방에서 마음껏 전기 충전도 하며 호화롭게 묵을 수도 있다.

하긴 그래 봐야 우리 돈으로 7~8천 원 정도의 돈인데, 이곳 네팔에서는 손을 덜덜 떨며 쓰기 어려운 금액에 속하다 보니 길 위의 여행자에게도 현지인과 마찬가지로 큰돈이 되고 있다.

작은 방에 짐을 풀어 놓고 잠시 남체바자의 시내를 돌아본다. 이 산중에서 지금까지 보아 온 마을과는 차원을 달리하는 제법 큰 마을이다. 어떻게 이 많은 건물과 상점과 다양한 물건들을 도로도 없는 곳에서 그것도 해발 3,440m의 고산 마을에 이렇게 지어다 날랐을까를 생각해 보면 인간의 능력과 의지가 신비스럽게 느껴질 정도다. 길 없는 곳에, 그것도 걸어서 이틀을 꼬박 걸어 와야 하는, 그것도 루클라에 공항이 없던 얼마 전까지만 해도 카투만두에서 버스로 이삼 일을 달려 와야 루클라에 도착했던 것을 생각해 보면 더욱 기적 같은 일이 아닐 수 없다.

남체바자에는 그야말로 없는 것 없이 다 있다. 주로 트레킹 관련 장비를 팔거나 대여해 주는 상점들이 많고, 여행자들이 많다 보니 여행자를 위한 편의시설들도 제법 있다. 제과점이나 빵집, 에스프레소 커피 카페, 인터넷 방, 국제전화가 가능한 인터넷 전화방, 작은 서점, 편의점, 여행자들에게 현지의 티베트 전통 물품들을 파는 기념품 가게, 옷가게에 이르기까지 다양한 상점과 마트가 즐비하게 늘어 서 있다.

잠시 마을길을 따라 언덕 위쪽으로 조금 올라가니 남체바자의 전경이 한눈에 펼쳐진다. 건물들이 주로 롯지며 게스트하우스인데, 현대식으로 또 유럽풍으로 아름답게 지어 놓은, 최근에 지었을 법한 최신식 건물들도 많이 늘어나고 있다. 빨간색, 파란색, 초록색 등 색색의 롯지들이 농농하고도 아름답다. 초면강산이라 나 같은 방외객(方外客)에게 이런 풍경은 낯설어야 하는데 내 눈에는 오히려 아주 친숙하고도 익숙한 고향의 가산(家山)처럼 느껴진다.

산 그림자가 일찌감치 슬금슬금 기어오더니 금방 마을을 뒤덮는다. 어둑어둑한 길을 따라 내려오다 보니 얕은 집 지붕 위로 야크 똥과 함께 바로 그 곁에서 무슨 야채인지 나물인지를 말리는 풍경이 한눈에 잡힌다. 먹을거리 바로 옆에 야크 똥을 함께 말리고 있는 풍경이 서름서름하다. 그나마 나는 인도와 네팔을 한두 달 다니다 왔는지라 이제는 제법 익숙하게 느껴진다.

2일차 탐세쿠, 설산 영봉에 취하다

다시 마을로 내려오니 어둠이 완전히 내린 작은 시내 상점들이 모두들 흐릿한 불빛을 켜 놓고 막바지 여행객들을 호객하며 여전히 장사를 이어가고 있다. 여행자들도 모처럼 큰 마을의 시내 구경에 흥미로운 눈빛으로 거닐며 이런 저런 필요한 것들을 구입도 하고, 산책도 하고, 트레킹에 필요한 물품들을 빌리기도 하는 듯 밤풍경이 제법 활기차다.

다시 롯지로 돌아오니 롯지 식당이 여행자들로 꽉 차 만 원을 이룬다. 그야말로 한 명 끼어 앉을 자리가 없다. 이럴 때는 지텐의 친구가 경영하는 롯지로 오길 잘 했다는 생각이 든다. 지텐의 친구인 20대 초반의 롯지 사장이 지텐의 친구이면 자신에게도 친구라며 의외로 후한 대접을 해 준다. 자신의 안방을 내어주면서 그곳에서 저녁밥을 먹을 수 있도록 배려해 준 것이다. 또한 카메라 밧데리 충전비용이 한 시간에 200루피(약 3천 원)인데 모든 밧데리와 핸드폰, 전기기구를 몇 시간이든 마음껏 사용해도 좋다는 특별 대접도 받았다. 그뿐 아니라 내 작은 침낭을 보더니 두툼한 이불을 두 개나 가져다주면서 따뜻하게 자야 한다고 마음을 써 준다. 이 작은 관심들이 그 어느 때보다도 고맙고 포근하게 느껴진다. 모처럼 따뜻한 방에서 맛있는 저녁 공양을 먹고 일찍 잠자리에 뛰어든다.

03DAYS

남체바자
↙
샹보체
↙
히말라야 호텔
↙
남체바자

남체바자와 샹보체,

그 선연한 하루

3일차 남체바자와 샹보체, 그 선연한 하루

고산 적응을 위한 하루 휴식

관례적으로, 고산증세가 오기 시작한다는 해발 3,440m 고지 남체바자에서 많은 여행객들은 고산적응 시간으로 이틀 밤을 머문다. 도착한 다음날 바로 출발하는 것이 아니라 고산에 적응하기 위한 시간으로 하루를 더 머물며, 주로 남체바자 마을의 뒤쪽 산 위에 자리 잡은 샹보체(Syangboche: 3,720m)와 아마다블람(Amadablam: 6,856m), 로체(Lhotse: 8,516m), 타보체(Taboche: 6,367m), 탐세르쿠(Thamserku: 6,608m), 에베레스트(everest: 8,848m) 등의 영봉들이 환히 보이는 일본인이 소유한 에베레스트 뷰 호텔(Everest View Hotel: 3,900m)을 다녀오는 일정으로 하루를 더 보내곤 하는 것이다.
물론 나 또한 그 관례를 따랐다. 때때로 젊고 혈기 왕성한 트레커들이 하룻밤 고산적응 시간 없이, 또 얼마나 빠른 시간 내에 완주를 이루어 내나 내기라도 하듯 하루 사이에 해발 700~1,000m 이상을 오르는 강행군을 며칠이고 이은 끝에 몇몇은 당연한 고산증세로 뛰쳐 내려오거나 실려 내려오고, 또 몇몇은 그 초월적인 일정을 신기하게도

074

히말라야, 내가 작아지는 즐거움

3일차 남체바자와 샹보체, 그 선연한 하루

무사히 마침으로써 세간의 이야깃거리가 되고, 으쓱한 자기 과시도 이어가는 경우도 있더라고 한다.
나야 시간도 느긋하게 잡았고, 빨리 오르는 것이 목적인 것은 더더욱 아니고, 생애 처음으로 친견하는 히말라야 산군에게 나를 낮춰 겸손한 마음으로 법신(法身)을 친견하듯 오르겠다는 생각에 마음을 모은다.
이른 새벽, 아직 동도 터오기 전에 저절로 잠에서 깨어났다.
찌뿌드드한 몸을 좀 풀고 아래층 화장실 옆 작은 세면대에서 세수를 하고 밖으로 나오니 그렇게 개운할 수가 없다. 두꺼운 방한복을 껴입고 나왔는데도 도저히 추위가 가시지를 않는다. 그나마 전날 밤은 두꺼운 이불을 두 개씩이나 무겁게 누르고 잤기에 설치지 않고 푹 잠이 들었던 것 같다.
드디어 동쪽 하늘이 어둠을 뚫고 짙푸른 빛으로 물드는 듯하더니 콩대(Kornde: 6,187m)의 만년설 봉우리 위로 황금빛 일출이 시작된다.
방에 올라가 커튼을 활짝 열었더니 창문 밖으로 콩대 봉우리가 액자에 걸린 그림처럼 펼쳐진다. 봉우리의 일출을 방 안에서 마주하며 그 황금빛 붓다의 성상을 향해 차분히 예불을 올린다.

남체바자 롯지에서 바라본 콩대. 새벽이 되면 창 밖으로 콩대 만년설 봉우리의 황금빛 일출이 시작된다.

히말라야, 내가 작아지는 즐거움

가벼운 산책,
샹보체와
에베레스트 뷰 호텔

▲ 샹보체를
오르는 길에
바라본
남체바자

아침 식사를 롯지 식당에서 간단히 마치고, 바로 뒷산 격인
샹보체(Syangboche: 3,720m)를 오르기 시작한다. 이른 아침이라 그런지
일찍부터 산을 오르는 여행객들도 드문드문 눈에 띄고, 이 높은 곳에
학교가 있는 것인지 가방을 둘러 멘 여학생들과, 뎅뎅 거리며
종소리를 울리고 무겁게 걷는 야크들까지 앞서거니 뒤서거니 하면서
함께 길을 오른다. 아마도 샹보체 너머 쿰중(Khumjung: 3,780m)의 힐러리
학교까지 등교하는 길이리라.
샹보체를 향해 한 발 한 발 오르는 동안 남체바자의 조망이 한층
드넓게 트이면서 이윽고 산정에서 하나도 가리지 않은 알몸의
남체바자 전경을 만난다. 이 높이에서 바라보는 남체바자는 그야말로
히말라야 산정 마을의 그 어느 곳보다 크고 아름다우며 성스럽다. 그
어떤 도원경(桃源境)을 이에 비할 것인가. 안나푸르나의 촘롱이나
간드룽에 비할 바가 아니다.
그 조망을 한눈에 내려다보며 샹보체를 향해 걷는다. 능선을 따라

3일차 남체바자와 샤보체, 그 선연한 하루

오르다 보면 네댓 집이 옹기종기 모여 사는 작은 마을 풍경이 펼쳐지고, 20여 분 더 오르면 바로 샤보체가 나온다. 샤보체가 산 정상에 있는 마을의 이름인 줄 알았는데 마을이라기보다는 황량한 초원벌판의 비행장이다. 롯지가 두어 곳 있고, 그 옆으로 너른 비행장이 펼쳐져 있다. 말이 비행장이지 그저 헬기장 수준의 너른 벌판이라고 생각하면 된다.

샤보체, 툭 터진 비행장의 전경 앞에 앉아 호흡 소리를 듣는다. 흡사 골프장 잔디밭을 연상케 하는 자연 그대로의 푸른 초본대(草本帶), 그 건너편 위로 솟아오른 구름에 반쯤 가려진 탐세르쿠와 캉테가 만년 설산, 산행하기에 적당한 날씨와 따스한 햇살, 산들산들 불어오는 달콤한 바람까지 모든 것이 몽환적이고, 선연하여 마음을 추스르기 힘겨울 정도다.

초원의 비행장 좌측 야트막한 산 정상 위에 캉테가와 탐세르쿠를 병풍처럼 배경으로 하고 있는 롯지 하나가 시선을 잡아끈다. 그것이 히말라야 뷰 호텔인가 했더니 호텔은 그 롯지 너머에 있다고 한다. 한참을 앉아 있자니 소형 비행기 한 대가 루크라 쪽에서 날아오더니 남체바자와 샤보체를 한 바퀴 휘휘 돌아 건너편 산 뒤로 사라진다. 그리고 또 잠시 뒤 한 대의 헬기가 날아오더니 샤보체가 이렇게 어설퍼 보여도 헬기장이 맞다고 소리치는 듯 웅웅거리는 큰 소음과 함께 프로펠러를 휘날리며 착륙한다. 한참 전부터 헬기장 한 편에 서 있던 일단의 여행자들이 헬기에 몸을 싣고 짐을 싣더니 곧장 수직 상승하며 날아간다.

나중에 알았는데, 이곳 샤보체에서 헬기를 통해 곧장 카투만두로 가는 헬기 교통편이 있다고 한다. 대략 1인에 한화로 50만 원을 상회하는 금액이 든다고 하니 우리 같은 최대한 아끼며 다니는 배낭

히말라야, 내가 작아지는 즐거움

여행자들에게는 그저 하나의 구경거리일 뿐이다. 그나마도 오늘같이 날씨가 좋은 날은 상관이 없지만, 부득이하게 날씨가 좋지 않은 날은 미리 선금으로 헬기 값을 지불해 놓고도 구름 속에서 헬기 소리만 듣다가 착륙을 못해 타지 못하고 걸어가야 하는 경우도 있다고 한다. 물론 그런 경우 일단 헬기가 떴기 때문에 비용을 되돌려 받지는 못한다고 하니 그 막대한 비용을 고스란히 버리고도 신의 뜻이라는 한마디에 숨을 죽일 수밖에 없다.

한참을 앉아 쉬었더니 설산을 휘휘 돌아 불어오는 툭 트인 초원의 시린 바람을 온몸으로 마주하느라 한기가 느껴진다. 샹보체에서 비행장 좌측 편으로 보이는 야트막한 언덕 사이로 히말라야 뷰 호텔, 그리고 쿰중과 연결되는 길이 보인다. 언덕길을 따라 오르니 쿰중과 호텔로 가는 길이 나뉘는 산정 즈음에 초르텐 하나가 당차게 서 있다. 우측 비행장 옆으로는 노오란 초원이 펼쳐진다. 좁은 숲길을 산책하듯, 경행하듯 길가에 자유로이 피어난 꽃이며 작은 풀들에 마음을 빼앗기며 걷는다. 조금 더 걸으니 거짓말처럼 모든 히말라야의 장대한 설모(雪帽)들이 환히 보이며 내일부터 걸어 올라가야 할 마을들이 한눈에 펼쳐지는 언덕 위 아름다운 뷰포인트를 만난다. 좁은 숲길에서 꽃들과 숨바꼭질을 하다가 숲길 끝나는 곳에서 전혀 생각지 못한 이 전망 좋은 풍경을 만나니 무슨 선물이라도 받은 듯, 가슴이 탁 트인다. 이 절호의 기회를 놓칠세라 여행자들이 카메라 셔터를 연신 눌러대며 감탄사를 쏟아내고 있다.

3일차 남체바자와 샹보체, 그 선연한 하루

이곳에서 위쪽 능선 길을 따라 오르면 또 다른 쿰중으로 가는 길이고, 아래쪽으로 산허리를 가르는 작은 오솔길이 에베레스트 뷰 호텔로 가는 길이다. 아래쪽 호텔로 가는 길은 그야말로 일부러 만든 것처럼 보인다. 절벽 같은 산사면의 구부능선 즈음에 길옆으로 빨갛고 노오란 꽃들이 앞 다투어 피어난 황홀할 정도로 아름다운 길이다. 황량하게 불어와 뺨에 박히는 칼바람만 아니어도 이 길가에 앉아 가만가만 살펴도 보고, 여유 있게 누워서 하염없이 흘러가는 구름도 바라보고, 앙증맞게 피어난 울긋불긋한 꽃들도 바라보고, 건너편 우뚝 솟아오른 만년 설산에도 눈길을 주면서, 그러다가 심심하면 책도 읽어가면서 오후 내내 여유로운 시간을 보내고 싶다. 에베레스트 뷰 호텔보다 오히려 호텔로 가는 길이 더 뷰 포인트다.

아름다운 길을 따라 30여 분을 걸어 호텔에 도착, 호텔 야외 전망대에서 따뜻한 레몬 티 한 잔으로 몸을 녹인다. 설산의 봉우리들이 자신의 하얀 살점에서 떼어내 구름을 만드는 것인지 새벽에는 구름 한 점 없이 청연하던 하늘이 시간이 흐르면서 점차 구름으로 뒤덮인다. 구름은 텅 빈 하늘을 떠다니는 게 아니라 주로 산봉우리 주변으로 띠를 이루며, 연모의 포옹을 하듯 그렇게 달라붙어 있다. 때문에 설산 봉우리들을 뚜렷이 보지 못하는 게 아쉽다. 곁에서 전문 사진장비를 갖추고 숨죽이며 전망을 주시하던 일본인 사진작가 두 분이 일본인 특유의 말투와 억양으로 투박한 영어를 내뱉으며 두 팔을 뻗어 구름을 확 걷어내고 싶다는 몸짓을 보이면서 아쉬워하고 있다.

샹보체를 지나 에베레스트 뷰 호텔로 가는 길의 다양한 풍경

산중 롯지의
고즈넉한
저녁 풍경

타박타박 걷던 길을 다시 돌이켜 남체바자로 향한다. 한적하게 오후의 햇살을 즐기며 선명한 히말라야를 흠뻑 느껴본다. 남체바자로 내려가는 길에 부채꼴 모양의 선명한 남체바자의 모습을 사진에 담아본다.

샹보체와 호텔을 두루 돌아왔는데도 오후 시간이 고스란히 주어졌다. 점심을 먹고 몇몇 트레킹 샵을 돌아본다. 엊그제 팍딩에서의 추위가 생각나 든든한 겨울용 침낭을 빌리러 몇몇 곳에서 가격을 살핀다. 어떤 가게에서는 하루 대여료가 200루피, 또 다른 가게에서는 150루피였는데, 한 가게에서 살짝 얼굴만 내밀고 물었더니 80루피(약 천 원)를 부르는 게 아닌가. 너무 반가워 가게에 들어서니, 내 모습을 위아래로 살피다 말고 "Japan?" "Korea?" 하더니 바로 다시 150루피를 달라는 게 아닌가. 방금 전 분명히 80루피라고 했는데 왜 그러냐고 따져 물었더니 웃으면서 살짝 보고 네팔 사람인 줄 알았다고 하며, 어차피 말했으니 그럼 그렇게 하자고 시원스레 침낭을 보여준다. 한국이나

3일차 남체바자와 샹보체, 그 선연한 하루

일본의 여행자들이 트레킹을 하러 많이 오는데, 처음 출발할 때는
여행자 같다가도 일주일 이상 지나고 나면 까맣게 탄 얼굴이며, 씻지
않은 몸, 헤어지고 더러워진 옷가지 등으로 인해 말만 안 하고 있으면
네팔 현지인으로 오해받기 십상이라고 한다. 그래도 이렇게 때때로 그
덕을 보는 팔자도 있다.
저녁을 먹으러 식당으로 들어가니 벌써 많은 사람들이 의자를 가득
메우고 있다. 혼자라서 이런 점이 좋다. 자리가 없어도 한 자리 정도야
아무 곳이나 끼어 앉아도 된다. 히말라야 롯지에서 함께 동행하는
가이드나 포터는 따로 자기들끼리 모여서 식사도 하고, 계산도
현지인의 가격으로 따로 하고, 잠자리도 별도로 하게 된다.
자신들만의 별도의 가격 시스템을 가지고 있는 것이다.
대부분 롯지 식당의 특색은 우리나라처럼 따로 따로 4명, 8명씩
앉도록 해 놓은 것이 아니라 ㄷ자로 만들어진 회의장을 연상하면 딱
맞다. 덕분에 오붓하게 세계 각지의 여행자가 서로를 마주보며 미소도
보내며 또 서로에 대해, 나라에 대해, 또 자신이 먹는 음식들에 대해,
그리고 대부분은 주로 다음 트레킹 일정이나 루트에 대해 묻고
답하면서 이런 저런 정보교환과 살풋하고 정감어린 교류의 장을
마련하곤 한다. 자기 나라 사람들끼리, 혹은 일행끼리만 어울리는
것이 아닌 모두가 같은 산에 오르는 동료 의식을 가지고 사람 냄새
물씬 풍기는 활짝 열린 소통의 장을 만들어 가고 있다.

희미한 형광등 불빛 아래 삼면으로 둘러쳐진 테이블
가운데는 어릴 적 초등학교에서 보았을 법한 장작
난로가 있고, 그 주위로 여행자들의 시선이 차분히
오고 간다. 묵묵히 맛있게 밥을 먹는 사람, 따뜻한

차를 홀짝이며 몸을 녹이는 사람, 다정히 웃고 떠드는 한 무리의 사람들, 그윽한 중년의 부부, 또 한 켠에서는 머리에 헤드랜턴을 켜고 조용히 책을 읽는 사람, 다정한 이야기꽃을 피우고 있는 현지인 포터들, 접시를 들고 분주히 움직이는 식당 종업원들까지, 정겨운 풍경이 가슴 속에 짠하게 사진 찍히듯 박혀 온다. 두고두고 롯지의 저녁 시간은 추억 속에 암암하게 그려질 듯하다.

보통 6시쯤이면 저녁 식사를 하니 7시쯤부터 시작되는 저녁의 호젓한 시간을 다른 이들은 어떻게 보낼까! 아마도 하루 이틀은 이 텅 빈 시간이 낯설기도 할 것이다. 우리의 일상은 늘 할 일들로 북적였고, 집에서는 언제나 텔레비전과 인터넷이 저녁시간을 가득 채워 왔다. 이제 이 낯선 어둠의 빈 공간을 무엇으로 채울 것인가. 이런 때야말로 우리가 진정 여행을 떠나는 의미에 답해 주는 공간이 아닐까? 이런 일상에서 누려보지 못한 모처럼의 그윽한 순간까지도 포커와 화투를 들고 와 눈살이 찌푸려지는 광경을 연출하는 이들이 있다. 때로는 소량일지라도 돈이 오가며 시끄럽게 해 다른 여행자의 여유로움까지 방해하는 것이다. 물론 홀로가 아닌 함께하는 여행에서는 때때로 그런 놀이가 어쩔 수 없는 관계 형성의 장을 채우는 하나의 방법일 수도 있겠다 싶은 생각도 든다. 하지만 너무 과하면 무엇이든 문제가 된다. 그래서 홀로 떠나는 여행과 함께 떠나는 여행은 좋고 나쁘거나, 옳고 그름을 떠나 그 여행의 질적 차원이 조금 다를 수밖에 없다. 좋은 사람과 함께하는 여행도 좋지만, 내가 홀로 떠나는 여행을 즐기는 이유가 바로 여기에 있다.

저녁을 먹고 오늘도 어두운 마을길을 따라 랜턴에 의지하며 가벼운 산책을 즐긴다. 제법 큰 마을이라 그런지 팍딩에서의 산책과는 다른

3일차 남체바자와 샹보체, 그 선연한 하루

분주하고 활기찬 풍경이 이 무거운 어둠 속에 생기를 불어넣어 주는 듯하다. 나처럼 터벅터벅 소요를 즐기는 사람, 가벼운 쇼핑을 즐기는 사람, 미처 준비하지 못한 트레킹 용품을 구입하는 사람, 그리고 이 먼 산에서 느려터진 속도에 인내심을 키워가며 비싼 인터넷 자판을 두드리는 사람(참고로 카투만두에서는 1시간에 80루피 하는 인터넷 비용이 이곳에서는 6,000루피다), 또 모처럼 1년 만에 대목을 맞은 트레커 용품점 주인들의 손님을 끄는 능숙한 목소리까지, 다양한 사람들의 다양한 몸짓들이 이어진다. 이 모든 것이 그윽하고 아름답다.

산책을 마치니 시간이 느긋하다. 나도 다른 때 같았으면 이 밤중의 시간 동안 무슨 일을 한다, 글을 쓴다, 뉴스를 시청한다, 인터넷을 한다고 바빴을 터다. 이번 오랜 순유(巡遊)에서는 그 모든 것이 여행을 떠남과 함께 내던져지고 저녁시간의 여유가 오직 나 자신과 함께 존재하는 깨어남의 공간으로 바꾸어지고 있다. 이것이야말로 내 이번 여행의 순연하고도 오롯한 아름다움이 되고 있다.

잠들기 전의 투명한 깨어 있음은 밤과 잠자는 시간 내내 이어지고 우리의 잠을 순수하고 청연하게 만든다. 잠들기 직전 온갖 생각으로 머릿속을 복잡하게 하거나, 좋지 않은 뉴스를 듣거나, 텔레비전을 켜두고 자거나 할 경우는 그 무의식적인 혼란이 밤중 내내 이어지고 때때로 그것은 우리의 꿈까지 쫓아와 의식을 혼란에 빠뜨리곤 한다. 그런 밤을 보내고 새벽을 맞이해 보라. 예민하지 않은 사람일지라도 그 찌뿌드드하고 개운하지 않은 의식의 흐려짐을 경험할 것이다. 그래서 죽기 직전의 의식상태가 다음 생을 결정지을 만큼 중요하듯, 잠들기 직전의 의식상태가 중요한 것이다. 새벽녘 오랜 계곡의 청적한 폭포수처럼 잠들기 직전의 깨어 있는 현존은 밤과 새벽뿐 아니라 그 다음날의 의식의 기축(基軸)을 이루곤 한다. 구름 한 점 없는 가을 하늘을 바라보듯 마음을 예민하게 지켜 본 사람이라면 그 차이를 느낄 것이다.

오랜 인도 여행에서보다 오히려 지난 안나푸르나에서, 그리고 이번 쿰부 에베레스트 순례에서 저녁시간의 명징함이 더욱 빛나고 있음을 느낀다. 이 깊은 의식의 빛이 점차 매 순간순간으로 그 청담함을 전달해 주는 듯하다. 낮 시간 동안 걷는 걸음걸음 사이에, 오르막을 오르는 그 숨 가쁜 호흡 사이에 맑은 공간이 생겨나고 그 하나하나의

3일차 남체바자와 샹보체, 그 선연한 하루

발자국을 온전히 받아들이게 된다. 한 발걸음의 아름다움, 한 순간의 온전함, 매 현재 현재의 전체성이 이론과 생각을 넘어 저 히말라야 봉우리를 향해 한 발 한 발 다가가듯 조금씩 높고 깊은 내면의 히말라야로 가까워 옴을 느낀다.

명상도 일상 속에서의 그것과 여행 속에서의, 자연 속에서의 그것은 다를 수밖에 없다. 아마도 그래서 저 티베트의 밀라레빠는 "여행을 떠나는 것만으로도 깨달음의 반은 성취된 것"이라고 했던 것일까.

샹보체, 에베레스트 뷰 호텔을 돌아 다시 남체바자로
내려오는 길에 바라본 남체바자의 풍경

04DAYS

남체바자
↙
텡보체

쿰부의
최대사원,

텡보체 곰파

4일차 쿰부의 최대 사원, 텡보체 곰파

걷는 것은
곧 하나 되는
과정

이틀 머문 남체바자에 벌써 정이 든 것인지, 발걸음을 떼려니 콩데와 남체바자의 풍광이 시선을 잡아끈다.

매 순간 순간의 현실에 나를 활짝 열어 둔다. 진정 열려 있음이란 어떤 것인지를 비로소 진하게 느낀다. 이 대자연의 모든 것이 그 어떤 걸러짐도 없이 파도치듯 안으로 밀려들어 오고 내가 할 수 있는 일이란 그저 그것들을 받아들여 충분히 느끼는 것뿐이다.

남체바자에서 텡보체(Tengboche: 3,860m)까지의 첫 번째 구간은 어제 에베레스트 뷰 호텔에서 보았던 바로 그 길로 두세 시간 동안 계속해서 입을 다물지 못하게 하는 웅대한 파노라마가 펼쳐진다. 아! 이것은 자연이 만들어 내는 장엄한 예술작품이요, 엄중한 오케스트라이고, 설산의 대서사시다.

발걸음과 호흡과 눈에 비친 대자연이 쾅하고도 영령(玲玲)한 조화를 이루며 이 모든 것들과 하나가 되어 걷는다. 아! 그렇다. 이것은 걷는다기보다는 그렇게 하나가 되는 과정이 아닌가. 아무런 간섭도

히말라야, 내가 작아지는 즐거움

받지 않고 홀로 걷는다는 것은 자연과의 하나 되는 조화이자 교감이고, 우주적인 근원과 연결되는 기도요, 수행이기도 하다. 헨리 데이빗 소로우는 "확신하거니와 내가 만약 산책의 동반자를 찾는다면 자연과 하나가 되어 교감하는 어떤 내밀함을 포기하는 것이 된다."고 말했다.

안 클레르 콜라타 수녀의 산책과 자연과의 교감 그리고 기도와 수행의 일치성에 대한 다음과 같은 언급에 나는 전적으로 동의한다.

"나는 산책길에서 아주 오랫동안 쉬곤 합니다. 풀 위에 앉거나 누워서 꼼짝도 하지 않고 가만히 있으면, 온몸이 이 거대한 우주에 완전히 동화되는 것 같아요. 그럴 때 나는 높은 곳을 향해 기도합니다. 아마도 하나님과 함께 조용한 시간을 보내고 싶어서겠죠? 걷기와 기도, 이 두 가지는 깊은 관련이 있습니다. 산책할 때 내쉬는 숨은 내게 기도와 같은 것입니다."

이처럼 홀로 자연의 길을 걷는다는 것은 곧 자연과 하나 되는 불이(不二)의 깨우침이며, 그것은 달리 말하면 신과의 대면이고, 어머니 대지의 품속에서 함께 호흡하는 기도이자 수행과 다르지 않다.

왼편으로는 에베레스트를, 오른편으로는 탐세쿠, 아마다블람, 눕체 등의 영봉을 함께 걷는 구도의 도반처럼 곁에 두고 녹계(綠溪)의 하늘 길을 걷는다. 한두 시간 쉬엄쉬엄 걸으면 사나사(Sanasa: 3,600m)가 나오고, 두어 채의 롯지와 기념품 판매하는 곳에 이른다. 잠시 롯지 마당에 앉아 휴식을 취하면서 롯지의 툭 트인 전망을 바라본다. 이곳까지 함께 걸어 온 많은 여행자들이 이곳 사나사에서부터 고쿄(Gokyo)로 가는 팀과 에베레스트 방면의 팀으로 나뉜다. 사나사를 지나다 보면 좌측 오르막길로 쿰중(Khumjung: 3,780m) 가는 길이 보이고,

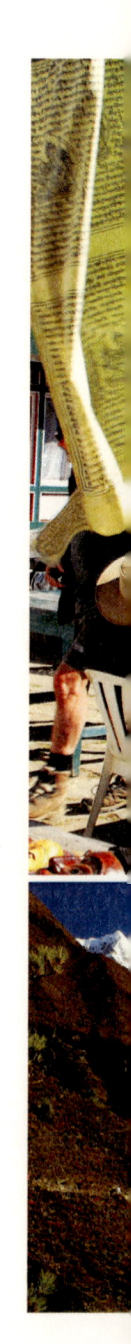

4일차 쿰부의 최대 사원, 텡보체 곰파

사나사 롯지에서 휴식을 취하는 여행자들 뒤로 아마다블람 봉우리가 보인다.

히말라야, 내가 작아지는 즐거움

조금 더 가면 삼거리가 나온다. 이 삼거리에서 고쿄와 에베레스트의 두 갈래 길이 나온다는 것을 안내하는 반가운 이정표를 만날 수 있다. 히말라야를 다니면서 어지간해서는 갈림길이라도 이정표를 발견하기가 쉽지 않다. 이정표를 볼 수 있다는 것만으로도 중요한 갈림길임을 대번에 알 수 있다. 위쪽 산 중턱을 가로지르는 오르막이 고쿄로 가는 길이고, 아래쪽 숲길이 에베레스트와 칼라파타르로 가는 길이다.

남체바자에서부터 사나사를 지나 점심을 먹을 곳인 푼키텡가(Phunki Tenga: 3,250m)까지는 평탄하거나 완만한 내리막이다. 가벼운 발걸음이 마음까지 경쾌하게 만든다. 옥산(玉山) 봉우리 중에도 단연 눈에 띄는 아마다블람을 가까이 곁에 두고 함께 걷는다.

아! 비로소 나는 지금 이 길 위에 아무런 기대도 없이, 아무런 바람도 없이 그저 걷고 있을 뿐이다. 과거와 미래의 모든 것들이 놓여지고

타싱가 마을에서 꺾어진 나뭇가지를 타고 노는 아이들.

4일차 쿰부의 최대 사원, 텡보체 곰파

지금 이 순간 내 앞에는 바로 다음의 발걸음과 한 호흡의 들숨과 눈앞에 펼쳐진 해끔한 산맥의 현존만이 강물처럼 흐른다. 아! 이 느낌! 이 현존, 모처럼 기억에서 사라졌던 그 무언가들이 다시금 새록새록 존재 위를 흐른다.

푼키텡가 조금 못미처 타싱가(Thasinga: 3,600m)를 지나니 동네 아이들이 숲속을 놀이터로, 꺾어진 나뭇가지를 시소삼아 올라타고 노느라 정신이 없다. 마을길을 지나 설웅산 초오유(Cho Oyu)에서 발원한 두드코시를 지나는 다리를 건넌다. 두드코시는 우유라는 뜻의 '두드(Dhudh)'와 강이라는 뜻의 '코시(Kosi)'가 합쳐진 우윳빛을 띠는 빙하 녹은 물로, 빙하 물은 미세한 광물입자들을 함유하고 있어 빛과의 산란작용에 의해 우윳빛 바탕에 푸른 에메랄드 색을 동시에 띤다고 한다. 이 두드코시가 언뜻 보기에는 그저 작은 산골의 골짜기 같지만, 이 강이 흘러 흘러 인도인의 영혼의 고향, 갠지스 강으로 뻗어나가고 최종적으로 인도양까지 흘러들게 되는 장대한 역사를 만들어 내는 발원지인 셈이다.

히말라야, 내가 작아지는 즐거움

푼키텡가에서 만난 한국인

두드코시를 건너 푼키텡가에서 점심을 먹으려는데 자리가 꽉 찬 터라 저쪽 구석자리에 홀로 앉아 계시는 지긋한 어르신께 옆 자리 합석을 여쭈었다. 그런데 지금까지 산에서 한 번도 보아오지 못했던 한국 분이 아닌가!
"한국 분 아니세요?"
하는 물음이 얼마나 반갑던지. 춘추가 60이 넘으셨는데 정년퇴직 후에 이렇게 산으로 산으로 떠도신다고 한다. 퇴직 후 지난 몇 년간 세계 도처를 여행하시다 요즘은 네팔의 설산에 반해 안나푸르나, 랑탕에 이어 이렇게 에베레스트까지 오시게 되었다고. 희끗희끗한 연세에 홀로 저렇게 여행할 수 있다는 것이 아름답게 느껴진다. 물론 그만한 경제적 여유도 있어야 하니 특별한 소수 특권층이나 가능한 것이라고 혀를 차는 사람들도 주위에 있다고 하던데, 이 어르신의 대답은 "물론 그것도 전혀 틀린 말은 아니지만, 돈이 있어도 못 오는 사람도 많고, 또 조금만 절약하면 인도나 네팔 같은 나라는 한국에서 지내도 그 정도의

4일차 쿰부의 최대 사원, 텡보체 곰파

돈은 쓸 정도"라고 항변하신다.

나이가 들면 누구나 인생의 근원적인 어떤 것을 찾게 되듯 지긋한 연세에 이렇게 순례의 길을 나서는 사람들이 늘고 있다고 한다. 그런 분들에게 길을 떠난다는 것은 단순한 여행이 아닌 숭고한 영적인 순례의 길이 된다. 홀로 두 발과 몸뚱이 하나에 의지해서 낯선 길을 떠난다는 것은 그 자체만으로 구도의 한 과정이며, 스와미 람다스의 말대로 '신과 자신을 찾아가는 것'이기도 하다.

불교뿐 아니라 기독교, 유대교, 회교 등 거의 모든 종교에서 순례는 구도의 한 부분으로 여겼다. 기독교 순례자들은 예수의 자취를 따르고자 예루살렘을 향해 걸었고, 이슬람교도들은 알라의 집으로의 순례라는 뜻의 하지(Hajj), 즉 메카로의 순례를 의무적으로 행해 왔으며, 티베트인들 또한 라싸로 삼보 일배의 순례를 떠나왔다. 또한 전 세계에서 불교 신자들이 부처님의 탄생·출가·성도·열반지인 4대 성지를 향해 지금도 순례를 멈추지 않고 있다. 특히 티베트의 성산 카일라스는 우주의 중심인 수미산을 상징하는 곳이며, 불교·힌두교·자이나교·라마교 등 주요 종교인들의 공통적인 성산이라 불리는 곳으로, 요즘에는 세계의 수많은 사람들에게 거룩한 순례지로 일생에 한번쯤은 꼭 다녀오고자 하는 순례의 정점에 서 있기도 하다.

이처럼 순례라는 것은 종교를 초월해 근원에 이르기 위한, 깨달음에 이르기 위한 하나의 수행 방법이요, 종교적 실천의 핵심을 이루고 있기도 하다. 그렇기에 이렇게 특정 종교를 믿지 않는 사람들조차 누구나 한번쯤은 거룩한 곳으로의 순례를 꿈꾸는 것이 아닐까. 그것은 어쩌면 누구나 자신의 근원으로의 귀향을 향해 나아간다는 점에서 인간 성품의 근간을 이루는 정신적 유전 요소인지도 모르겠다.

히말라야, 내가 작아지는 즐거움

어르신과의 짧은 대화 속에서, 순례에 대한 의미를 찾게 된다.
순례자가 꼭 종교적이거나 영적일 필요도 없으며, 반드시 대자연과의
교감과 신비에 대한 뚜렷한 체험 내지 신념이 있을 필요도 없다. 그저
산이 좋고, 여행이 좋고, 홀로 걷는 것이 좋으며, 새벽에 떠오르는
태양 앞에서 숨을 멈추고 바라볼 수 있는 작은 감수성이 있다면
그것을 애써 영적이니 종교적이니 순례니 하는 용어로 가두지
않더라도 그 본질에서는 결국 같은 길 위의 구도자가 되는 것이
아닐까.

어르신께서는 히말라야를 걸을 때 가장 행복하시단다. 그동안 오랜 삶
속에서 깨닫지 못했던 아름다움의 의미에 대해 비로소 경험하게 된
것이다. 그러면서 이 아름답고 진한 풍광의 경험과 느낌들을 아내나
자식들과 나누고 싶지만 그게 잘 안 된다고. 아내나 자식들과 함께
오고 싶어 아무리 설득을 해도 "그 험한 산에 힘들게 왜 가느냐?"고
해서 혼자 왔다고 하신다. 그런 거 보면 모든 것은 제 마음이 동해야
하지 아무리 좋은 것도 저 싫다면 그만이다. 그래서 때때로 삶을
힘겨워하는 사람들에게 이런 저런 방법 같은 것을 알려줘도 그것이
전혀 먹혀들지 않는다. 자기 자신만의 관점과 견해와 좋고 싫은 어떤
견고한 틀이 있어서 그렇다.

그래서 진정으로 길을 찾고자 하는 사람은 먼저 자신을 비우고 활짝
열 수 있어야 한다. 가슴의 창이 닫혀 있으면 그 창으로 지혜도,
행복도, 풍요로움도 들어갈 수 없다. 닫힌 마음에는 늘 자신의 기존
관점이나 색안경으로 걸러진 선택적인 것들만 들어올 수 있기
때문이다.

그래서 스승을 찾아갈 때는 언제나 빈 마음이어야 하고, 자신을

4일차 쿰부의 최대 사원, 텡보체 곰파

완전히 내려놓고 '내가 옳다'고 여겨 온 모든 울타리를 걷어치우고 친견을 해야 하는 것이다. 그러지 않고 자기 고집, 아상과 아견을 꽁꽁 움켜쥔 채 찾아간다면 붓다나 예수를 만날지라도 거기에 소통과 참된 이해는 깃들지 않는다. 그때 우주는 당신을 도울 수 없다. 늘 충만한 우주의 도움을 당신은 스스로 닫음으로써 받지 못하는 것이다. 그래서 붓다께서는 "인연 없는 중생은 붓다도 구제하기 어렵다."고 했다. 잠시의 대화를 뒤로 한 채 점심을 마치신 어르신은 포터와 가이드를 영솔하며 먼저 길을 나서신다.

푼키텡가의 한 롯지 식당에서 이른 점심을 먹는 여행자들.

히말라야, 내가 작아지는 즐거움

통증과 함께
600의 고도를
오르다

점심을 먹고 이곳 롯지에서 파는 상점을 잠시 돌아보며 숨을 돌렸다.
이곳 푼키텡가부터 텡보체까지는 무려 고도 600m를 단숨에 올라야
하는 가파른 오르막 구간이다. 천천히 발걸음을 옮긴다.
오른 무릎의 통증은 여전하다. 오르막을 천천히 아주 천천히 걸어
오르며 오른 무릎으로 주의력을 옮긴다. 한 발 한 발 내딛을 때마다
찌릿찌릿한 느낌이 그곳에서 감지된다. 그것을 탓하지 않고, 걱정하지
않고, 빨리 나으라고 재촉하지 않고 다만 그 작은 통증을 가만히
지켜보며 걷는다. 지켜보는 동안 그 통증은 사실 '통증'이라는
이름과는 어울리지 않는 그저 단순한 어떤 느낌일 뿐이다. 공연히 그
하나의 생생한 느낌에 '통증'이라는 이름을 붙이지 않기로 한다.
그렇게 걷다 보면 그것은 싫은 어떤 느낌이 아니라 그저 그것이
거기에 있을 뿐이다. 오히려 지켜보는 가운데 생기로운 생명력 같은
무엇을 느끼게도 되고, 그것을 통해 내면으로 들어가는 통로 같은
것을 느끼게도 된다. 그 하나의 통증이 오히려 명상의 통로가 되는

것이다.

이처럼 그 어떤 부정적인 사건이나 받아들이기 싫은 불쾌한 일일지라도 사실 그것 자체는 아무런 좋거나 싫은 분별이 없다. 그것 자체는 언제나 중립이다. 그 어떤 사건도, 그 어떤 상황도, 사물도, 사람도 모두 중립일 뿐이다. 다만 거기에 우리의 생각이 공연히 좋다거나 싫다고, 옳다거나 그르다고, 불쾌하거나 부정적이라고 판단을 덧붙이고 있을 뿐이다. 그렇기에 모든 상황은 우리가 그 상황 속에서 판단과 생각에 휩쓸리지 않고, 길을 잃지 않고 온전히 그 앞에서 깨어 있음을 유지할 수 있다면 그 모든 것은 언제나 나를 돕고자 찾아온 감사한 경계인 것이다. 중요한 것은 좋거나 싫은 어떤 상황에 처했느냐 혹은 어떤 사건을 만났느냐, 어떤 사람을 만났느냐가 아니라 그 온갖 것들과의 마주침 속에서 얼마나 깨어 있었느냐 하는 것이다. 즉 상황이나 사건 자체가 좋거나 나쁜 어떤 것이 아니라 그 상황에 처한 의식 상태, 마음의 방향이 그것을 좋거나 나쁘게 만드는 것이다.

언제나 우리 앞에는 반드시 일어나야 할 일만이 일어나야 할 바로 그 순간에 일어나야 할 바로 그 크기로 일어나고 있다. 그것이 바로 이 세상을 진리의 세계, 법계(法界)라고 부르는 이유다. 그러니 좋거나 나쁘다고 분별함 없이, 더 큰 법계의 진리 속에서, 더 높은 차원의 질서 속에서 일어났다는 것을 온전히 받아들이며 내 앞에 주어진 생을 전체적으로 살아갈 때 바로 그 무분별의 큰 수용 속에서 명상이라는 장엄한 흐름이 우리 삶에 깃드는 것이다.

한 발 한 발 느리게 걸어 오르는 묵직한 즐거움 속에서 몸 안에 갇혀 있던 그 어떤 생기로움이 볕 좋은 오후 빨래 마르듯 새록새록 춤추며 피어오르는 것이 느껴진다. 몸을 움직이며 그 움직임을 자각하는 가운데 비로소 몸과의 깊은 대화를 나누게 되는 것이 아닌가 싶다. 그동안은 그저 다른 이유로, 다른 목적을 위한 도구로 몸을 사용해 오면서도 이 몸 자체와의 직접적인 만남, 전체적인 자각이 드물지 않았었나 하는 미안함과 함께 비로소 진심 어린 몸에 대한 감사가 뒤따른다.

천천히 오르막을 걷다보니 느린 걸음에서만 얻을 수 있는 또 다른 즐거움이 눈에 띈다. 그것은 천천히 걷는 자만이 볼 수 있는 발아래 꽃들과 벌들과 초록의 푸르름이다. 한 발 한 발 걸어 오르면서 꽃들이며 풀들을 바라보고, 또 몇 발 걷고 뒤돌아 온 곳을 바라보자니, 이제부터 조금씩 수목한계선의 경계를 넘나드는구나 싶어진다. 멀리 앞산을 바라보니 아래쪽은 야취의 숲이고 위쪽으로 헐벗은 산세가 고스란히 눈에 띈다. 오르막길 방향 우측의 건너 산은 이미 수목은 사라지고 앙상한 히말라야의 속살을 황량하게 보여주고 있다.

걷고 또 걷는다. 나도 힘들지만 오고 가는 포터들도 이제부터는 힘에 부치는지 걸음을 멈추고 쉬는 일이 잦아졌다. 이 정도의 오르막에서는 야크 또한 예외가 아니다. 여행자들도 몇 발자국 걷고는 잠시 잠깐 눈 봉우리를 바라보며 쉬다 걷고 쉬다 걷기를 반복한다. 무거운 배낭과 허벅지에 느껴지는 묵직한 느낌, 발목에서 느껴지는 찌릿찌릿한 느낌들을 온몸으로 받아내며, 이 한가하고 고요한 가파른 오르막길을 천천히 걷다 보니 어느덧 큰 곰파와 초르텐이 눈앞에 번쩍 하고 나타난다. 이곳이 바로 오늘 묵게 될 텡보체다.

• 히말라야 전 지역에서 가장 규모가 큰 티베트 불교사원인 텡보체 곰파

텡보체 곰파,
순례자의
기도

그나저나 이 넓은 텡보체의 롯지를 벌써 네 곳째 돌아보았건만 모두
방이 꽉 찼다. 마지막 한 곳의 경퇴된 허름허름한 롯지에 들렀을 때
비로소 몇 개 남지 않은 싱글 룸을 만났다. 이렇게 이른 시간에
도착했는데도 방이 없는 것을 보니 성수기는 성수기다. 특히 이곳
대부분의 롯지는 주로 더블 룸, 트리플 룸이지 싱글 룸을 찾기 어렵다.
싱글 룸이 없다고 해서 더블 룸 값을 줄 테니 더블 룸이라도 달라고
하면 "없다!"고 딱 잘라 말하거나 더블 룸 값을 웃도는 터무니없이
높은 가격을 부르는 경우도 있다. 없는 것이 아니라 더블 룸에 한 명이
머무는 것보다 두 사람이 머물러야 방값보다 더 비싼 식사비며 때때로
목욕비, 밧데리 충전비, 군것질, 찻값 등 두 배, 세 배 이상 뽑아낼 수
있다는 계산이니, 혼자라는 그 홀대를 어쩔 수 없이 받을 수밖에 없다.
그나마 지난 안나푸르나 순례 때는 포터까지 없어서 그랬는지 그
홀대와 툭하면 "방 없다!"는 소리를 고스란히 들어야 했다. 분명
나보다 늦게 온 이들 중에도 포터와 함께 온 이들에게는 방을 내

4일차 쿰부의 최대 사원, 텡보체 곰파

주면서도 내게는 방이 없다고 하는 것이다. 포터가 없으면 이래 저래 홀대를 받기 쉽다.

이 히말라야 전 지역에서 가장 큰 불교사원인 텡보체 곰파(gompa, 티베트 사원)로 발걸음을 옮겼다. 텡보체 곰파는 규모가 가장 큰 사원이기는 해도 그리 오래된 사원은 아니다. 티베트의 롱북 곰파 승원장 스님의 지시에 따라 남체바자 옆 마을인 쿰중 출신의 라마 굴루(Lama Gulu)에 의해 건설되었으며, 주요 건물은 1919년 완성되었고, 이후 1934년 지진으로 파괴되고, 1989년 다시 화재로 불태워졌지만 많은 국제적인 도움과 셀파 들의 원력으로 불사금을 모아 새로 곰파를 짓게 되고 1993년에 불사가 회향될 수 있었다고 한다.

마침 스님들이 큰법당에 모여 예불을 모시고 있다. 열댓 분 남짓한 스님들이 중간에 중진스님인 듯한 한 스님을 중심으로 마주 보고 앉아 경전과 진언을 외고 때때로 법구도 연주하며 한 시간 남짓 불공을 모시고 있다. 많은 서양인 순례자들이 스님들 앞으신 뒤쪽으로 차분히 들어와 함께 법회에 동참 중이다. 법당 주변으로 켜진 촛불들까지 성스럽게 이 장엄한 법석에 동참하고 있다.

스님들 뒤로 차가운 마룻바닥에 앉아 기도에 동참하는 서양인들의 눈빛에 이질감이라고는 전혀 찾아볼 수 없는 순령한 익숙함이 느껴진다. 때로는 가부좌를 하고 합장을 한 채 눈을 반쯤 감고 명상에 들어 있는 파란 눈의 순례자들과 마주하며, 저들의 순례가 곧 구도의 행각임을 짐작하게 된다.

잠시 뒤 참배와 예불을 마치고 지는 해를 뒤로 반짝이는 도량과 텡보체 마을을 산책한다. 조금 아래쪽 롯지에 갔더니 이 깊은

텡보체 곰파

산골짝에 빵집이 있다. 출출하던 차에 들어가 보았더니 빵 값이 거의 밥 한 끼 값에다. 그 작은 케이크 한 조각도 죄다 300루피(약 4천 원)를 넘어선다. 실망스런 표정으로 나오려다가 저 반대편 잘 보이지도 않는 쪽에 조금 더 싼 150루피 전후의 빵들이 '나 여기 있어' 하듯 반갑게 손짓한다. 도넛 하나를 120루피에 깨작깨작 아쉬운 듯 먹고 나오니 이 텡보체 해발 3,860m의 높은 언덕 마을에 산 그림자가 슬금슬금 기어오는 것이 보인다.

롯지 식당으로 들어갔더니 지난 안나푸르나 베이스 캠프 롯지에서 처음 만나 춈롱, 고라빠니, 푼힐에 이어 다시 포카라의 한 식당에서까지 몇 번을 스치며 보아왔던 중국인 한 친구가 반가운 미소로 반겨준다. 그때는 친구들과 함께 4명이었는데 그 친구들 3명은 중국으로 돌아가고 혼자만 남아 에베레스트 베이스 캠프(EBC)를 갈 예정이라는

● 텡보체 곰파에서 바라본 텡보체 마을 전경

얘기를 포카라에서 들었던 터라 잘하면 볼 수도 있겠다 싶었지만 이렇게 이곳에서 다시 만나고 보니 얼마나 반갑던지. 그런데 혼자 온 것이 아니라, 어찌 어찌 카투만두에서 중국의 무슨 인터넷 카페를 통해 만난 중국인 팀과 합류하여 7명이라는 대 식구를 이끌고 왔다. 저녁을 먹고 북적대는 좁은 롯지 식당을 나오니 밤공기가 차다. 하지만 운치는 더없이 충만하다. 곰파가 달빛을 받아 어렴풋이 반짝이고, 저 멀리 지나 온 길 위로 콩데 봉우리가 그린 듯 선벽(鮮碧)하다. 어쩌면 저렇게 아름다울 수 있을까. 히말라야의 밤하늘은 더 이상 설명 불가능한 침묵의 소응(昭應)이다. 이 투명한 아름다움 앞에 도저히 내 존재를 마주 세워 두기가 부끄러울 만큼, 그 어떤 표현도 이 앞에서 누가 될 만큼 어둠 속에 저절로 빛이 나고 침묵 속에 연주되는 내 생애 최고의 아름다움!

05 DAYS

텡보체
↙
팡보체
↙
딩보체

쿰부의 본격적 풍광, 팡보체와 딩보체

5일차 쿰부의 본격적 풍광, 팡보체와 딩보체

이른 아침,
처음 보는
풍경 속을 걷다

어제 나보다 늦게 텡보체(Tengboche: 3,860m)에 도착한 그 많은 여행자들이 방을 구하지 못해 텡보체에서 약 100여 미터 아랫마을에 하나 있는 허름한 롯지나 조금 더 가야 하는 밀링고(minlinggo: 3,750m), 혹은 약 2시간 거리인 팡보체(Pangboche: 3,930m)까지 갈 수밖에 없었다고 한다.

방이 없을 수도 있다는 말만 들었지 이렇게 직접 방 없음을 경험하고 보니 그렇지 않아도 일찍 일어나 일찍 출발하고 빨리 도착해 여유로운 시간을 즐기자던 계획이 더 당겨진다. 조금이라도 빨리 가야 그 다음 목적지에 방을 구할 확률이 높아지는 것이다. 더 잘 되었다 싶은 것이 일찍 잠이 드는 바람에 일찍 눈이 떠져 억지로 침낭 속에서 시간을 보낼 필요도 없고, 또 오후보다는 새벽과 오전 중에 구름 한 점 없는 화창한 날씨를 볼 수 있으니 오늘부터는 너무 여유부리지 않고 일어나는 대로 아침 먹고 바로 출발하기로 한다.

5시 30분쯤이면 거의 자동으로 눈이 떠진다. 그 즈음이면 세상이

어둠의 이불을 벗어던지고 햇발의 밝은 소식이 조금씩 대지 위를
밝히고 있을 때다. 그렇게 밝아지다가 5시 55분 즈음이 되면 어김없이
가장 높은 서쪽 봉우리 위쪽부터 붉어지기 시작하는 것이다. 우리가
걸어온 남체바자 쪽 우뚝 선 봉우리가 전체적으로 붉어지더니 이윽고
곰파에서 종소리, 예불소리가 은은하게 울려 퍼지고 텡보체가
본격적으로 깨어난다.
이 산중에서는 어느 롯지를 가든 별도의 샤워나 씻을 만한 곳이 따로
마련되어 있지 않은 경우가 대부분이다. 그저 눈치껏 알아서 씻을
물을 조금 달라고 하거나, 이곳 롯지처럼 작은 물통이라도 쫄쫄
흐르게 만들어 놓은 곳이 있으면 그나마도 다행인 것이다. 찬물로는
도저히 샤워를 할 수 없을 정도고, 꼭 샤워를 해야겠다 싶은 사람은
더운 물 양동이 두 개를 300루피(약 4천 5백 원)에 사서 아쉬운 대로
온몸을 적실 수는 있다. 대개의 경우 매일 샤워를 하는 사람은 거의
없고 2주 트레킹 기간 중에 두세 번 정도를 하는 것이 보통이다.
깨어나는 텡보체 마을과 곰파, 텡보체를 둘러싸고 있는 상상봉의
청청한 풍경에서 눈길이 떨어지지 않는다. 산 위에서의 새벽은 늘
깨어있다. 이런 풍경 속에서 어찌 눈곱을 떼고 일어나지 않을 수
있겠는가.
그야말로 칫솔질과 최소한의 세수만을 하고 7시 이전에 출발을 한다.
해기가 길까지 내려오기 전에는 두터운 겨울 점퍼를 입지 않으면 안
된다. 새벽녘까지는 한겨울 날씨처럼 춥다. 소로를 따라 아직 햇살이
비치지 않는 싸늘한 초로길 위를 걷는다. 졸졸 흐르는 계곡의 새벽
풍경도 생경하다. 찬 서리와 이끼들이 바위와 숲, 흐르는 개울을
뒤덮고 있다. 30여 분 걷다 보면 이제 쨍한 햇발이 길 위를 비추며 언

5일차 쿰부의 본격적 풍광, 팡보체와 딩보체

● 팡보체 가는 길목에 빅 초르텐(Big Chorten)이라는 큰 티베트 불교 양식의 탑이 서 있다.

팡보체의 일주문인 듯.
이 문을 지나면 툭 터진
시야로 강과 초원이
그림처럼 펼쳐진다.

5일차 쿰부의 본격적 풍광, 팡보체와 딩보체

 발과 언 손을 조금씩 녹여주다가 조금 더 시간이 흐르면 이제
너도나도 길을 멈추고 껴입은 옷이며 장갑을 벗고 모자도 빵모자에서
챙모자로 바꾸곤 한다.
난란한 새벽빛을 받은 작은 마을 밀링고(Minlinggo; 3,750m)는 벌써부터
주민들의 몸짓이 분주하다. 난만하게 부서지는 아침햇살에 이불은
일광욕을 즐기고 있다. 저 한 켠 민가 쪽에 서너 살쯤 되어 보이는
아이가 또렷또렷한 목소리로 "나마스떼"를 외치고 이쪽에서도
메아리처럼 "나마스떼"를 답장한다.
길을 걷다 뒤를 돌아보니 한 폭의 그림 같은 풍경이 시선을 자꾸만
잡아끈다. 다시 이 길을 걸어내려 오지 않을 요량이라면 걷기 여행의
철칙 같은 것 중 하나가 자주 자주 숨을 돌리며 뒤를 돌아봐야 한다는
것이다. 이미 지나 온 풍경이라고, '뭐 별 것 있겠나' 하고 앞만 보고
가다가는 시시각각 각도마다 그 비경을 달리하는 자연의 신운(神韻)과
현리함을 그냥 통째로 놓치게 된다. 반쪽짜리 여행밖에 안 되는 셈!
1시간 남짓 걸으니 작은 계곡처럼 보이는 임자 콜라 강(Imja Khola, 코시에
비해 작은 강) 반대편으로 건너는 다리를 만나고, 다리를 건너자마자
그늘이 완전히 벗겨지고 쨍하는 아침햇살을 만난다. 겉옷을 벗어
걸망에 꾸려 넣고는 오르막길을 따라 터벅터벅 속도를 늦추며 걷는다.
한참을 오르자니 해쓱한 초르텐 한 그루가 오래도록 그 자리에
고목처럼 본래로 그렇게 서 있었던 듯 조화롭게 솟아 있다. 초르텐을
지나면 무슨 관문같이 생긴 문 없는 문이 나타나고 그 문을 넘어섬과
동시에 전혀 다른 두 세계를 이어주는 관새(關塞)인 듯 툭 터진 시야로
아마다블람과 임자 콜라 강 그리고 강가에 야크들을 방목하는 초원이
논처럼 경계 지어 펼쳐진다.

히말라야, 내가 작아지는 즐거움

팡보체와 딩보체,
그 황량하고도
압도적인 풍광

그 웅고한 풍경을 따라 조금 더 걷다 보면 팡보체의 미경이
파노라마처럼 펼쳐진다. 제법 큰 마을이다. 가파르지 않은 계단식
밭이 돌담을 경계로 펼쳐져 있고 그 한쪽으로 집들과 롯지가 길
곁으로 줄지어 있다. 마을 자체로도 아름답거니와 마을을 통과하여
만날 수 있는 산과 계곡물과 초르텐 그리고 개여울에서 한가로이 풀을
뜯고 있는 야크들이 선명한 가을빛의 찬연함과 어우러져 한 폭의
도경(圖景)을 만들어낸다.

5일차 쿰부의 본격적 풍광, 팡보체와 딩보체

그러고 보니 남체바자에 머물던 첫날 저녁을 빼고는 맑디맑은 날씨가 청천백일(靑天白日)로 계속되는 것이 우기가 끝난 뒤의 본격 트레킹 시즌이라는 이름값을 톡톡히 해 내고 있다. 하늘은 청청하고 구름은 정백하다. 오전 중에는 구름 한 점 없는, 푸르다 못해 어떻게 저런 구름 색감을 구해 왔는가 싶을 정도의 믿기 힘든 하늘색이 눈을 사로잡는다. 그러고 보니 이번 여행에서는 태어나서 처음 만나는 것들 투성이다. 진한 하늘 색감도 그렇거니와, 이렇게 반짝이며 선명할 수 있다는 것을 보여 준 밤하늘의 별빛, 우수수 5분여마다 떨어져 내리는 별똥별, 이마 위로 너무 깊이 쏟아져 스며드는 오후 햇살의 투명함, 텔레비전이나 사진에서만 보아오던 울울창창 야생의 밀림까지, 셀 수도 없을 정도의 새로움들이 매 순간 내 오감을 눈부시게 만든다. 팡보체를 지나며 잠시 마을 어귀에서부터 지텐이 보이지 않더니 마을을 다 지날 즈음에 멋들어진 선글라스를 쓰고 나타난다. 촐라패스를 넘는 줄 모르고 선글라스를 못 챙겨 온 터라 고민 고민 하다 싼 걸로 하나 구입했다고 한다. "촐라패스를 넘는데 선글라스가 그렇게 중요하냐?"고 묻자 상황에 따라 다르긴 한데 항상 눈으로 뒤덮여 있는 곳이다 보니 아무리 포터들이라고 할지라도 실명이 오는 수가 있다고 한다. 그러고 보니 지난 안나푸르나 순례 때 만난 9월 장마 기간에 라운딩을 했다는 한 여행자는 갑자기 해발 5,000m 이상에서 내리는 눈에 한 포터가 실명으로 실려 가는 것을 직접 목격했다고 했다. 이런 얘기를 듣고 보니 나 또한 고민 고민 하다가 오기 직전에 허름한 것을 하나 사 오길 잘 했다는 생각이 든다. 팡보체 마을을 지나면 우측으로 깊은 계곡 임자 콜라가 저 아래로 흘러가고, 저 반대편의 풍광명미(風光明媚)한 봉우리가 계곡과 더불어

절묘한 자연미를 보여준다. 팡보체의 계단식 논과 집들, 그 옆의 계곡의
조화가 청명한 날씨와 어우러져 길을 걷는 여행자를 자꾸만 뒤돌아보게
한다. 팡보체 마을을 지남과 동시에 키 큰 교목(喬木)들은 어디론지 다
사라지고 얕은 딸기나무들이 숨숨하게 무리지어 피어나 있고, 초원을
연상케 하는 풍경이 펼쳐지기 시작한다. 멀리서 보면 한국의 오색
단풍을 연상케 하는 초원이 알록달록 새로운 아름다움을 선사한다.
졸졸 흐르는 계곡물에 잠시 손을 씻고 멈추어 선다. 어디서
나타났는지 이름 모를 새들이 떼 지어 머리 위로 비상하더니 계곡
쪽으로 포르릉거리며 잠깐 사이에 획획 스쳐간다. 순식간에 무리를
지어 하얀 설산에서 튀어나오더니 무슨 곡예를 하듯 저 아래 임자

길 왼쪽으로는 타보체 피크(Taboche Peak)가 웅장하게 서 있다.

5일차 쿰부의 본격적 풍광, 팡보체와 딩보체

콜라 강 아래까지 쑥 곤두박질 쳤다가는 슈웅 하고 다시 날아올라
반대편 산까지 나닐며 넘어가는데 걸린 시간이 잠깐이다. 순식간에
카메라 셔터를 누르다 보니 다 사라지고 없다. 무슨 일이 있는가
궁금하다는 듯 산 위의 산양들도 고개를 들고 쳐다본다.
팡보체를 지나 차분한 오르막을 또 한 번 오른 뒤에 지텐이 가다가
중간 지점에서 점심을 먹자고 했던 소마레(Shomare: 4,010m) 산 중턱
마을이 나타난다. 그런데 시간을 보니 10시도 안 된 터라 점심을
먹기는 좀 그렇고 잠시 쉬었다가 곧바로 딩보체까지 가서 조금 늦은
점심을 먹기로 하였다. 소마레 롯지 마당에서 여행사에서 단체로
왔다는 한국인 EBC 탐방 팀을 잠시 만났다. 모처럼 만나는

길 오른쪽으로는 임자 콜라 강이 도도히 흐른다.

한국인들이 무척이나 반갑게 느껴지지만 단체 여행객들이라 그들만의
일정에 맞춰져 있어 이런 저런 대화를 나눌 수 없어 아쉬운 마음이
스친다. 전혀 생각지 못했던 산중, '이국에서 만나는 한국사람,
한국말이란 이렇게도 반가운 것이구나.'라는 생각과 함께.
소마레를 지나 조금 더 오르면 툭 트인 초원을 만난다. 이즈음이
오르쇼(Orsho)일 게다. 너른 초원이 펼쳐지고 그 좌우로 설산
봉우리들이 우뚝 서 있다. 눈을 뗄 수가 없다. 이 처연한 초원 위로
황량한 소소리 바람이 불어온다. 아! 이 아름다움을 두고 그냥 스칠
수가 없어 마치 잔디를 깔아 놓은 듯한 초원 길 옆에 자리를 잡고
앉는다.
점심을 먹지 않은 탓에 지텐과 함께 군것질로 간단한 요기를 한다.
그야말로 본격적인 에베레스트의 장결한 풍광이 시작되는가! 오늘
이동구간 중에도 팡보체와 딩보체 사이의 풍경은 지금까지의 그 어떤
풍경보다 단연 압도적이다. 팡보체 전까지만 해도 산에 숲이 우거지고
나무도 있고 그랬다면 팡보체를 지나면서부터 산은 황량해지고
최소한의 생명들만이 그곳을 지키며 계곡 가까운 곳으로 척박한
대초원이 펼쳐지기 시작한다. 그야말로 우리가 사진에서나 만나왔던
에베레스트의 바로 그 사진 속 산수풍경들이 하나 둘씩 그 모습을
드러내기 시작하는 것이다.
안나푸르나 순례 때 오랜 밀림과 숲을 지나고 나면 결국 마지막 날
MBC와 ABC 구간에서 이런 황량한 아름다움을 만나게 되는데
아무래도 에베레스트는 그 고도가 워낙 높다 보니 그 높은 고도의
만목황량(滿目荒凉)한 풍경이 해발 4,410m 딩보체 가까이부터 시작되고
있는 것이다.

5일차 쿰부의 본격적 풍광, 팡보체와 딩보체

산중 마을에서
생각이
멎다

아름다운 초원을 지나면 추쿵, 눕체, 아마다블람 등의 설산이 녹아 흐르는 임자 콜라 강을 건너게 된다. 그리고 나서 왼편으로 로부체 콜라(Lobuche Khola) 강을 따라 20여 분 걸으면 페리체(Pheriche: 4,280m)를 만나고 오른편의 언덕을 하나 넘으면 비로소 딩보체(Dingboche: 4,410m)를 만나는 것이다.

페리체와 딩보체, 두 마을은 임자 콜라와 로부체 콜라라는 두 강이 합류하는 지점 바로 위쪽으로 각각 계곡을 끼고 논밭을 이루는 독특한 가경(佳景)을 지닌 마을이다. 이 두 마을이 낭카르창 피크(Nangkartshang Peak: 5,086m) 아래로 흘러내려온 하나의 높은 언덕을 기점으로 나뉜다. 주로 페리체에 묵는 이들은 시간이 없어 바로 로부체나 칼라파타르 방향으로 갈 사람들, 혹은 딩보체를 거쳐 올라갔다가 내려가는 사람들이 주로 묵는 데 반해 일반적인 여행자들은 딩보체에서 이틀을 묵으며 하루를 고산 적응의 날로 보내면서 추쿵 리(Chhukhung Ri: 5,559m)나 낭카르창 피크를 오르곤 한다. 그도 그럴 것이 어제 걸은 구간이 해발

● 추쿵, 눕체 등의 설산이 녹아흐르는 임자 콜라 강

5일차 쿰부의 본격적 풍광, 팡보체와 딩보체

3,860m인 텡보체에서 3,710m의 디보체로 잠시 내려갔다가 다시 곧장 4,410m인 딩보체까지 왔으니 무려 하루에 700고도를 오르락내리락 한 셈이다. 그것도 보통 3,500m 이상에서부터 고산병이 본격적으로 시작된다고 하니 고산병의 길목에서 급작스런 고도변화에 하루쯤 적응하는 시간이 필요한 것이다. 가이드북에 하루에 300고도 이상을 높이면 고산증세가 올 수 있으니 조심하도록 조언하고 있음을 상기해 보면 충분히 이해가 되는 대목이다.

그렇게 딩보체에서 하루를 쉴지라도 그 다음날부터 또 다시 고도를 높여야 하는 트레킹 일정을 감안했을 때 하루 쉬면서 당일치기로 추쿵 리나 낭카르창 피크를 다녀옴으로써 해발 5,000m 이상의 고도에서 몸이 어떻게 변화하는지를 살펴볼 수 있는 고도적응의 연습도 되는 셈이다.

그동안은 많은 여행자들이 하루를 머물며 추쿵 리 뷰포인트 지점까지 다녀오곤 했다고 하는데 추쿵 마을은 너무 볼거리가 없고 추쿵 리까지 하루에 다녀오기에는 8시간가량이 걸리는 강행군을 그것도 해발 5,559m 고지까지 무려 1,100 고도 이상을 단시간에 올라갔다가 내려와야 하기 때문에 상당한 체력적인 부담이 있을 거라며 지텐이 낭카르창 피크를 오를 것을 권한다. 더욱이 우리는 칼라파타르나 에베레스트 베이스캠프까지만 가는 것이 아니라 촐라패스를 넘어 고쿄 리까지 가야 하는 다소 버거운 라운딩 일정상 그것이 더 나을 것이라고 조언을 해 준다. 함께 올라오며 몇 번이고 마주쳤던 여행자들에게 내일 일정을 물어보았더니 의외로 추쿵 리보다는 낭카르창 피크가 더 아름답고 볼거리가 많으며 고도도 추쿵 리보다 500여 미터가 낮아 무리가 없다는 이유 때문에 몇몇 여행자들이

히말라야, 내가 작아지는 즐거움

낭카르창을 선택하는 것을 보고는 지텐의 권유를 따르기로 하였다. 사실 처음에는 지텐의 권유에도 불구하고 그냥 추쿵 리를 가려던 원래의 계획을 고집하다가 결정적으로 낭카르창 피크에 올라갔다가 내려오는 길에 이 지역의 가장 오래된 불교 사원인 아름다운 낭카르창 곰파를 볼 수 있다는 말에 바로 마음을 돌렸다. 낭카르창 피크 바로 아래의 절벽 같은 급경사의 산비탈 중턱에 서 있는 사찰인데다가 지금은 스님이 살고 있지 않은 건물이지만 매우 오래된 사찰이라 티베트 불교의 유구한 정취와 고풍스러움이 묻어나는 곳이라는 설명도 현지인을 통해 들었다.

계곡을 지나고 언덕을 올라 딩보체 마을 입구에 서니 "아~!" 하는 감탄사가 저절로 튀어나온다. 너무나도 아름다운 한 폭의 활화(活畵)! 숨이 막힐 정도다. 생각이 절로 멎는다. 마을 입구에는 큰 스투파가 마을을 지켜주는 신장처럼 서 있고, 좌우는 웅건한 설산의 거봉으로 둘러싸여 있으며, 그 큰 산 아래 마을 오른편으로 계곡이 흐르고 그 곁으로 다랭이논들과 논밭 사이로 룻지며 마을의 오랜 민호들이 처연한 풍경을 이루고 서 있다.

이 아름다운 풍경에 빠져 마을을 지척에 두고도 발걸음을 옮기지 못하고 멍하니 서 있다. 그런데 뒤 언덕에서 거짓말처럼 한 폭의 그림에 수운한 생기를 넣어주는 듯, 말을 타고 한 소년이 달려와서는 내 주위를 한 바퀴 돌더니 또 다른 빈 말과 함께 마을 어귀로 쏜살같이 내달린다. 저절로 내 안 깊은 곳에서 감성(感聲)들이 의도한 바 없이 툭툭 터져 나온다. 터벅터벅 스투파를 지나 마을의 에움길로 들어선다.

5일차 쿰부의 본격적 풍광, 팡보체와 딩보체

자연 치유, 통증이 사라지다

가만, 그러고 보니 오늘은 연신 이어지는 풍경에 감탄하느라 아픈 무릎을 신경도 못 썼는데, 무릎을 자각하지 못한 이유가 있었다. 돌이켜 보니 무릎 통증이 거짓말처럼 거기에 없다. 없었으니 오늘 하루 무릎을 인식하지도 못하고 걸었겠지. 하도 이상하여 무릎을 이렇게도 돌려 보고, 조금 심하게 땅을 박차도 보았는데, '정말 그렇네!' 무릎 통증이 사라지고 없는 게 맞다.

어제까지만 해도 계속되더니 오히려 계속 걸으니까 빨리 나은 듯도 싶고, 또 인연 따라 온 통증이 인연이 다해 자연스럽게 치유가 되어 사라진 것이려니 싶다. 자연 속에 깃들어 자연과 하나가 되어 걸으니 자연 치유의 힘이 관음의 손길이 되어 더 깊이 보듬어 준 것은 아닌가 싶기도 하다. 또 한편으로는 호흡과 걸음을 일치시키며, 발의 통증을 영민하게 지켜보게 된 결과가 아닌가도 싶다.

자연 치유 얘기가 나와서 말인데, 우리 몸의 자가 치유 작용에 대해 간과하기 쉬운 신비로운 사실이 하나 있다. 자연 치유란 말 그대로 자연스럽게 제 스스로 치유하도록 되어 있는 우리 몸의 자정작용이요, 일종의 자가 치료 시스템이다. 누구나 몸에 병이 오면 자연 치유 시스템이 작동하여 어지간한 병이라면 특별히 치료하지 않더라도 저절로 치유가 되게 마련이다. 그런데 이 자연 치유 시스템이 잘 작동되는 사람이 있는가 하면 인체 면역력이 떨어지고 자연 치유 시스템에 문제가 생겨 잘 작동되지 않는 경우도 있다.

어떻게 하면 우리 몸의 자가 치유 시스템인 자연 치유력을 극대화시킬 수 있을까? 우리가 이미 잘 알고 있는 상식으로, 자연 치유를 극대화하려면 말 그대로 '자연'을 가까이 하여, 자연과 하나가 되었을 때 자연 치유는 극대화된다. 말 그대로 자연이 자연스럽게 치유하는 게 자연 치유이기 때문이다.

그래서 인위적이거나 가공한 먹거리가 아닌 자연 그대로의 생명력이 고스란히 살아 숨 쉬는 자연식품을 먹었을 때 자연 치유력은 극대화된다. 농약, 비료, 제초제로 범벅된 연하고 보기 좋은 보드라운 채소들이 아니라, 말 그대로 야생의 자연 속에서 얻어 낸 자연이 키워 낸 먹거리의 중요성을 제대로 알아야 한다.

그리고 또 하나는 자연과의 교감이다. 인공적이고 인위적인 도시를 벗어나 자연을 가까이 하고 자연의 살아 움직이는 생명력을 우리 안에 충분히 느끼고 받아들이며 그 안에 깃들어 살 때 자연 치유력은 극대화된다. 그래서 수많은 요양원들이 자연 속에 지어지곤 하는 것이다.

그리고 더 중요한 것은 진정한 '자연'의 의미를 아는 것이다. 그것은 바로 '자연스럽게' 사는 것을 의미한다. 자연스럽게 산다는 말이 얼마나 영적이며 근원적인 언어인지를 알게 된다면 무슨 말을 하려는

5일차 쿰부의 본격적 풍광, 광보체와 딩보체

것인지 짐작이 갈 것이다. 자연스럽게 산다는 것은 인위적이지 않고
억지스럽지 않으며 순리대로 사는 것을 말한다. 그야말로 법계의
질서, 신의 질서에 나를 완전히 내맡기고 물 흐르듯 맡기고 흐른다는
말이다. 여기서 말하는 법계의 질서, 신의 질서가 바로 자연의 질서다.
자연스러움에는 집착이나 이상, 아집이 개입될 수가 없다.
자연스럽다는 것은 무엇을 인위적으로 붙잡아 집착하지 않으며 그저
있는 그대로의 현실을 있는 그대로 내버려 두는 것을 의미한다.
현실을 '어떻게' 해 보려거나, 바꾸려 들거나 하지 않고 자연스럽게
내버려 두는 것이다. 거기에는 생각으로 옳으니 그르니, 좋으니
나쁘니 하며 따지고 분별하고 나누는 일체 인위적인 작용이 없다.
과거의 기억이나 경험을 끌어와 현재를 판단하거나 미래의 기대에
따라 현재를 분별하는 것도 아니다. 그저 지금 이 순간 있는 그대로의
현실에 대해 그 어떤 인위적이고 가공한 무언가를 대입시키는 것이
아니다. 자연스러움에는 그 어떤 욕심도 집착도 판단도 억지도 없다.
아집이라는 것이 완전히 사라진 자리가 바로 자연스러움이다.
우리의 삶에 문제가 생기는 이유는 바로 자연스러움을 잃었기
때문이다. 이 세상은 언제나 자연스럽게 흐르고 있다. 자연스러운
진리의 삶이 내 앞에 자연스럽게 펼쳐지고 있다. 설사 그것이 내
생각과 판단에서 따져본다면 억지스럽고 억울하며 즐겁지 않다고
느끼는 현실일지라도 그것은 내 판단이요 해석일 뿐이지, 사실 본래의
현실 그 자체는 자연스러운 진리가 자연스럽게 흐르고 있는 것이다.
하나의 상황이나 사건이 내게 벌어진다. 그것은 그저 중립적이고도
자연스러운 상황이고 사건일 뿐이다. 나쁘거나 좋은 사건이 아니다.
그런데 우리는 거기에 인위적인 판단을 가함으로써 중립적인 현실에

선악, 좋고 나쁨, 옳고 그름, 행과 불행이라는 억지스런 해석을
덮씌운다.
비가 온다. 비가 온다는 하나의 상황은 그저 중립적인 현실일 뿐이다.
그러나 이 상황에 어떤 사람은 '비 오는 날은 우울해서 싫다'거나 '비
오는 날은 낭만적이다'거나 하는 등의 자기 판단과 해석을 가함으로써
그 상황을 피하고 싶은 싫은 상황 혹은 더 누리고 싶은 좋은 상황
등으로 몰아간다. 그렇게 좋거나 싫은 상황으로 해석하고 나면 더
붙잡아 집착하거나 싫다고 미워하는 등의 두 가지 극단적인 탐욕과
증오가 생겨나는 것이다. 만약 비 오는 중립적인 상황을 싫은 날로
해석했다면 그 결과 나의 세상에 있어서 비 오는 날은 괴로운 일들이
더 많이 일어날 수밖에 없는 현실이 창조되곤 한다. 내 해석과
판단이라는 생각의 에너지가 그러한 현실을 계속해서 창조해 내게
되는 것이다. 그렇게 생각이 경험을 만들어 내고 나면 더더욱 그
생각은 굳어지고 집착이 되어 편견을 만들어 내는 것이다.
우리 삶에 있어 가장 자연스러운 것은 '있는 그대로의 현실을
분별없이 있는 그대로 보고 받아들이는 것'에 있다. 우리는 있는
그대로의 자연스러운 현실을 있는 그대로 보지 못하고 자기 식대로
판단하고 해석해서 본다. 그리고 그 비뚤어진 바라봄이야말로 모든
문제의 시작이다.
그렇기에 자연스럽게 산다는 말은 바로 '봄(觀)'의 문제와 직결되어
있다. 있는 그대로의 중립적인 평등한 현실을 인위적으로 판단하지
말고 자연스럽게 있는 그대로 자연스러움 그 자체로써 보라는 것이다.
이것이 바로 '관(觀)'이요, 자각(自覺)이고, 깨어 있음·명상이라는 인류
최고 지성들의 공통적인 사자후요, 가르침이다. 있는 그대로를 있는

5일차 쿰부의 본격적 풍광, 광보체와 딩보체

그대로 보는 게 자연스러움이요, 있는 그대로를 왜곡해서 보는 게 부자연스러움인 것이다.

다시 자연 치유로 돌아가자. 병이 있을 때 병 그 자체를 있는 그대로 판단 없이 지켜볼 수 있을까? 우리 몸, 신체 어느 부분이 아프고 저리고 쓰리다고 했을 때 바로 그 부분에 우리의 알아차림, 자각, 주의력, 예민한 바라봄의 빛을 쏘아줄 수 있는가! 있는 그대로 지켜본다는 것 자체가 무한한 우주적인 치유요, 구원이고 자비이며 사랑을 의미한다. 그 아픈 부분에 사랑의 빛, 자각의 빛을 놓아주는 것이다.

왜 분별없이 지켜본다는 것이 사랑인가! 통상 우리가 행하는 사랑은 반쪽짜리다. 사랑 이면에 미움을 포함하고 있다. 사랑하는 사람이 배신하면 그 미움 또한 사랑의 크기만큼 클 수밖에 없다. 그것이 바로 우리의 사랑이 순수하지 않고 양 극단으로 나뉘며, 차별적인 사랑이라는 것을 보여준다. 진정한 사랑은 그 이면에 증오를 포함하지 않는다. 그렇기에 진정한 사랑에는 실패가 없다. 사랑 그 자체로 이미 사랑이 완성되기 때문이다. 그런 사랑이 바로 무차별, 무분별의 중도적인 사랑이고, 그것은 분별없이 사랑하는 대상을 바라볼 때 가능해진다.

그래서 우리 안에 있는 '병'을 무분별의 근원적인 사랑의 빛으로 감싸 안아 줄 때 그 병은 근원적인 치유를 시작하게 된다. 그저 단순하게 바이러스만을 없애거나 표면적인 치료만을 행하는 것이 아니라 저 깊은 병의 원인에까지 깊이 파고들어 가 근원적인 치유를 시작하는 것이다. 병과 나를 둘로 나누어 놓고, 내가 병과 싸워 이겨야 한다는 그런 폭력적인 논리로는 병을 다스리기 어렵다. 병은 싸워서 이겨야 할 적이 아니라, 나의 또 다른 일부분으로 내가 사랑하고 품어주어야 할 또 다른 나이기 때문이다.
이처럼 사랑으로 근원적인 치유를 시작하게 되면 사랑이 스스로 알아서 치유를 시작하게 된다. 그것은 때때로 심리적인 측면의 치료일 수도 있고, 성격적인 원인의 치유일 수도 있으며, 심지어 전생까지 거슬러 올라가야만 하는 업이라는 병의 원인까지를 깊이 찾아내는, 현대 의학적 치료를 넘어서는 범주의 근원적 치유가 되기도 한다. 병이란 여러 가지 복합적인 원인에 대한 결과로 나타난다. 병이 생겼다는 것은 내 안에 그 병이 일어나도록 만든 어떤 원인이 있었다는 것이다. 그리고 그 원인은 물론 부정적인 어떤 부분일 것이다. 거기에 사랑은 없다.
내가 병을 치유하고자 한다면 그 병의 원인인 내 안의 어떤 부정적인 에너지, 부정적인 업, 부정적인 원인에 대해 마음을 다해 참회해야 한다. 내 안의 병의 원인이 무엇인지 분명히 알 수는 없을지라도 그것에 대해 진심으로 용서를 구해야 하는 것이다. 진정한 용서는 차별 없는 근원적인 사랑과 지혜를 통해서만 깃든다. 그리고 바로 그 사랑과 지혜의 빛이 바로 깨어 있음이요, 관조·자각이라는 알아차림의 빛이다. 그랬을 때 내 안의 병은 즉각 근원적인 차원에서부터 다각적이고도 전체적인 사랑의 치유를 시작한다. 물론 그렇기에 현대 의학의 치료에서와 같은 직접적이고 바로 바로 그 효과가 드러나는 그런 효능은 당장에 경험하지 못할 수도 있다. 그러나 그것은 병원이나 약이 할 수 있는 치료행위를 넘어서 본질적인 차원의 치유이자 우주적인 차원의 다차원적인 접근의 치유인 것이다. 심지어 그것을 통해 우리가 쉽게 업장소멸이라고 말하는 존재 자체의 근원적인 변화가 찾아올 수도 있다.

어쨌거나 무릎이 나아져서 다행이다. 이것이 때가 되어서 그냥 나아진 것인지, 며칠간 계속되는 자각과 통증을 지켜보는 주의력을 통해 나아진 것인지는 알 수도 없고 알 필요도 없다. 다만 우리 몸에 일상적인 흐름을 깨는 무언가를 느낄 때, 그것이 병이나 통증이 되었든, 혹은 분노나 화, 슬픔, 질투, 실패, 외로움 등 그 무엇이 되었든 바로 그 평상심을 깨는 바로 그것을 분명한 알아차림으로 분별없이 지켜 볼 수 있어야 한다.

그랬을 때 그 병이나 고통 혹은 슬픔과 비통한 현실은 오히려 존재의 새로운 진보와 성숙, 한 단계 차원을 뛰어넘을 수 있도록 만드는 하나의 영적 수행의 재료인 것이다. 고마운 경계인 것이다.

그러니 우리 앞에 끊임없이 펼쳐지는 그 어떤 좋고 나쁜 상황들일지라도 거기에 좋거나 나쁘다는 분별을 짓지 말고 있는 그대로 받아들이고 지켜보는 가운데 우리의 삶은 끊임없이 성숙과 진화와 깨어남이라는 한 단계 높은 차원으로 내딛게 되는 것이다.

딩보체에 도착하자마자 산에 온 지 처음으로 따뜻한 물을 300루피에 사서 아쉬운 대로 샤워를 하였다. 점심을 먹고 오후 시간을 딩보체 마을을 산책하며 여유 있게 보낸다. 해발 4,000m가 넘는 이 척박한 난전(難田)에서 뿌리를 박고 농사를 지으며 삶을 살아내고 있는 사람들이 있다는 것, 그 자체만으로도 기적이요, 한 자락 성담(聖譚)이 아닐 수 없다. 산책 중에 만나는 현지 원주민들에게 경이로운 시선이 머문다. 산책을 끝내고 돌아오는 길에 눕체 봉우리에 걸린 황홀경의 저녁노을과 조우.

06 DAYS

딩보체
／
낭카르창 피크
／
딩보체

낭카르창
피크,

다음
발자국을
향해 걷다

6일차 낭카르창 피크, 다음 발자국을 향해 걷다

이것이
바로
히말라야구나

오늘 처음으로 해발 5,000m 이상의 봉우리를 오르게 된다. 거창하게 말하면 내 인생에서 가장 높은 고지를 올라가 보는 것이다. 해발 4,400m 딩보체에서 5,086m 낭카르창까지, 무려 600m를 수직으로 올라 내 몸이 해발 5,000m에서 어떻게 반응하는지를 가만히 살펴보는 것이다.

사실 600m라고 하는 것이 한국에서 그 높이를 오른다면 두 시간도 안 되는 짧은 시간에 훌쩍 오를 수 있는 높이라고 볼 수도 있다. 그러나 해발 500m에서 1,100m, 1,000m에서 1,600m 정도를 오르는 한국의 산과 4,400m에서 5,000m를 오르는 이곳의 고도는 그 차원을 달리한다.

무엇보다 공기가 부족해 숨쉬기가 불편하다. 딩보체에서도 조금만 몸을 움직이고 나면 숨이 차 옴을 느낀다. 그러다 보니 여기서 고도를 높여 산을 오른다는 것은 다리의 문제거나 체력의 문제가 아니라 숨의 문제, 호흡의 문제와 더 연관이 깊다. 더구나 어제도 700m 고도를 한꺼번에 높이지 않았는가!

사실 낭카르창 피크가 해발 5,086m라는 무게감의 고도를 생각하기 전에는 언뜻 보기에 그저 딩보체라는 작은 마을의 산책하기 좋은 뒷산 정도의 느낌 정도랄까. 보기에는 그렇게 만만한 뒷산 정도로 보일 뿐이다. 사실 출발할 때 뒷산을 가리키며 '저곳이 낭카르창'이라는 말을 들을 때까지만 해도 아주 가벼운 마음으로, 그야말로 하루 쉬며 산책을 즐기는 마음이었다.

가벼운 마음으로 천천히, 아주 천천히 롯지를 나선다. 새벽 6시 30분, 아직 햇살은 저 위쪽 산 중턱까지 내려왔을 뿐, 딩보체 마을은 산그늘에 뒤덮여 차가운 침묵 속에 잠겨 있다. 그 고요한 마을을 지텐과 둘이 조용히 빠져나온다.

손발이 시려오고, 몸은 으슬으슬하다. 햇살이 비치기 전까지 추위와의 일전은 계속된다. 먼저 딩보체 마을 뒷산 작은 언덕을 오른다. 장엄한 설산의 풍경이 어디서 튀어나온 것인 양 툭 붉어져 나오고 이 명미한 풍광에 모든 감각과 생각이 마비가 된 것처럼 멍하니 얼어붙는다. 이것이 바로 히말라야구나! 꿈속에서 그려오던 바로 그 풍경이 지금 이렇게 내 눈앞에 아무런 거리낌 없이 1대 1로 마주 놓여져 있다니! 마지막 언덕을 오르는 발자국과 함께 터져 나온 탄성이 이윽고 무던한 현묵(玄默)으로 바뀌고 이 신새벽 히말라야의 침묵과 하나가 되는 듯 거기 그것과 여기 나 사이의 간격이 함몰되는 느낌이다. 언덕을 오르자마자 5분도 안 되었나 싶은데 저기 눈앞 발치에서 빛나던 조하(朝霞)의 축복이 산 그림자를 밀쳐내면서 금세 내 이마 위로 쏟아져 내린다.

아! 눈부시다. 따스하다. 잠시 눈을 감고 이 다사로움을 느껴본다. 찌릿찌릿 아주 작은 따스함의 줄기가 언 손과 언 발, 온몸에 미세한

6일차 낭카르창피크, 다음 발자국을 향해 걷다

● 딩보체 마을의 새벽

감각으로 축복을 내린다. 이 축복을 혼자서 누리기 미안할 즈음, 독일 여행자 4명이 서둘러 언덕을 오르며 느낌씨를 연발한다.
간단히 인사를 나누고 이 대장엄 은령(銀嶺) 극락의 향기를 미처 누리기도 전에 그들이 먼저 앞장서 낭카르창의 품을 향해 저벅저벅 오른다. 이 언덕 위에서 언덕 아래쪽의 초원길을 따라 발걸음을 돌리면 우리가 내일 가야 할 로부체로 향하는 길이고, 오른쪽 가파른 봉우리를 향해 발길을 돌리면 바로 낭카르창의 고지를 만나는 길이다.

아직 우리 둘과 독일인 팀을 빼고는 전혀 사람의 흔적이 없다. 그들이
걷는 길을 밟아 천천히 고도를 높인다. 그야말로 오르다가 넘어지면
굴러 떨어질 것 같은 급격한 오르막의 연속이다. 빨리 오르면 두
시간이지만, 고도 적응을 위해 천천히 아주 천천히 쉬엄쉬엄 오르기로
한다. 물론 숨이 가빠 빨리 오르고 싶어도 몸이 뜻에 따라주지 않는다.
앞에 오르는 저들도 마찬가지다. 거북이를 연상시키듯 느릿느릿한
걸음으로, 가는 느낌만 내며 걷는다.
아주 조금 올랐을 뿐인데도 눈앞에 펼쳐지는 전망은 확연하게
달라지고 있다. 더욱이 산 그림자 길게 드리운 어둠이 차차 그 세력을
줄이면서 햇귀에게 다시 만나자는 인사라도 하듯 빨리 사라지고
딩보체 마을 전체가 안풍(安風)하게 기지개를 켜며 깨어난다.
조금 더 오르니 저기 반대편 언덕 너머에 페리체 마을이 조금씩
보이기 시작한다.

냥카르창 피크
오르는 길 곳곳에
룽다가 바람결에
흩날린다.

6일차 낭카르창 피크, 다음 발자국을 향해 걷다

다음 발자국을 향해 걷다

걸어오르다 뒤를 돌아 주저앉아 거친 호흡과 저 거친 산군을 바라본다. 왼쪽으로는 지금까지 걸어오며 자주 만났던 아마다블람, 캉테가, 탐세쿠 봉우리가 차례로 줄지어 서 있고, 정면으로는 남체바자 방향으로 콩데 봉우리가 그리고 바로 오른편으로 타보체(Taboche: 6,495m), 촐라체(Cholatse: 6,335m), 아라캄체(Arakamtse: 6,423m), 로부체(Lobuche: 6,119m) 등의 봉우리가 줄을 서듯 차례로 도열해 있다.

타보체부터 시작되는 산봉우리의 도열을 따라 네 번째 봉우리와 다섯 번째 봉우리 사이에 바로 내가 칼라파타르(Kala Pattar: 5,550m) 순례 이후 넘어야 하는 이번 산행의 최대 고비 촐라패스(Cho La Pass: 5,368m)가 있다고 지텐이 귀띔해 준다. 아! 저 웅부한 산군의 봉우리 사이를 통과해야 한단 말인가! 그러나 그건 그때 일이고 지금으로서는 바로 이 낭카르창 피크가 내 앞에 놓여 있는 다음 발걸음의 최후 목적지다. 이 고지를 오르고 2~3일 후 칼라파타르를 오르고 또 다시 악명 높은 촐라패스를 지나, 고쿄(Gokyo: 4,750m)의 고쿄 리(Gokyo Ri: 5,340m)를 또 다시 올라야 한다는 것은 어디까지나 생각이 만들어내는 미래에 대한 불안감일 뿐이지, 그것은 지금 이 순간 전혀 내 앞의 실재가 아니지 않은가. 지금 이 순간은 오직 다음 발자국이 내 목적의 전부다. 왜 오지도 않은 미래의 모든 힘겨움을 벌써부터 짊어지고 가야 한단 말인가. 가 보지도 않은 미지의 그 고지들을 애써 생각으로 오르며 힘겨워할 필요는 없다. 삶이란 한치 앞의 미래가 어떻게 될지 그 누구도 장담할 수 없다. 저 봉우리에 내 발길이 먼저 닿을지, 다음 생이 먼저 닿을지, 그것도 아니면 고산병으로 다음 발자국에서 발길을 돌려야 할지 어찌 안단 말인가.

우리가 삶에 대해, 앞으로 다가올 우리의 미래에 대해 고민하는 것도 이러한 종류의 근심이 아니던가! 미래에 어떤 일이 벌어질지는 아무도 모른다. 아무리 치밀한 계획을 세워둔다 할지라도 그것은 어디까지나 생각 속의 계획일 뿐, 그것이 그대로 미래가 되는 것은 아니다. 엄밀히 말해 미래는 오지 않는다. 그것이 오는 순간 이미 그것은 현재가 되지 않는가. 우리가 여기는 미래에 대한 모든 걱정과 근심, 불안감은 전혀 실체가 없는 것이다. 공연히 무거운 짐을, 쓸데없는 짐을 짊어지고 가는 것일 뿐이지!

무거운 바윗덩이를 짊어지고 가는 이가 너무 무거워 현자들에게 묻는다.

"어떻게 하면 좀 가볍게 갈 수 있을까요? 삶의 짐이 너무 무겁습니다."

현자는 답한다.

"놓아라, 그 바윗덩이를 놓아라."

그러나 바윗덩이는 내 삶의 전부다. 그것을 소유해야 무언가 의지가 되고, 언제일지 모르겠지만 아주 유용하게 쓰일 것 같다. 그러나 그것은 아무런 실체도 없다. 그저 바윗덩이일 뿐이다. 무겁기만 한! 우리의 미래에 대한 모든 근심과 불안, 노후 준비와 아이들 교육자금과 해야 할 모든 미래의 걱정들은 바로 이 바윗덩이와 같은 것이 아닐까? 그것이 전부인 양 여기서부터 무겁게 짊어지고 가야 할 만한 것이 아니다. 오직 지금 이 순간의 현재를 온전히 가볍게 살아가는 것이야말로 미래에 대한 가장 힘 있는 최선의 준비가 된다. 바윗덩이는 사실 아무 필요가 없다. 그것의 무게는 지금 이 순간의 삶을 온전히 누리지 못하도록 방해만 할 것이다. 지금 여기에서 활발하게 찬연하게 빛나는 순간순간의 신비를 느끼고 바라보기에 우리가 짊어진 짐은 너무 무겁다. 무거운 데 신경 쓰느라 볼 것을 못 보고 있는 것이다. 여행자의 과도한 등짐의 무게가 여행 그 자체의 즐거움을 반감시키는 것처럼.

지금 여기에 과거와 미래의 모든 것이 고스란히 담겨 있다. 지금 이 순간 미래가 결정된다. 미래에 대한 근심, 걱정, 계획이 미래를 결정짓는 실제적인 무언가가 아니다. 지금 이 순간을 어떻게 사느냐 하는 현재의 의식 속에서 미래의 모든 것들이 결정된다. 그러니 진정한 미래에 대한 준비는 바로 현재의 순간을 100% 깨어있는 정신으로 누리고 살아내는 것에 있다. 내가 순간순간 살고 있는 '지금 이 순간'의 영적인 의식의 수준이 바로 다음 순간과 다음 주와 다음 달, 다음 해와 다음 생을 결정짓는 요소다.

만약 현재를, 미래를 계획하고 구상하고 근심 걱정하는 것으로 보내게 된다면 그 사람의 미래를 만드는 장소인 현재가 온전하지 못하기 때문에 그 미래도 불안하게 될 수밖에 없다. 생각은 아상(我相)의 작용이요, 아상은 그 어떤 본질적이고 평화로운 삶을 약속해 주지 못한다.

현재라는 최대의 에너지 저장고이자 지혜의 저장고이고 모든 근원적인 힘이 나오는 순간을 본질적이지 않은 생각으로 채워 넣지 말라. 과거나 미래 따위를 떠올리고 생각하고 구상하며 계획하고 짜 맞추느라 그것의 근원이 되는 '지금 이 순간'을 망가뜨리지 말라. 이것이야말로 우리 삶의 아이러니요, 역설이다. 장밋빛 미래를 위해 계획하고 구상하던 온갖 생각들이 사실은 바로 그 미래를 파괴하고 있는 것이다.

생각에 휘둘려 공연히 괴로워하지 말고, 오직 지금 이 순간을 깨어 있는 정신으로 100% 불사르라. 마음을 관하는 순간, 생각은 사라지고 무심(無心), 무념(無念), 깨어 있음의 덕목이 존재라는 초원 위에서

낭카르창 피크에서 바라본 추쿵의 풍경.

6일차 낭카르창 피크, 다음 발자국을 향해 걷다

아름답게 꽃피어난다. 이것이야말로 우리 존재 근원의 힘이요,
지혜이고, 사랑이다.
산에 와서도 인간 근원의 어리석음의 뿌리인 아상이 지금 이 순간의
현존을 가로막는다. 산 밑에서 걸어 오르기 시작할 때 우리 마음은 곧장
산 정상에 올라 있다. 걷는 그 순간은 그다지 중요하게 여기지 않고,
빨리 걸어서 정상에 도착하는 것만이 목적이다. 그러나 그런 순간
우리는 지금 여기에 있지 않다. 마음은 미래에 가 있고, 다른 장소에 가
있다. 몸은 여기에 있는데 마음은 다른 시간, 다른 공간에 가 있는
것이다. 이렇게 몸과 마음이 분리되어 있을 때 현존은 그 빛을 잃는다.
산 중턱을 걸을 때, 그 사람의 목적은 산 정상에 도착하는 것이 아니라
바로 다음 발자국을 걷는 데 있어야 한다. 오늘이 산행 6일째인데,
빨리 올라야 할 봉우리를 다 정복하고 난 뒤에 내려오는 날을
기다린다면 나의 산행은 그 본연의 빛을 잃고 말 것이다. 지금 이
순간의 무거운 발걸음을 완전히 받아들이고 이 느낌을 온전히
흡수한다. 나는 지금 이 자리, 산봉우리 중턱에 서서 거친 숨을
몰아쉬며 한 발 한 발 내딛고 있을 뿐이다.

5086
낭카르창에서
시간이 멈추다

아! 역시 호흡이 만만치가 않다. 산 중턱을 넘어서면서부터는 몇 걸음 걷다 서서 호흡을 몰아쉬기를 반복한다. 오르막을 오를 때 일반적으로는 한 숨을 둘로 쪼개 들숨에 왼발, 날숨에 오른발을 일치시키며 걸으면 그리 힘을 많이 들이지 않고 오르막의 즐거움을 만끽하게 되곤 한다. 그때 걸음은 그대로 명상이 되고, 호흡과 걸음이 하나의 물결을 이루어 존재 위의 수면을 파도친다. 그런데 위로 올라갈수록 우리나라같이 얕은 곳에서는 딱딱 들어맞던 내 나름의 산행 중 호흡방법이 도저히 들어맞지 않는다. 한 숨에 한 발로 바꾸고 나니 다시 숨이 제자리를 찾는다. 들숨에 발을 들어 올리고 날숨에 발을 내리면서 한 호흡에 한 발을 내딛는 것이다. 들숨과 날숨을 길게 쉬면서 한 발을 걷다 보니 그 속도는 현저히 떨어지지만 그런 느린 거북 걸음이 이 높은 고도에서는 내 몸의 상태와 일치가 된다. 점차 올라갈수록 그 드높던 설산들이 나와 어깨를 나란히 하고 있는 듯한 착각을 일으킬 정도로 시야가 높아진다. 설산을 배경으로

6일차 낭카르창 피크, 다음 발자국을 향해 걷다

낭카르창 피크에서 바라본 딩보체 풍경

낭카르창 피크 정상에서 고도계를 들어 보이는 독일인 트레커. 고도계는 지도에 나온 것처럼 정확히 5086을 나타내고 있다.

타르초가 불어온다. 바람과 타르초는 한 몸이다.

발아래 딩보체 마을이 까마득하다. 추쿵 마을이 뛰면 한 달음밖에 안 되어 보일 정도로 가깝게 느껴진다. 하늘은 그야말로 구름 한 점 볼 수 없을 만큼 짙푸르고 파랗다.

유유한 걸음으로 몇 번이고 걷다 쉬기를 반복한 끝에 결국 정상에 도착. 독일인들과 거의 동시에 정상에 올라서 기쁨을 함께 나눈다. 한 친구가 고도계를 들어 보이며 정확히 지도에 나온 고도 그대로 5,086을 가리켜 보이며 5,000고도를 돌파한 뿌듯함과 흥분을 감추지 않는다. 서로가 서로를 향해 대단하다며 엄지손가락을 우뚝 세워주면서 함께 이 기쁨을 나눈다.

한참을 그렇게 낭카르창의 품속에 몸과 마음을 기대고 히말라야의 호흡을 따라 거친 숨을 토해낸다. 바람이 분다. 오고 간다. 햇살이 좋다. 시선이 고정되고 마음은 멈춘다.

산정에서 도착의 기쁨을 알리듯 타르초가 흩날린다. 세상은 이대로

소소리 바람에 룽다가
흔들린다. 룽다에는 경전이
적혀 있어 흔들릴 때마다
붓다의 가르침이 바람을 타고
온 세상에 퍼져나간다.

완전하다. 어느 하나 정확히 제자리 아닌 것이 없고, 제 모습 아닌 것이 없다. 이대로 시간이 멈추어 버린 듯 모든 것이 적연하다. 시공의 의미가 사라지고 심온한 침묵이 내려앉는다.

침묵의 소리를 들어 본 적이 있는가! 신묵(愼默)의 그 무게감, 그 소리 없는 소리는 우리의 내면이 때때로 딱 멈추는 순간, 그런 흔치 않은 순간에 오는지 가는지도 모르게 찾아왔다가 아무런 흔적도 남기지 않고 내면의 뜰을 텅 비우고는 사라진다. 바로 이런 순간에 그 소리가 고요한 대지 위로 잔잔한 선율처럼 들리는 듯도 하고, 내 생애에서의 모든 삶의 역사와 기억들조차 모조리 흡수해 아무것도 남기지 않게 만들고 가는 듯도 하다.

지금 이 순간의 고요함과 마주한다. 적연부동(寂然不動)! 아무런 방해나 거리낌 없이 이 대자연과 직접적으로 대면한다. 비교할 그 어떤 것도 없이 이 자체로써 있는 그대로의 고스란한 아름다움에 매료된다.

바람이 좋다. 가벼운 소소리 바람이 불어 와 내 존재 위에 덕지덕지 남아 있을 무겁고 탁한 어떤 덩어리들을 툭툭 털어내 주는 듯하다. 존재의 무게감이 사라지고, 그동안 심각해 하고 심중하게 느끼던 모든 삶의 절심했던 순간들이 그저 한 편의 재미난 연극처럼 가벼워짐을 느낀다. 입가에 한 줄기 홀연한 미소가 스친다. 가볍다. 홀홀하다.

모든 삶이 아름답다. 지금 이 자리에서 더 이상 필요한 것도, 바랄 것도 없다.

사실 히말라야를 오기 전 내 스스로 분명하게 느낄 수 있을만한 내면의 그 어떤 말할 수 없는 순수지속의 직관적인 무언가가 감지되었다. 알 듯 모를 듯 영감어린 알아차림! 삶의 홀연한 어떤 순간에는 무슨 말로도 설명할 수 없는 침묵의 소리가 들려오곤 한다.

히말라야, 내가 작아지는 즐거움

생각이라는 오랜 번잡함을 가볍게 내려놓을 때, 해야 할 일들이 문득
사라지고 한가로워질 때, 그냥 그냥 지금 이대로 좋은 삶의 어느
조용한 오후에 한 줄기 햇살처럼 묵연한 속뜰의 소리가 들려오곤 하는
것이다.
히말라야에 오기로 결정 되기 얼마 전부터 내면에서는 언제나
히말라야를 걷고 있었다. 오랜 전생부터 이미 그렇게 되기로 결정되어
있었던 것처럼, 이제 그때가 오고 있노라고 말해 주는 것만 같은 어떤
소리가 있었다. 그리고 그것은 단순한 여행이나 산행이 아닌 이번
생에서 나에게 주어진 오랜 영적 순례의 길이 아닐까 하는 어떤 강한
힘을 담고 있는 명증이기도 했다. 그리고 그 힘은 계속해서 덩치를
키우고 있었고, 떠나기로 결정되기 얼마 전 매우 선명한 꿈 한 자락이
투명한 메시지를 가지고 찾아왔다.
그리고 지금, 이렇게 이 모든 것이 현실로 소응되어 히말라야의 품 속
한 가운데 서 있다!
지금 이 순간, 바람이 분다.

6일차 낭카르창 피크, 다음 발자국을 향해 걷다

밀라레빠의 노래,
욕망을 버리고
히말라야로 가자

삶의 그 어떤 순간보다도 깊은 관찰과 자각이 호흡과 걸음 속에서
햇살처럼 부서진다. 발걸음은 다시 내리막길을 걷고 있다. 내려가다
보니 오르면서 보지 못했던 많은 여행자들의 발길이 하늘로 하늘로
무거운 걸음을 옮기고 있다.
첫날부터 몇 번이고 마주쳤던 이들도 제법 눈에 띈다. 프랑스에서 온
중장년의 아주머님 두 분과 그녀들의 가이드, 포터, 뉴질랜드에서
포터 한 명과 함께 온 여자 대학원생, 똑같은 유니폼을 입고 다녀 같은
회사 동료인 줄만 알았던 인도인 중년의 아저씨 삼총사, 또 일본에서
온 대졸 후 사회초년생이 되기 전 히말라야를 걷고 싶었다는 젊은
여성분, 델리의 붉은 성 앞에서 잠깐 말을 걸었다가 라다크의
곰파에서 한 번 더 보고 어제 딩보체의 한 롯지 앞에서 다시 만났던
반가운 인연의 싱가포르 청년, 그러고 보니 시끌시끌 중국인 7인방은
어제 롯지에서 오늘 올라올 것이라고 하더니 보이지 않는다.
특히 오랜 여행 중이라면 더 그렇겠지만, 여행을 하다 보면 한 번

마주쳤던 사람을 전혀 새로운 도시나 나라에서 또 다시 보게 되는 경험을 종종 하게 된다. 그럴 때의 그 반가움이란 고향 사람을 만난 것 못지않게 반갑고 정겹다. 두 번째 만나면, 또 혹시나 세 번째까지 연이어 낯선 곳에서 만나게 되면 그것으로 벌써 친구가 되고 벗이 되곤 한다. 이것이야말로 여행이 주는 또 다른 즐거움이요, 사람 사이의 풋풋한 정겨움이다.

길을 따라 내려가다가 곰파를 보고 싶어 길 없는 가파른 절벽 같은 길로 발걸음을 돌린다. 곰파가 언제부터인지 스님이 살지 않고 있는데다가 문도 굳게 잠겨 있어 인적이 끊긴 지가 오래되다 보니 곰파로 가는 길도 없어진 지 오래다. 특별히 불교에 관심이 있지 않고서는 어지간해서는 이 곰파를 보러 일부러 길 없는 길을 헤쳐 가는 사람은 없다고 한다. 지텐도 사실 이 곰파는 처음 가 본다고. 어려운 부탁을 흔연하게 잘 들어준 지텐에게 고맙다.

한참을 길 없는 길을 헤매며 먼지 폴폴 날리는 마른 흙길을 헤집고 곰파가 있는 방향을 향해서 걷는다. 곰파 가까이 오니 작은 타르초와 룽다만이 이곳이 인적은 없을지라도 여전히 곰파임을 그 힘찬 펄럭임으로 웅변해 주고 있는 듯하다. 설산 위로 푸두둥거리는 룽다의 표연한 움직임이 사자좌에 딱 중심 잡고 앉아 사자후를 토해내는 선사의 기상과도 같이 걸지다.

바람과 룽다는 한 생명이다. 바람이 룽다를 비로소 룽다이게 하듯, 이 척박한 산정에서는 룽다가 바람을 비로소 바람이게 해 준다. 곰파와 초르텐을 지켜주는 건 룽다와 바람뿐인 줄 알았는데 저기 곰파 뒤에서부터 해발 4,000m 고지를 제 삶의 안락한 터전으로 알고 오랜 세월 살아오며 적응했을 이름 모를 설산의 새들이 까맣게 일제히

6일차 낭카르창 피크, 다음 발자국을 향해 걷다

지금은 아무도
살지 않는 티베트
불교 사원,
낭카르창 곰파

날아오른다. 인적 드문 곰파에 집을 짓고 절을 지키며 살아왔을
새들이 모처럼 찾아온 인기척에 놀라기라도 한 걸까? 휘~익
쉭쉭거리며 창공 위를 높게 날아올랐다가 쏜살같이 곤두박질치기를
반복한다.
길도 없는 가파른 절벽 같은 산사면을 타고 곰파 쪽으로 미끄러져
간다. 곰파 쪽으로 난 길이 없는 것을 보니 그간 얼마나 사람들의

발길이 뜸했는가를 알겠다. 그리 크지 않은 곰파가 좌우로 나뉘어 오랜 역사를 증명하듯 고풍스럽고 소담한 모습으로 설산의 영봉들과 아름다운 조화를 이루며 서 있다.

가까이 가 보니 역시나 금당(金堂)의 문은 자물쇠로 굳게 잠겨 있고, 그 어떤 사람의 흔적도 남아 있지 않다. 아쉬운 일! 아마도 그 옛날, 설산고행의 붓다는 아닐지라도, 저 티베트의 밀라레빠나 파드마삼바바가 설산을 순례하며 수행했을 법한 이 영기 어린 도량에 눈 푸른 납자(衲子)는 고사하고 오랜 노승 한 분 뵐 수 없다는 것이야말로 얼마나 아쉬운 일인가. 혹시 모르지. 저 굳은 자물쇠를 보니 저 안에 말로만 듣던 3년, 6년, 10년 결사의 죽음도 불사하는 히말라야의 무문관 수행자가 이제 곧 밝아 올 깨침의 아침을 관조하며 평화로운 내관(內觀)을 행하고 있을지도.

밀라레빠는 10세기 티베트의 성자로 7세에 아버지가 돌아가신 뒤 백부가 모든 재산을 강탈해 가자 흑마술을 배워 친척을 몰살시킨다. 그 뒤 이러한 잘못을 깊이 뉘우쳐 참회하고 38세의 나이에 히말라야로 떠난다. 설산에서의 오랜 수행 뒤 8년 만에 집으로 돌아왔지만 어머님은 돌아가신 뒤였고 누이동생도 거지가 되어 있었다. 거지가 된 누이에게, 어머니의 뼈로 베개를 만들어 베고 누워서 밀라레빠는 진리의 노래를 부른다.

"누이여, 세속의 욕망으로 괴로워하는 자여, 내 노래를 들으라. 황금 첨탑과 우아한 비단 옷, 이 모두를 가지는 것이 무슨 소용이랴. 나는 이 모든 것을 버리고 길을 떠났다. 누이여, 너 또한 모든 욕망을 버리고 히말라야로 가자. 나와 함께 눈 쌓인 히말라야로 가자. 사람은 언제 죽을지 알 수 없으니 더 이상 지체할 시간이 없다. 누이여, 너 또한

6일차 낭카르창 피크, 다음 발자국을 향해 걷다

생사의 수레바퀴에서 벗어나고자 한다면 세속의 모든 욕망을 떨쳐 버리고 저 눈 덮인 히말라야로 가자."
히말라야는 바로 이곳 오랜 곰파를 의미할 수도 있고, 눈 덮인 설산을 의미할 수도 있으며, 무집착과 무욕(無慾)이라는 텅 빈 내면의 수미산일 수도 있다. 히말라야는 곧 출세간을 의미하고, 무집착을 의미하며, 청정한 무욕을 상징한다. 도량, 곰파, 사찰 또한 청정한 출세간의 수행 공간이자 집착과 욕망을 버린 절대청정을 상징한다.
히말라야 해발 5,000m 고지의 낭카르창 바로 아래, 아무것도 없는 무욕의 땅에 박회(迫懷)와 청정의 상징, 곰파가 홀연히 서서 밀라레빠의 그 옛날 사자후의 외침을 전하기라도 하는 듯 시공을 초월하여 10세기가 넘은 지금 이 순간까지 한 여행자의 내면에 빛을 놓는다.
아주 낯설고도 생기 어린, 어떤 말로 표현되지 않는 느낌, 영감 같은 것이 가만 가만 도량 앞에 선 내 내면의 뜨락에 툭툭 치듯 노크를 한다. 이 척박한 먼지 나는 산비탈에서 신비롭게도 도량 주위에만 졸졸졸 생명수가 흐르고, 그 주위로 초록의 생명들이, 또 꽃들이 거짓말처럼 피어 내 시선을 잡아끈다. '이래서 이곳에 오랜 곰파가 설 수 있었구나.' 대자연이 품어주는 곳, 이 황량한 곳들 가운데 유독 이 산자락, 이 터에만 이렇게 생명을 품어 주도록 그렇게 우주에서는 이미 계획을 세워 놓고 있었던 것이다. 다만 그 우주법계의 숭고한 뜻을 이을 이 시대의 눈 밝은 수행자가 아직 나타나지 않은 것일 뿐!
이런 곳에 앉아 설산을 붓다로, 면벽으로 여기며 '나는 누구인가'를 들며 관조(觀照)를 이어간다면 그 어떤 게으른 수행자가 제 허튼 정신을 깨고 이 외외당당(巍巍堂堂)한 쿰부 설산의 협조를 받지 않을 수 있을 것인가.

히말라야, 내가 작아지는 즐거움

온전한 휴식,
달빛 쇼크

다시 숙소로 내려온 시각은 점심 즈음, 간단히 점심을 먹고 오후 내내
별달리 하는 일 없이 이 거연한 휴식의 공간 속에서 푹 쉬어 본다.
쉰다기보다는 그저 이 설산의 품속에 나를 내맡긴 채 하는 일 없이
그냥 소요하는 것이다.
쉰다는 이 행위야말로 얼마나 본질적이며 숭고하고 아름다운 일인가!
아니, 쉰다는 것은 행위가 아니다. 행위가 끊어진 자리, 그야말로
'아무것도 하지 않는 시간'인 것이다. 그 텅 빈 시간을 가지고 누리는
것이야말로 현대를 사는 우리들에게 어쩌면 가장 필요한 삶의
덕목과도 같은 것인지 모른다.
쉼을 모르는 시대, 휴식이 없는 사람들, 아무것도 하지 않고 쉰다는
것이 죄악처럼, 게으름처럼 비쳐지기 쉬운 요즘 같은 세상에서 정작
필요한 건 아무 목적 없는 무조건적인 쉼이 아닐까. 몸만 쉬는 것이
아니라 정신도 생각도 심지어 감정의 흐름도 잠시 멈추어두고 그 모든
내적인 흐름을 잠시 그쳐보는 것이다. 나아가야 할 때 물론 나아가야
할 줄 알아야 하겠지만 그것보다 더 중요한 것은 그쳐야 할 때 그칠 줄

아는 것이다. 그만 둬야 할 때 그만 두지 못하는 것이야말로 가장 큰 장애다.

요즘 많은 사람들은 인생이라는 전쟁터에서 '더 빨리', '더 많이', '더 높이' 성공하기 위해 초를 다투는 속도전을 매일같이 치러내기에 바쁘다. 이런 세상에 헐식(歇息)과 쉼이라는 '느리게 그치는' 차원의 이야기가 얼마나 귓전을 두드릴 수 있겠느냐마는 바로 그 차원이야말로 이런 속도전에 미쳐가는 세상 속에서 우리가 비로소 살아남아 온전히 '존재'하도록 해 주는 더없이 귀한 가치다. 우리에게 중요한 것은 '더 많이 소유하느냐' 혹은 '더 빨리 성취하느냐' 에 있는 것이 아니라, 바로 지금 이 순간이라는 신성한 차원 속에서 '얼마나 더 존재하느냐'에 달려 있다.

행복한 휴식과 함께 어느덧 날이 저문다. 세상은 온통 암흑이다. 저녁 식사를 마치고 칫솔질을 하러 나가는데 저쪽 반대편 롯지 간판께 어딘가에 대낮처럼 밝은, 아마도 한국의 도심에서도 찾아보기 힘들 법한 무한 촉광의 가로등이 눈부시게 빛나고 있는 것이 아닌가. 그런가 보다 하고 칫솔질을 하다가 생각해 보니 아무래도 이 딩보체 전기 사정을 감안했을 때 저토록 마을 전체를 밝힐 만한 무한 광촉의 가로등이라는 건 미심쩍지 않은가. 더욱이 이곳은 해발 4,400m 시골 고산 마을에, 오직 전기라고는 태양광 전지판 네 쪽이 전부인 가난한 롯지가 아닌가. 입가에 치약 거품을 잔뜩 베어 문 채 문득 고개를 들어 눈부신 가로등을 바라본다.

아! 아! 아니었구나! 이건 가로등이 아니구나. 무한 달빛! 달빛이 어찌 이렇게 밝고 눈부실 수 있단 말이냐. 아무리 보름날, 어디 한 구석 찌그러들지 않은 만월이라 한들 어찌 이토록 밝을 수 있단 말인가.

도저히 믿어지지 않아 혼잣말로 달님께 이 형언할 수 없는 월화(月華)에
대해 묻고 또 묻는다. 롯지 문 밖으로 나가 뒷산 산길을 따라 조금 더
걸어오른다. 도저히 믿어지지 않아서다. 저 어둔 산골짝까지
따라오는가 보자. 아! 아! 이 야밤 어둠 속에 둘러싸여 있어야 할
마을과 설산과 계곡과 바위들이 온통 풍요로운 월광보살의 생명을
나누어 받아 또렷하게 번득히 빛나고 있다.
이것이 정작 내가 알고 그간 밤마다 사귀어 오던 바로 그 달님이
벌이는 축제가 맞단 말인가! 내가 이전에 보아오고 느껴오고 누려오던
그윽한 달빛 어쩌구 하던 그 묘사에 백배 천배 감성을 더 보태면 지금
이 순간을 오롯이 비춰낼 수 있을까? 아! 본래 달빛의 저작이 이
정도의 클라이맥스를 이끌어 낼 저력이 있었단 말인가. 해발 1,000m,
기껏해야 2,000m를 조금 넘는 달빛, 강원도 양구 금강산 1만 2천봉의

딩보체 마을로
내려오며 찍은
낭카르창 곰파

6일차 냥가르창 피크, 다음 발자국을 향해 걷다

유일한 남쪽 봉우리 가칠봉 철책을 스치던 새벽 1시, 그윽하게 산맥과
철책과 초병의 군모를 밝히던 그 달빛이 해발 4,400m로 올라오니
이토록 투명해지고 뚜렷해져 있는 것이로구나.
달빛 쇼크! 오늘밤 달빛 섬광에 뒤통수를 한방 얻어맞은 기분! 가슴이
뜨거워진다. 두 손, 두 발바닥에 땀이 찬다. 이것이야말로 히말라야
대자연과 월광이 합작해 내는 진정한 달빛 소나타! 아니 대장엄의
달빛 오케스트라!
잠자리에 누웠는데, 눈도 감았는데 여전히 덩그러니 희고 밝은
토경(兎景)이 순수한 빛을 내 앞에 켜 두고 있다. 소소한 밤, 환하디 환한
잠 속으로 들어가 희고 고운 달빛 아래에서 설산을 무대삼아 한바탕
무애춤을 휘청여 보자.

딩보체 마을에서
바라본 눕체,
에베레스트, 로체
봉우리의 일몰

07 DAYS

딩보체
↙
투클라
↙
로부체
↙
고락샵

로부체를
넘어
고락샵까지,

내맘김의 길

7일차 로부체를 넘어 고락샵까지, 내맘김의 길

고독과
침묵 속의
새벽길

드디어 오늘부터는 모든 고산에의 적응을 마쳤다고 보고 한없이 원 없이 오르는 날들이 남아 있을 뿐이다. 안나푸르나도 다녀왔고, 물론 그 전에 인도 북부의 라다크, 판공초에서 해발 5,000m 고지를 몇 번 넘어도 봤고, 또 이렇게 지금껏 일주일 동안 5,000m 이상을 오르기 위한 느릿느릿 고산적응 산행을 계속 해 온 터다.
이제 본격적으로 고도를 올리며 내가 가야 할 바로 그곳들을 두 발로 휘적휘적 걸어올라 줄 차례다. 첫 새벽처럼 설레는 마음으로 이른 청신(淸晨)의 길을 나선다.
어제 출발하던 바로 그 언덕길을 걸어올라 이제 새로운 길로 들어선다. 어제처럼 오늘도 타보체피크, 촐라체, 아라캄체, 니제카피크, 로부체피크 등의 봉우리들이 내가 가야 할 방향 앞으로 병암(屛巖)처럼 우뚝 선 백발의 봉우리들을 한껏 드높이며 장중하게 버티고 서 있다.
찬 새벽 공기를 가르며 겨울옷과 장갑, 모자까지 단단히 몸에 붙여

히말라야, 내가 작아지는 즐거움

메고 새롭게 시작하는 마음으로 차분하고도 초엄한 솜씨로 한 발 한 발 나아간다.

눈앞에 보이는 모든 것은 이미 수목한계선을 넘은 지 오래라 초원이요, 벌판이며, 흙먼지길이거나 소설(素雪)의 해쓱해쓱한 설산이 전부다. 이런 낯선 황량함이 왠지 모르게 고향처럼 따뜻하게 느껴지기까지 한다. 이 웅려하고도 시린 풍경 앞에서 내 눈은 찬란히 부셔오고 감각은 새록새록 깨어나며 발걸음 하나조차, 멀리서 들려오는 새소리나 설산 너머 어디쯤에선가 들려오는 침묵이 무너지는 소리조차 다 들려오는 듯 민예하게 활짝 열려 있다.

'이것이 정작 현실이란 말이냐.' 마치 꿈속을 거니는 듯, 아늑한 영겁 전에 이미 이 길을 뒤뜰처럼 거닐었던 듯 새로우면서도 익숙하고, 시리면서도 따스하며, 외로우면서도 꽉 차 있는 느낌! 철저한 고독감 속에 그러나 온 존재와 함께 하고 있는 듯한 이 느낌! 느낌!

이런 선연한 길 위를 내 존재를 이끌고 이렇듯 두 발로 그것도 아무도 없는 이 적막의 새벽길을 걸을 수 있다는 것 자체가 신비요, 경이에 가까운 체험이 아닌가.

걸으며 모든 생각을 잊는다. 모든 기억과 기대, 바람과 희망도 내가 알 바가 아니다. 과거와 미래 따위는 더 이상 입에 담을 흔적조차 없다. 모든 사고의 기초가 붕괴된 듯, 텅 빈 대지 위, 텅 빈 하늘 아래, 텅 빈 한 존재가 다만 미끄러지듯 나아가고 있을 뿐!

걷다 보니 햇살이 발길을 비추고, 하나 둘씩 짐꾼들이 스쳐간다. 제 몸보다 더 크고 높고 무거운 짐을 이마에 짊어지고 몸을 최대한 앞으로 낮게

7일차 로부체를 넘어 고락샵까지, 내맡김의 길

기울인 채 목에 힘을 딱 주고 시선은 오직 땅에 고정, 때때로 그 힘겨운 눈을 치켜뜨며 몇 미터 앞 길을 주시하며 묵묵히 나아간다. 그 노련한 시선과 여행자의 눈길이 마주칠 때 그들은 어김없이 미소 짓는다. 그 힘들고 고된 짐의 무게에 짓눌려 마음도 무거울 거라는 생각은 단지 여행자들의 상념에 지나지 않는다는 듯 이 설산에서 만난 대부분의 포터나 짐꾼들은 순수한 눈빛에 수줍은 미소를 품고 있다. 때때로 짐꾼들의 풍경은 이 히말라야 속의 또 다른 설산이요, 산맥처럼 이미 이 풍경 속의 한 자락을 형성하는 또 다른 살아있는 자연 그 자체다. 검은 새들의 불규칙한 움직임처럼, 저 아무렇게나 흩뿌려진 고산 야생화들의 생명력처럼, 저 설산 주위로 붙었다 떨어지고 사라졌다 생겨나기를 반복하는 감감 도는 구름의 출몰처럼, 저들 셀파 족들의 걸음 걸음 속에는 또 다른 히말라야가 맥박처럼 흐르고 있다. 사람이면서 인위적이기를 거부하고 자연 그대로의 삶을 택한, 말하자면 자연주의자, 그러나 그것 또한 듣기 거북한 하나의 거추장스러운 수식일 수밖에 없는 '그저 거기, 그 사람들'의 이야기가 자연스럽게 펼쳐지는 곳, 그곳이 바로 히말라야다.

두사 가는 길 왼편으로 타보체, 촐라체, 아라감체 등의 봉우리가 병암처럼 장중히 서 있다.

4,800 고지를
흐르는 생명수

두사(Dusa: 4,503m) 마을을 지난다. 마을이라고 해야 집 두어 채가 전부인데다 그곳조차 지금은 사람이 살고 있기는 한 건지, 전혀 인기척이 없다. 아마도 그저 목장 주인이 때때로 야크를 데리고 풀 뜯으러 올 때나 잠시 들러 바람을 피해 차 한 잔을 마실 수 있는 정도의 공간이 아닐까 싶다.

그리고 두사에서 약 30분쯤 더 걸으니 산산한 작은 계곡을 감돌아 투클라(Thokla, 일명 Dughla: 4,620m)가 나온다. 투클라 또한 롯지 두세 곳이 모여 있는 작은 마을이다. 이를테면 딩보체나 페리체에서 로부체로 가기 위해 잠시 쉬어 차나 한 잔 마시고 가는 간이역인 셈이다.

투클라 롯지 앞 빈 의자에 잠시 앉는다. 몇몇 여행자와 포터, 그리고 짐꾼들이 야외 식당에 잠시 걸터앉아 풍연한 휴식을 취하고 있다. 롯지 뒤로는 바로 설산이 휘몰아쳐 있다. 바람에 펄럭이는 룽다조차 잠시 쉬어가는 곳, 새들만 바삐 먹이를 찾느라 롯지 주변을 배회하고 있다.

이제부터는 다소 가파른 오르막 하나를 넘어야 한다. 숨을 고르고는

두샤에서 투클라 가는 길. 멀리 로부제 설산 봉우리가 보인다.

이제 다시 출발! 해발 4,600m 이상의 고도에서 오르막길을 오른다는 건 아무래도 호흡에 벅찬 일이다. 단숨에 200m를 올라 해발 4,800m 고지를 밟아주겠다던 야무진 계획이 호흡에서 턱턱 막힌다. 한두 걸음 걷고 잠시 멈춰 서서 호흡을 고르고, 몇 걸음 걷고 거친 숨을 헉헉거리며 쏟아내면서 느린, 아주 느린 발걸음을 꾸무럭거리며 꾸준히 옮긴다. 우리나라 같았으면 그야말로 단숨에 뛰어 올랐을 평범한 언덕 정도인데 보는 것처럼 만만하진 않다.

포터 지텐은 벌써 저 멀리 달아났다. 지텐은 언제부턴가 출발하고 나면 으레 알아서 다음 코스에 먼저 가서 쉬면서 기다리고 있다. 고지로 올라갈수록 현지인들과의 호흡 차이가 금방 드러난다. 그야말로 체력 차이라기보다는 호흡 차이가 아닌가 싶다. 저들은 이 숨쉬기 힘든 고지에서 아주 헐하게 산을 오른다.

가파른 비탈길을 도드밟아 꼭대기에 올라서니 초르텐들이 줄지어 서 있고, 룽다가 여기저기에서 외로운 진혼곡을 부르듯 처연하게 흩날린다. 이들 초르텐은 이 쿰부 지역 설봉을 오르다가 명을 달리 한

투클라 고개를 오르면 쿰부지역 설산을 오르다 명을 달리한 등반 대원들의 묘비(Tombstones)와 그들을 추모하는 룽다가 흩날린다.

세계 각국의 히말라야 등반 대원들을 위한 추모와 명복을 비는
개개인의 무덤 내지는 묘탑이다. 잠시 숙연해진다. 내 마음만
숙연해지는 것이 아니라 공기도, 룽다도, 바람도, 흙과 바위도,
이곳에서는 모든 것이 숙엄하게만 느껴진다.
로부체 방향으로 백여 미터 더 걸으니 장쾌한 시야가 터지며 또 다른
호장한 풍경을 빚어낸다. 좌우 설산을 배경으로 계곡이 흐르고
이제부터는 계곡 옆길을 따라 걷는다. 햇빛에 반짝이는 계곡물이
완전히 살아 있는 그 어떤 생명력을 연출해 낸다.
흐르는 물을 바라보면 그 안에서 어떤 생명을 본다. 그것은 단순한
하나의 물이 아니라 무언가 모를 생동하는 깊은 존재의 숨결 같은
것을 포함하고 있다. 흐르는 물이 다 그렇지만 유독 이곳에서 만난
계곡물에서는 더없이 강렬한 생명의 연주를 감지한다. 어찌 안 그럴
수 있겠는가. 해발 4,800m. 이 높은 곳을 흐르는 생명의 물이 아닌가.
나는 때때로 흐르는 물 앞에 서곤 한다. 그것을 보고 있노라면 내 안의
아주 내밀하고 깊은 무언가를 보는 것처럼 일상적이지 않은 그 어떤
새로운 박동이 느껴진다. 완전히 살아 생동하는 그 어떤 우주적
흐름과도 같은, 혹은 내 안에서 흐르고 있는 수대(水大)의 여린
움직임의 감각과도 같은.
천천히 걸음을 옮긴다. 히말라야의 맑고도 시린 호흡소리가 귓전에
들려오는 듯하다. 내 호흡과 히말라야의 호흡이 일치를 보는 듯, 이
생기 어린 주변 환경과 걸음과 호흡이 마치 하나가 된 듯, 걷는다는
사실도 잊고 걷는다.
모든 것이 조화롭고 순화롭다. 유장한 침묵이 흐른다. 이 묵연한
선정을 따라 내 존재도 자연스레 본래의 커다란 침묵과 공명을

이룬다. 평소 같았으면 끊임없이 솟구쳐 오르며 머릿속을 복잡하게 했을 생각이라는 목소리들이 이 고요한 풍경 앞에 넋을 잃었는지 끼어들 틈을 잃었다.

저 산 아래에서는 매일같이 내 존재를 복잡하게 휘어잡던 온갖 것들이 제자리를 찾고 질서를 찾아가는 듯하다. 모든 것이 있는 그대로다. 있어야 할 바로 그 자리에서 모두가 충분히 제 몫의 삶을 살아내고 있다.

나 또한 이 길 위를 걷고 있음으로써 내 몫의 삶을 표연히 살아내고 있는 것이 아닌가. 지금 이 순간 내 존재의 몫은 길 위를 그저 걷는 것에 있다. 그것이야말로 지금 여기에서 100% 순수하게 현존하는 것이다. 내가 그 어떤 엄청난 성취를 할 때나, 대단한 일을 이루어냈을 때보다도 그저 지금 이렇게 걷고 있음으로써 오히려 완전히 삶을 연소하고 있다는 생생한 존재감이 깃든다. 단순히 걷는다는 행위 속에서 이렇게 충장하고 꽉 찬 삶을 이루어 낼 수 있다는 것을 새삼스레 배운다.

우리 삶에 있어 정작 중요한 것은 '어떤' 행위를 하느냐보다 그 행위를 '어떻게' 하느냐 하는 데 있지 않나 싶다. 행위 자체도 물론 중요하겠지만 아무리 성스러운 행위일지라도 그 행위 하는 자의 마음속에 삿된 생각이 끼어들어 있다면 그것은 먼저 우주에서 알고 그 행위를 성스러움에서 배제시키겠지만, 아무리 사소한 행위를 하고 있을지라도, 심지어 겉으로 보기에는 악행을 저지르는 것으로 보일지라도 그 행위자가 온전히 깨어있음으로써 그 행위를 하고 있다면 그것은 바로 모든 진리에서의 방식과 일치하는 것이다. 행위 자체보다 행위의 바탕을 이루는 마음의 의도가 중요한 것이다.

7일차 로부체를 넘어 고락샵까지, 내맡김의 길

계획은
언제든 변경될 수
있다

물길을 따라 한두 시간 걸었나 싶더니 거짓말처럼 이 처연한 땅 위에
계곡 옆으로 작지만 빼어난 풍경의 마을, 로부체가 나타난다.
해발 6,000m 로부체 피크를 비롯해 7,000m, 8,000m의 거대한
지붕들을 마치 뒷산 거느리듯 연꽃처럼 옴팡진 곳 꽃술자리 한 가운데
로부체 마을이 꽃처럼 피어나 있다.
이 마을이 바로 오늘 하루를 신세질 곳인데, 서너 곳 있는 롯지는 이미
이른 아침에 다 차서 방이 없단다. 사정을 알고 봤더니 요즘 같은
성수기에는 단체 트레커들이 자신의 포터를 전날이나 당일 새벽부터
로부체 마을에 먼저 보내 방들을 전부 잡아 놓는다고 한다. 더구나
로부체는 에베레스트 베이스캠프와 칼라파타르를 오르기 위한
전진기지와 같은 곳이라 다양한 루트로 올라온 사람들이 거의 다
이곳에서는 하룻밤을 꼭 묵는 것이 상례로 되어 있는지라 더욱 방
잡기가 힘든 곳이다. 그런 사정이다 보니 이곳 로부체뿐만 아니라
고락샵, 종라, 고쿄 등 정상 부근 사람들이 붐비는 전초기지로서의

● 로부체 가는 길 오른쪽으로 시원한 계곡이 흐른다.
이 계곡을 따라 한 시간쯤 오르면 로부체 마을이 나타난다.

마을들은 항상 방 잡는 일이 전쟁과도 같다고 한다.
마침 우리 지텐이 잠시 기다려 보라며 어딘가로 전화를 걸더니 로부체
위로 두세 시간 거리, 내일 하루 묵기로 계획된 고락샵에 마침
도미토리 침대 딱 한 자리가 남았다고 그곳이라도 가겠느냐고 묻는다.
그마저도 누가 고산병으로 부랴부랴 내려가는 바람에 조금 전에
취소된 자리라고 한다. 당연히 따지고 생각할 겨를 없이 고락샵에
가서 묵기로 한다. 조금 힘들긴 하겠지만, 어제 해발 5,000m의
낭카르창 피크를 다녀왔으니 고산 염려는 안 해도 될 거라는 지텐의
말을 듣고 조금 더 힘을 내기로 했다. 사실 고락샵까지 안 가고 오늘

7일차 로부체를 넘어 고락샵까지, 내맡김의 길

하루 로부체에서 자고 내일 고락샵에서 자기로 계획한 이유는 거리가 멀거나, 힘들어서가 아니라 고산 적응을 위한 계획이었다. 지금부터의 높이에서는 고산병에 특별히 신경을 써야 한다는 것이 대부분 여행자들의 조언이다. 그래도 어쩌겠는가. 이렇게 된 바에야 모든 것을 하늘에 맡기고, 법계에 맡기고 그저 인연 따라 갈 수밖에. 어쩌면 이것이 더 깊은 차원의 나와 연결된 우주 법계의 지성이 나를 위해 준비한 본연의 계획이었을지 모른다. 언제나 나의 생각, 인간의 판단과 계획보다는 보이지 않는 더 깊은 차원의 세계에서 준비한 더 깊은 계획에 맡기고 산다는 것이야말로 내 삶의 중요한 방식이기도 하다. 그저 믿고 맡기며 자연스러운 우주의 이치대로 흐르는 것이다. 종교적으로 표현한다면 '너의 일과를 하느님께 맡기라'고 했던 성경의 가르침이나, '부처님께 모든 것을 맡기라' 혹은 '아상을 버리고 집착을 버리라'는 가르침, 노자가 말했던 '무위자연'의 이치 또한 바로 그것이다.

내가 계획했던 모든 것은 어디까지나 잠재적인 가안(假案)의 계획일 뿐, '절대' 바꿀 수 없는 계획은 없다. 언제든 그 계획은 바뀔 수 있다. 유연하고도 활짝 열려 있는 마음으로 미리 잡아 놓은 계획에 집착하지 않는다. 여행의 일정도 그렇고, 삶의 여정에서도 마찬가지다. 내일, 아니 당장에 다음 순간 벌어질 일에 대해 내가 무엇을 결정적으로 정할 수 있단 말인가. '이렇게 되어야만 한다'고, '혹은 이 계획대로 되어야만 한다'고 고집하게 되면 그렇게 되지 않았을 때 괴롭다. 그러나 계획은 있되 그 계획에 집착하지 않고 자연스러운 이치에 나를 맡기다 보면 괴로울 일이 없다. 아니 오히려 내 앞에 펼쳐질 수많은 가능성에 대해 활짝 마음을 열어 둠으로써 전혀 새로운 차원의 삶과 마주할 투명한 기회를 만들 수 있다.

보통 '이렇게 되어야 한다'고 정해 놓으면 스스로 정한 그 틀에 갇혀 새로운 가능성으로 눈을 돌리지 못한 채, 그 틀 안에서의 비좁은 삶만을 반복적으로 되풀이하게 될 뿐이다. 그런 사람에게 삶은 진부하고 반복적인 그저 그런 통속적인 것일 뿐이다. 그러나 어떤 정해진 방식에 자신을 가두지 않고, 내 앞에 펼쳐질 무궁무진한 가능성의 삶에 나를 활짝 열어두고, 그 어떤 것이 오더라도 다 받아들일 준비가 되어 있는 사람에게는 매 순간 순간의 삶이 새롭고 창조적이며 나아가 영적인 차원과 접촉할 수 있는 깨어남의 세계로 발을 내딛는 것이기도 하다.

계획이 변경되었지만 그것은 아무런 문제가 되지 않는다. 혹시 고산병이 걸리더라도 그 또한 새로운 하나의 가능성이자, 새로운 체험의 하나로 받아들이려는 마음이 있다면, 그래서 최종적인 목적지의 하나였던 칼라파타르에 오르지 못하는 경우가 생길지라도 그리 좌절할 바는 아닌 것이다. 그것은 실패가 아니라 다른 방식으로의 성공이다. 사실 우리의 삶은 매 순간순간 성공만이 있을 뿐이지 실패란 없다. 더 깊이 들어간다면 실패도 성공도 없고 다만 우리 생각이 성공이라고 혹은 실패라고 해석하고 판단하는 것일 뿐이다. 판단과 해석을 놓아버리면 모든 것이 아름답고 모든 것이 성공적이다. 사실 모든 실패는 실패했다는 생각일 뿐이지 실패가 아니다.

고도가 오르면
물가도 오른다

조금 힘들긴 하겠지만 고락샵에 도미토리를 미리 잡아 놓았으니 서두를 것 없이 로부체에서 천천히 점심을 먹고 느긋하게 출발을 하기로 한다.

로부체 음식 값은 고락샵과 함께 이 에베레스트 지역 일대에서 가장 비싸다. 150~250루피(70루피=천 원)면 먹던 음식 값이 300~400루피까지 상승을 했고, 양동이 2개를 주는 더운 물 샤워도 남체바자에서는 200루피 하던 것이 여기에서는 400루피로 뛰는 등 다른 모든 가격들도 두 배 이상씩 뛰었다. 특히 전기는 히말라야 고지대의 열악한 전기 사정상 어쩔 수 없어 카메라 배터리 충전도 남체바자에서는 100루피 하던 것이 무려 400루피로 네 배나 뛰었고, 각종 따뜻한 음료들도 한 잔에 20~30루피 하던 것들이 죄다 70~90루피로 뛰었다.

그렇다고 한들 이것을 가지고 비싸다고 투정하는 사람은 아무도 없다. 직접 여기까지 올라온 사람들의 입에서 어떻게 그런 말이 나오겠는가. 여행자들은 여기까지 올라오는 것만으로도 제 몸 가누기 힘들 정도이고, 그나마 올라온 사람은 행운이며, 많은 사람들이 여기까지도 못 오고 고산병에 서둘러 내려가기 바쁜 사정을 생각했을 때, 이곳까지 그 무거운 짐을 짊어지고 올라오는 짐꾼들의 노고에 비한다면 그리 비싸다고 할 수 없는 가격이다. 해발 5,000m가 넘는 이 척박한 곳에서 몸을 녹이는 따뜻한 차 한 잔을 마시고, 맛있는 음식을 먹을 수 있다는 것만으로도 그저 감사할 뿐이다.

때때로 맛깔스런 달밧(네팔의 주식, 한국의 백반처럼 밥과 커리, 반찬 등이 나와 손으로 비벼먹는 음식)을 만날 때면 이 높은 곳에서 이런 호사를 누릴 수 있다는 사실 자체만으로도 감격스럽기까지 하다.

딩보체 이후로 모든 전기는 완전히 태양전지에 의존한다. 그러다 보니 모든 롯지며 식당이 늘 어둡다. 롯지 방에는 당연히 전기가 들어오지 않아 저녁을 먹고 나면 방에 돌아와 그윽한 어둠을 즐기기 제격이다. 이곳에서의 밤은 그야말로 밤 같고 밤답다. 밤이 밤 같아야 하는데, 우리들의 밤은 오히려 낮보다 더 현란한 빛의 소음으로 꽹꽹하다. 두 눈도, 온몸의 감각도 밤에는 깊은 어둠 속에서 휴식을 취할 수 있어야 한다. 어둔 밤, 소리와 빛이 사라지는 순간, 비로소 우리는 자연의 연유한 내성과 달빛, 별빛의 또글또글한 깊이를 명상하듯 온전히 느낄 수 있는 것이다. 가뭇가뭇 잊고 지냈던 무수한 밤의 이야기를 비로소 여기에서 새록새록 떠올리며 깊은 어둠과 만귀잠잠의 침묵을 호사롭게 누리고 있다.

마을들도 밤이면 모두 최소한의 불만을 밝히기 때문에 저녁을 먹고 허영거리며 산책을 나가 하늘에 별을 보는 재미가 아주 그만이다. 인위적인 전깃불이며 가로등이 많은 곳에서는 별들이 이처럼 정채롭게 반짝일 수가 없다.

7일차 로부체를 넘어 고락샵까지, 내맡김의 길

로부체의 한 롯지 앞에 트레커들의 배낭이 놓여 있다. 2주 이상의 트레킹도 이것 하나면 충분하다.

하나의 방식일 뿐,
더 나은 방식은
아니다

점심을 먹고 나오니 기분이 한결 상쾌하다. 지텐은 밥을 먹자마자 먼저 가서 방을 잡고 기다리겠다고 고락샵으로 서둘러 출발을 했고, 나는 천천히 이 시간을 즐기며 슬렁슬렁 걸어오른다. 걷기 위해, 혹은 도착하기 위해 걷는 것이 아니라, 그저 매 순간 그 자리에서 현존하기 위해 걷다 보니 걷다 서다 앉기도 하고 때로는 물가 풀섶에 드러눕기도 하며 걷는 듯 마는 듯 제자리걸음의 속도로 저어간다. 어차피 빨리 도착해 봐야 거기서 또 오후 시간을 산책하게 될 터이니 그저 가볍게 산책한다는 마음으로 고락샵을 향해 다박거리며 걷는다. 이 텅 빈 길 위로 때때로 짐꾼들과 야크가 뒤섞여 한가로운 오후를 거닐고 있다. 맑은 물이 흐르고, 구름도 유유한한하게 흘러가고, 내 발걸음도 마음도 함께 따라 흐른다. 모든 것이 흐르고 흐르고 흘러간다. 잠시도 머물러 주저앉아 있는 것은 없다. 또 언제까지고 머물러 있을 수 있는 것도 이 지구별에는 없다. 모든 것은 끊임없이 변하는 가운데 놓여 있을 뿐!

그 어떤 것도 언제까지고 멈춰 있을 수는 없는 것이다. 이렇게 끊임없이 흘러가는 세월 속에서 유난히 그 흐름을 멈추려 하고 붙잡아 두려 애쓰는 것이 하나 있으니, 그것이 바로 인간의 마음이다. 잠시도 쉬지 않고 역동적으로 흐르며 변해가는 세월 속에서 사람들의 마음은 모든 것을 멈추고 싶어 안달이다. 내 사랑도, 내 소유도, 내 생명도, 내 젊음도, 내 자식도, 내 돈과 명예, 이 모든 것들을 어디로 달아나지 못하도록 꽉 움켜쥔 채 도무지 놓아주려 하지 않는다. 그러나 세상 이치가 놓아주려 하지 않는다고 변화의 이치를 거부할 수는 없으니 언젠가 그 모든 것들은 내 곁을 떠날 수밖에 없다. 아무리 꽉 붙잡고 내게서 멈춰 서도록 하고 싶어도 그 어떤 것 하나 영원히 붙잡을 수 있는 것은 없다. 모든 것은 잠시 왔다가 인연이 다하면 그저 그렇게 표연히 흘러갈 뿐이다. 그래서 수많은 성인들의 말씀은 공통적으로 '집착하지 말라' '붙잡지 말라' '마음을 비워라' '욕심을 버려라' '변화를 받아들이라' '거부하지 말고 현실을 수용하라'고 하는 것이 아닌가. 그 변화의 흐름을 거부하지 않고 있는 그대로 수용하고 받아들일 때 우리 삶에 매우 의미 있는 중대한 변화와 성숙이 깃드는 것이다.

이렇게 내가 몸담고 살아가던 세상에서 뚝 떨어져 보니 그 속에 살면서는 전혀 볼 수 없었던 것들을 보게 된다. 놓고 산다, 비우고 산다 하면서도 나도 모르는 사이에 붙잡게 되는 것들, 집착하고 있던 것들, 수많은 욕심의 실체들이 미세하게 숨겨져 있었다는 사실이 드러난다. 가만 생각해 보면 비운다고 하고 어느 한 가지 집착을 비우면 그 비워진 자리에 나도 모르는 사이에 아주 미묘한 또 다른 것들이 들어 차 있는 것을 보게 된다. 예를 들어 '집착과 소유를 비우고 살자' 하는

히말라야, 내가 작아지는 즐거움

고락샵 가는 길에
야크가 한가로이
풀을 뜯고 있다.

생각을 실천하는 순간 물질적인 소유를 어느 정도 버린 그 틈으로
'나는 잘 비우고 사는 사람이다' '청빈과 가난의 정신을 실천하는
사람이다' 하는 마음이 생겨나고, 나아가 그래서 '나는 너희들 꽉
채우고 욕심 부리며 사는 사람들과는 달라' 하는 일종의 우월감 같은
또 다른 채움과 욕심과 아집이 깃드는 것이다. 또한 '마음을 비우고
명상을 실천하자' 하는 생각과 실천의 바탕에는 나는 잘난
수행자라는, 명상가라는 그렇기에 번뇌와 망상으로 물든
일반인들과는 다르다는 또 다른 번뇌 망상이 자리 잡곤 하는 것이다.
사실 이것은 어쩌면 더 큰 욕심이며, 더 큰 아상일 뿐, 전혀 수행과
비움이라는 아름다운 전통에는 완전히 반하는 일이 아닌가. 이런
어리석음들이 그 동안 내 삶에서 벌어진 무명(無明)의 연극이었다는
것이 생생하게 드러나면서 나 자신을 발가벗기고 있다.
지혜로운 이는 옳거나 그른 것이 없다. 자신이 가는 길이 다른 길보다
더 옳거나 더 나은 것이 아니라는 것을 안다. 남들보다 더 잘 수행해
나간다거나, 더 영적으로 성숙했다거나, 더 지혜롭다는 생각을 하고
있다면 오히려 그 생각은 곧 영적인 미숙함을 드러내는 생각일
뿐이다. 아무리 타인들보다 더 옳고 바르고 청정한 길을 간다고
하더라도 그로 인해 그렇지 못한 사람들을 폄하하는 마음이
생겨난다면 그것은 참된 길이 아니다. 선각자는 자신이 선택한 길이
하나의 선택일 뿐임을 아는 것일 뿐이지, 남들이 선택한 것보다 더
나은 길이거나 옳은 길이라고 여기지는 않는다.
무소유와 청빈을 선택하는 것은 그저 하나의 선택일 뿐이다. 그것이
옳고 부유하게 사는 것은 그르다거나, 청빈하게 사는 나는 잘 사는
것이고 부귀영화를 누리며 사는 사람들은 못 사는 사람이라고

생각한다면 그것은 전혀 청빈과는 어울리지 않는다. 무소유와 청빈을
선택하되 그것만이 옳은 길이라는 생각은 위험하다. 집착하지 않으며
살되 무집착에도 집착하면 안 된다. 집착을 버리고, 욕망을 버리고
살되 그렇게 사는 것을 우월하다거나, 영적이라거나, 으쓱한 마음으로
여길 필요는 없다. 더욱이 그런 삶이 남들보다 더 현명하고
지혜롭다고 여김으로써 그렇게 살지 못하는 상대방을 낮출 이유는
없는 것이다.

어떤 길도 전적으로 옳거나 그른 길은 없다. 어떤 직업도, 어떤 삶의
방식도, 어떤 종교도, 어떤 가르침이나 이념도 전적으로 옳은 것은
없다. 내 것만이 옳다는 생각이야말로 가장 틀린 생각이다.
내 생각이란 그저 하나의 생각일 뿐이지, 더 옳은 생각인 것은 아니다.
내 종교 또한 그저 하나의 종교일 뿐이지, 유일한 진리인 것은 아니다.
내 삶의 방식 또한 수많은 삶의 방식 가운데 하나일 뿐이지, 가장
우월한 방식인 것은 아니다. 아무리 좋은 가르침일지라도 그것만이
절대라고 생각하고, 그것만이 옳다고 생각하는 순간 그것은 어긋난다.
아무리 훌륭한 가르침도 그것은 그저 하나의 훌륭한 가르침일 뿐이지,
가장 훌륭한 가르침인 것은 아니다.

만약 우리가 부처님을 유일무이한 가장 우월한 성인으로 생각한다면,
그럼으로써 다른 많은 영적 스승들을 그 아래로 깔아뭉개기를 서슴지
않는다면 그것이야말로 부처님을 파멸로 이끄는 것이다. 부처는
우월하거나 열등한 것을 모른다. 비교를 모르고, 판단을 모르고,
선악을 모르며, 높고 낮음을 모른다. 부처는 판단하거나 평가하거나
비교하는 분이 아니라 다만 있는 그대로 관찰하는 분이다. 옳고
그르다고 판단하는 것이 아니라, 다만 그 모든 것을 전체적으로

관찰하실 뿐이다. 관찰에는 분별이 붙지 않는다. 모든 분별과 차별과 평가와 심판을 놓아버린 자리가 바로 부처의 자리이기 때문이다.
이 시대에 가장 필요한 가르침이 바로 여기에 있지 않을까. 세상은 온통 분열되고, 나뉘어 있다. 종교 간, 이념 간, 국가 간, 인종 간, 계층 간에 온통 차이와 차별과 분열로 치닫고 있다. 이 모든 다툼과 나뉨이 어디에서 왔는가? 그것은 바로 '내가 옳다'는 데서 생겨났다. 이 세상 사람들은 '옳은 것'을 위해서는 그 어떤 것을 희생시킬지라도 끝까지 쟁취하려는 성향이 있다. 정의를 위해서, 선을 위해서, 옳은 것을 위해서는 상대방을 죽이고, 행복과 풍요와 심지어 목숨을 포기할지라도 끝까지 고수해야 한다고 여긴다.
쉬운 예로 종교전쟁을 보라. 내 종교가 옳다는 생각, 그 하나의 생각이 틀렸다고 생각하는 다른 종교를 향해 총을 겨누고, 심지어 자신의 목숨을 내던지면서까지 그 '옳은' 것을 위해 싸운다. 그리고 우리는 이처럼 옳은 것을 위해 싸우고, 옳은 것을 위해 싸우다 죽고, 옳은 것을 위해 상대방을 죽이는 행위에 대해서는 높이 평가한다.
그러나 옳은 것을 절대적으로 반드시 지켜내려는 생각은 틀렸다. 전적으로 옳은 것은 없기 때문이다. 물론 전적으로 틀린 것도 없다. 두 나라의 전쟁은 자신의 나라 입장에서 보면 언제나 옳다. 양쪽이 다 자신만이 옳다. 종교전쟁 또한 자신의 종교 입장에서는 언제나 자신이 옳다.
옳고 그르다는 판단은 결코 우리를 평화에 이르게 하지 못한다. 진리는, 옳고 그른 것이 없기 때문이다. 옳고 그르며, 맞고 틀리다는 그 판단 너머에, 무분별의 지켜봄 속에 참된 진리는 움튼다.

**반짝이는
삶을
엿보다**

맑게 흐르는 빙하 개울을 따라 완만한 오르막을 터벅터벅 천천히 한
시간 남짓 걸어오르다 보면 이제부터 본격적으로 산을 타고 오르게
된다. 사실 산이랄 것도 없이 언덕을 몇 개 넘으면 되는데 눈에 보이는
사실과 온몸으로 느끼는 느낌이 완전 다르다. 눈에 보이는 것은
야트막한 언덕 몇 개이지만 몸이 느끼는 느낌으로 따진다면 지리산
가파른 노고단을 화엄사부터 걸어오르는, 혹은 설악산의
오색온천에서부터 대청봉까지 걸어오를 법한 그런 무게감이 허벅지와
종아리, 그리고 벅찬 호흡에서 느껴진다. 한 무리의 중무장한
트레커들이 줄지어 언덕길을 따라오르고 있다.
가쁜 발걸음을 잠시 멈추고 고개를 드니, 숨을 거칠게 몰아쉬며
오르는 나와는 전혀 다르게 묵직한 야크들이 평화로이 설산과 조화를
이루며 한적하게 풀을 뜯고 있다.
히말라야의 짐꾼들은 여전히 분주한 발걸음을 옮기고 있다. 언덕 위에
오르니 시야가 툭 터지며 장쾌한 풍경이 펼쳐진다. 일찌감치 오르던

7일차 로부체를 넘어 고락샵까지, 내맡김의 길

속살을 훤히 드러낸 빙하지대

고락샵 도착 한 시간 전, 마지막 휴식을 취하는 여행자들

트레커들도 힘에 부치는지 잠시 휴식을 취하고 있다. 지도에서 보면 빙하지대라고 표시되어 있는 부분들이 빙하는 다 녹아버리고 속살을 훤히 드러내고 있다. 지구가 더워지고 있다는 것이 높은 곳에서는 더욱더 분명하게 드러난다.

한참을 여유작작하게 길 위에서 흘쩍이다 보니 순례자들의 행렬도 눈에 띄게 뜸해졌다. 거의 모든 여행자들이 새벽 일찍부터 서둘러 점심 전에 그날의 목적지까지 도착하고 점심 이후에는 롯지에서 가벼운 산책이나 독서를 하며 쉬다 보니 이런 늦은 시간에 히말라야의 모든 길은 유벽해진다. 덕분에 이 소적하고 너른 산길을 아무런 간섭도 받지 않은 채 덩그러니 홀로 누리고 있다. 아무리 걸어도 인적이 없다 보니 문득 이 적막공산 음음한 행성 위에 나 혼자만 삶을 걷고 있는 것이 아닌가 하는 독존적 외로움이 가슴 한 켠을 스친다. 말 그대로 산공야정(山空野靜). 순간 허우룩하면서도 텅 빈 고독이 내면에 낮게 깔리며 가슴 벽을 두드린다.

이 순간의 걸음걸음이 나를 깊이 깨어나게 하고, 살아 있게 만든다. 삶을 진하게 경험한다. 루소는 걷는 여행에 대해 다음과 같이 말했다. "내 생애를 통해 그토록 깊이 생각하고, 살아 있음을 느끼고, 본연의 내 모습을 되찾았던 적은 없었다. 감히 말하건대, 오로지 내 발로 직접 걸었던 여행을 통해서만이 그 모든 것을 경험할 수 있었다."
루소의 말처럼 두 발로 직접 걷는 여행, 그것이야말로 비로소 삶을 진하게 경험하게 해 주며 본연의 자기 자신에게 다가서게 만든다. 언덕길을 따라 걷고 걸어 드디어 칼라파타르 바로 아래 작은 마을 고락샵이 보인다. 서너 개의 롯지가 옹기종기 모여 있고 거대한 산군들이 그 주위를 에워싸고 있다. 도미토리 한 켠에 배낭을 풀고 롯지 주변을 유보한다.
한 발 한 발 명상 수행을 하듯 저절로 명징함이 발걸음에 묻어난다. 활짝 깨어 있다는 표현, 혹은 명징한 알아차림이라는 것이 바로 이런 것인가. 그러고 보면 이곳까지 올라오는 동안 하루하루의 발걸음은 점차 높은 곳으로 고도를 높일수록 점점 느려지곤 했고, 생각 또한 걸음과 같은 속도로 느려져 갔다. 평소 같았으면 생각이 자리 잡고 틀어 앉아 온갖 이야기들을 만들어냈을 내면의 공간이 분주함과 번잡함 대신 깨끗이 비질을 막 끝낸 도량의 뒤뜰처럼 투명해지곤 했다. 그러면서 알 수 없는 깊은 내면의 향기가 감도는 듯한 지미한 단서들이 감지된다. 이번 만행과 순례는 분명 진담한 어떤 것이 아니다.
어둑어둑한 불빛 아래에서 여행자들은 저마다의 이야기들로 시간 가는 줄 모른다. 가볍게 저녁 식사를 마치고 뜰로 나온다. 한겨울 살을 엘 것 같은 추위가 내면의 저 깊은 곳까지 뚫고 들어오는 것만 같다.

7일차 로부체를 넘어 고락샵까지, 내맡김의 길

초저녁 도미토리는 기척이 없다. 가방만 던져 놓고 모두들 식당으로 향한다. 덕분에 호젓하고 어두운 매트리스 위에서 아무런 방해도 받지 않은 채 가부좌를 틀고 앉는다.

고락샵의 밤은 어둡다. 롯지 한 켠 구석지고 눅눅한 매트리스 위에 한 존재가 그렇게 앉아 있다. 이곳이 그리고 이 순간이 그렇게 앉아 있는 한 존재에게 투명하게 부서지며 반짝임의 아름다움을 선사한다. 존재의 아름다움, 내가 지켜보며 함께 살아오던 한 존재의 진실이 조금 아주 조금 어젯밤에 보았던 푸른 달빛처럼이나 천천히 그리고 밝게 떠오른다.

모든 것은 한 순간! 바로 그 현존의 순간, 내 존재의 뿌리를 뒤흔드는 무엇인가가 스치고 지나간다. 선명한 무언가가 심연의 언덕에 가 닿는다. 무언지 알 수는 없지만 그 어떤 것이 지나간 뒤 그 선명하고 명징한 파장이 너무도 또렷하게 지속되어 도무지 누울 수도 없고, 누워도 잠 한 자락 잘 수가 없다. 몸은 피곤한데 잠을 잘 수가 없다. 밤이 새도록 계속된다.

도미토리 십여 명 남짓 자는 방이 얼추 10시가 넘도록 인기척이 오가고 이야기며 부스럭거리는 소리들이 들려오지만 그건 그냥 그렇게 들려 올 뿐이다. 그리고 나는 이렇게 시간을 멈춰 세우고는 그 자리에 앉아 있다. 어떻게 지나갔는지 모를 시간이 흐르고 뜬 눈으로 새벽을 맞는다.

새벽을 알려주는 부스럭거림들이 곳곳에서 들려온다. 도미토리 여기저기에서 플래시가 켜지고 웅성거리는 소리를 듣고서야 비로소 하룻밤이 허허롭게 지났음을 안다. 그렇게 억겁 같은 혹은 찰나 같은 하룻밤이 투명하게 보내진다.

08 DAYS

고락샵
↙
칼라파타르
↙
로부체

칼라파타르,

목적 없이
다만 걸을 뿐

8일차 칼라파타르, 목적 없이 다만 걸을 뿐

최종 목적지에서
최악의 악천후를
만나다

사람들의 웅성거림을 듣고 오늘이 드디어 칼라파타르(Kala Patthar: 5,550m)를 오르는 날임을 안다. 칼라파타르! 벌써 몇 년 전부터 그 이름을 되새기며 바로 오늘을 그리워해 왔다. 칼라파타르라는 어떤 특정지명이나 장소를 그리워했다기보다는 그 상징이 갖는 어떤 향기를 기다려왔던 것이리라. 칼라파타르는 내게 상징적인 곳이다. 물론 칼라파타르 이전에 히말라야와 안나푸르나, 에베레스트라는 이곳 네팔의 설산은 그저 산이기에 앞서 나에게 있어 존재계의 밑뿌리, 깊은 심연의 고향과도 같은 숭고한 귀의처요, 설산 고행의 붓다나 밀라레빠의 모든 신비들이 꽃처럼 피어나는 곳, 그래서 깨어남의 자궁과도 같은 그런 것들을 상징한다. 그 상징 속의 대표적인 곳으로 내가 꼭 이 생이 끝나기 전에 밟아 봐야겠다고 누누이 생각하고 발원해 왔던 그곳이 바로 칼라파타르가 아니던가. 나는 지금 바로 그 투명한 서원이 움트는 그 상징의 산 아래 서 있다. 바로 그 산 아래, 세상이 깨어나기 이전, 정확히 나에게 허락된 이 시간, 이 공간에 나는 서 있는 것이다. 우주법계가 나를 위해 준비한 바로 그 시간과 공간의 때라는 것을 고스란히 받아들인다.
잠시 밖에 나가 보니 아직 어둔 밤중이고 그 어떤 날보다도 시린 추위와 살을 에는 칼바람, 심지어 싸락눈발까지, 설산을 밟은 이후로 가장 혹독한 날씨가 '정말 올라가려고?' 하는 눈빛으로 시험이라도 해보겠다는 듯 적막감을 선사한다. 함께 있던 여행자들도 나갔다 들어오더니 오늘은 도저히 안 되겠다고 그냥 다시 눕곤 한다.
이런 주변 상황과는 상관없이 이런 저런 판단 없이 그저 당연하다는 듯 몸이 알아서 준비를 한다.
가지고 온 모든 옷가지들을 최대한 끼워 입고 양말도 두 겹에 모자와 장갑까지, 몸에 단단히 동여맬 수 있는 가능한 모든 것들이 동원된다. 드디어 롯지 문이 열린다. 지텐은 칼라파타르를 오르지 않고 먼저 내려가 로부체에 롯지를 예약하기로 했다. 저기 멀리 칼라파타르 언덕 중턱 즈음에 십여 명쯤 되어 보이는 랜턴의 행렬이 있는 것을 보니 다행히도 나 홀로 이 경한한 악천후를 뚫고 가는 것은 아니구나 싶은 안도감이 든다. 멀리 그 흐릿한 불빛을 따라 길 없는 황무한 길을 헤치며 묵묵히 걷는다.
점퍼의 모자를 눌러 썼더니 그 위로 싸락눈이 탁탁거리며 거센 바람과 함께 와 닿는 소리가 제법 거칠다. 아무리 칼라파타르라고는 하지만 오늘 날씨는 지난 일주일간 예상 가능했던 그런 날씨와는 분명히 무관해 보인다. 그야말로 요즘 같은 투명한 가을날에 있어서는 정말 예상하기 어려운 모처럼의 악천후라는 것을 뒤늦게 알았다.
어둠 속에 눈보라와 거친 바람과 속살까지 후벼 파는 추위를 온몸으로 마주하며 한 발 한 발 그 거센 악천후 속으로 늠연하게 걸어 들어간다.

8일차 칼라파타르, 목적 없이 다만 걸을 뿐

마치 태풍의 한 가운데로, 잠시 뒤 어떤 일이 일어날지 모를 그런 미지의 소용돌이 속으로 홀홀 뛰어드는 사람처럼 묵묵히 칼라파타르를 오른다.
출발하며 예상했던 것보다 훨씬 추위가 늠렬하다. 사실 10월이면 그리 춥지 않고 낮에는 덥기까지 하다며 아무 걱정 없이 다녀오면 된다는 말을 듣고 추위에 대한 대비를 별로 해 오지 않은 탓에 추위 대비책이라는 것이 얇은 여름옷들을 몇 개 더 끼워 입고 점퍼 하나를 입은 정도에 불과하다. 나중에 봤더니 서양인 트레커들은 해발 8,000m급 정상을 오르는 수준의 최신 등산용품을 완벽하게 챙겨왔다. 그럭저럭 추위는 견뎌보겠는데 장갑이 작고 얇은 터라 손과 손목 부분에 드러난 하얀 속살이 찢어지는 듯 시리다. 추워서 그런지 한 발자국 떼기도 여느 때 같지 않다. 몸도 한결 더 무겁다. 그동안의 행군에서 온 무리감이 한꺼번에 몰려오는 듯하다. 그도 그럴 것이 지금까지의 고도 중에 가장 높은 봉우리가 아닌가. 내 생애에서 한 번도 오른 적이 없는 최고 높이의 해발 5,550m를, 그것도 이 추위와 강풍, 싸락눈을 뚫고 앞도 안 보이는 이 어두운 새벽녘 길을 홀로 걷는 것이 아닌가.
몸에 느껴지는 고통의 무게감이 지금껏 살아온, 걸어 온 여타의 다른 그것들에 비할 수 없을 정도로 섬뜩하게 다가온다. 사람 몸이 이렇게 무거울 수도 있고, 호흡이 이렇게 버거울 수도 있으며, 한 발을 내딛는다는 것이 이렇게 엄청난 것일 수 있다는 것을 새삼 깨닫는다. 한 발자국 내딛는 것이 고개를 하나 넘는 것만큼이나 힘에 부친다.
생각처럼 몸이 말을 안 듣는다. 생각 같아서는 고작 몇 걸음도 안 되는 거리를 단번에 내디뎌 주마 싶은데, 몸이 전혀 따라주지를 않는다. 세

걸음, 네 걸음을 연달아 내디딜 수가 없다. 한 걸음 걷고 크게 한 숨 몰아쉬고, 또 다음 걸음을 걷고 다시 멈춰 한 숨을 거칠게 몰아쉬는 이 더딘 일을 무던히 반복하고 있다.

이 단순한 호흡과 걷기의 무한 반복을 지켜보며, 또 한 발자국 떨어져 이 전체적인 상황을 바라본다. 그런데 이 모든 상황 속에서도 그 춥고 시리고 힘든 불편감과 고통의 느낌들이 저기 남의 얘기처럼 저만치 떨어져 있다. 힘든 상황과 나 자신 사이에 어떤 거리감, 공간감이 놓여 있다. 힘들고 춥긴 한데 그것이 내 문제가 아니라 거기 그런 한 상황, 한 존재가 다만 걷고 있을 뿐이다. 손과 손목 부분의 시린 느낌이 가장 강하게 보인다.

계속해서 천천히 아주 천천히, 아마도 내 생애에서 가장 느린 걸음으로 한 걸음 한 걸음 저어가고 있다. 조금씩 어두커니 서광이 밝아온다. 역시나 날이 밝아도 기존의 예상 가능하던 그런 밝아옴이 아니다. 보통 이곳은 새벽부터 점심 전까지는 구름 한 점 없는 티 없이 맑은 하늘, 그 푸르른 색감을 도저히 흉내 낼 수도 표현할 수도 없을 만큼 청명한 하늘을 보곤 했는데 오늘은 신명부터 온통 안개로 뒤덮여 있다. 저 먼 설산이 평일 오후보다도 더 안 보인다.

시야가 좁다. 먹먹한 구름과 음음한 하늘, 서릿바람과 된추위가 전부다. 처음 여행을 계획할 때, 내 목적은 칼라파타르에 있었다고 해도 과언이 아니다. 다른 날들은 좀 날씨가 좋지 않을지라도 칼라파타르에 오르는 날 만큼은 화창해지기를 바랐다. 심지어 칼라파타르 오르는 날 상황이 좋지 않으면 며칠을 더 묵더라도 이곳의 청명한 풍광만은 놓치고 싶지 않았다. 그런데 지금까지 약 7일을 걸어오는 동안 단 하루도 흐리거나 궂은 날씨가 없더니 바로 오늘,

8일차 칼라파타르, 목적 없이 다만 걸을 뿐

어제 오후까지만 해도 그렇게 투명하던 하늘이, 거짓말처럼 푹 꺼져 버리는 게 아닌가. 이게 무슨 운명의 장난이란 말인가! 그냥 칼라파타르 정상에 올라앉아 와락 울어버려야 할 바로 그 최악의 상황을 맞은 것이다.

그런데다가 추워 죽겠다. 장갑이 얇은데다가 짧아서 손목까지 덮어주지 못해 칼라파타르에서 손목을 움직이는데 완전히 얼어붙었다. 이 심각한 통증! 이게 뭐람! 하늘도 무심하시지.

아! 그러나 이 최악의 상황 조건이 별 문제가 되지 않는다. 거기 그냥 그런 상황이, 가치중립적인 그저 하나의 상황이 놓여 있을 뿐이다. 좋고 나쁜 아무런 분별이 붙을 이유가 없는 그저 자연스러운 하루가 이어지고 있을 뿐이다.

칼라파타르가 내게 부여하던 하나의 상징체계가 무너지고 있다. 칼라파타르, 그 이름이 내게 주던 상징성이 무너진 자리에 그저 지금 이 순간이라는 자리와, 이 쿰부히말 전체의 설산들이 나아가 이 우주 전체의 모든 공간들의 절대성과 신비함이 들어선다.

칼라파타르는 어제의 그 낭카르창과 다르지 않고, 저 아래의 고락샵과 다르지 않으며, 남체바자나 루클라, 카투만두나 아니 매일 오르내리던 우리 절 이름 없고 길도 없는 뒷산 오솔길과 다르지 않다.

완전한
신비의 순간,
완벽한 날들

받아들임과 온전한 수용이라는 것이 어떤 명상의 방법이라거나 마음으로 억지로 받아들여 인정해 주는 그런 부자연스러운 것이 아니었다. 그것은 그저 지금 이 순간 숨을 쉬듯, 구름이 흘러가듯, 자연스럽게 이 모든 상황이 수용되고 받아들여지는 그런 무위(無爲)의 어떤 것이 아닌가.

모든 순간은 아름답다. 모든 날씨는 담염하다. 모든 곳이 칼라파타르요, 쿰부이고 히말라야다. 모든 순간이 더 이상 자유로울 수 없는 샨티, 평화로움 그 자체다.

언제나 우리 삶에는 매 순간 완전하고도 완벽한 날들, 순간들이 계속되고 있다. 아무리 궂은 날씨라고 하더라도, 내 계획과는 완전히 어긋나는 일들이 일어난다고 할지라도 사실 그 모든 일들, 사건과 날들은 나에게 있어 최고의 순간들이다. 내게 주어진, 나를 위해 정확하고도 정교하게 만들어진 더 큰 질서의 이치대로 내가 바로 그 자리에 바로 그 순간 놓이게 된 것이다!

나를 위해 이 우주에서 준비해 놓은 엄청난 축제요, 선물들이 매 순간
내 앞에 펼쳐지고 있다. 이 얼마나 엄청난 일인가. 이 얼마나 멋진
일인가! 우주는 언제나 나를 위해 대 법계의 조화로운 선율을
소려하게 연주하고 있다. 그 음악은 단지 귀로만 들을 수 있는 것이
아니라 눈으로도, 귀·코·혀·몸·뜻으로 온 존재로써 듣고 볼 수 있는
소리 너머의 소리요, 연주 너머의 연주다. 이것은 완전한 긍정의
세계다. 완전히 새로운 차원의 순려한 세계인 것이다.

우리는 이 드넓은 세계 속에서 언제나 충만한 사랑과 감사, 그리고
만족과 지혜로써 살아갈 수도 있고, 그와는 반대로 바늘 하나 꽂을
자리도 없는 좁아터진 암막한 세계 속에서 허우적거릴 수도 있다. 그
모든 것은 내 밖에 있는 세계의 문제가 아니라 내 안의 자각(自覺)의
문제다.

세계는, 우주는, 상황은 아무런 잘못이 없다. 심지어 나 자신에게도
아무런 문제는 없다. 거기 세계가 있고, 삶이 있고, 매일매일 벌어지는
사건들이 있으며, 그 속에 어떤 한 존재가 우주적인 흐름을 타고,
우주의 완전한 도움과 보살핌을 받으며 무한한 자비로써 살려지고
있다. 물론 우리는 그 존재에게 '나' 혹은 '너'라고 이름 붙이기를
좋아한다. 또한 그 '나'가 거기 있는 자연스럽고도 합당한 하나의
상황에 좋거니 나쁘거니, 옳거니 그르거니 하고 분별과 해석을
붙인다. 그렇게 붙인 해석에 스스로 얽매여 집착하거나 혐오하거나,
붙잡으려 애쓰거나 버리려 애쓰면서 공연히 문제를 만들어 내며
살아가고 있을 뿐이다.

이것이 바로 우리가 살고 있는 이 세계의 실상이다. 세상은 언제나
있는 그대로다. 모든 것이 있는 그대로 있어야 할 바로 그곳에 있다.

히말라야, 내가 작아지는 즐거움

● 최종 목적지라 할 수 있는
해발 5,550m 칼라파타르
정상에 선 여행자

그런데 안타깝게도 '나'라는 아상은 있는 그대로를 있는 그대로 보지 못하고 자기 색안경에 걸러 왜곡해서 본다. 그러면서부터 모든 문제가 시작된다.

진리는 쉽고도 단순한 곳에 있다. 깨달은 각자(覺者), 인류의 성인, 그들은 그 단순함을 깨쳐 본 것이다. 즉 그들과 우리의 차이점은 한 가지다. 그들은 있는 그대로를 있는 그대로 보고, 우리는 있는

그대로를 자기 식대로 왜곡해서 볼 뿐이다. 그래서 결국 삶의 문제는
다시 '보는(觀)' 문제로 되돌아온다.
인식의 문제, 자각의 문제, 깨어 있음의 문제, 올바로 '보는' 문제,
그것이야말로 온전한 삶을 위한 조건의 모든 것이다. 올바로 볼 때
모든 문제는 더 이상 문제가 아니다. 올바로 보는 순간 이 우주는 당신
앞에 본연의 무한한 자비와 평화, 경외와 참된 지혜를 보여 줄 것이다.
우리가 해야 할 것은 바로 이 '올바로 보는' 것이 전부다. 그것이 바로
불교에서 최종적인 깨달음을 위한 가장 중요한 여덟 가지 길의
첫 번째인 '정견(正見)'이다. 보되 치우침 없이, 집착 없이, 분별과
차별과 해석과 나뉨 없이 있는 그대로의 실상을 있는 그대로 보는
것이다. 그랬을 때 이 우주는 어느 하나 빼놓지 않고 낱낱이 실상이요,
진실이 되고, 진리가 된다. 그 어떤 모습도 진리의 모습, 실상이 되는
것이다. 이것이 바로 『법화경』의 제법실상(諸法實相)의 이치다.
그리고 바로 그 '보는' 문제를 지적하면서 '바로 보는 길'을 제시하는
모든 것이 바로 수행법이요, 명상의 길이다. 그것이 관(觀)이며,
지관(止觀)이자 정혜(定慧)이고, 위빠사나이며, 모든 수행법이 이 '보는
방법'에서 벗어나지 않는다.
지금 이 순간 나의 보는 방식, 거기에 삶의 모든 것이 달려 있다.
거기에 내 전부를 걸라. 돈에 내 삶의 전부를 걸 의미가 있을까?
노후 준비에 내 청춘을 다 바칠 이유가 있을까? 명예, 권력, 지위,
사랑, 소유에 내 삶을 전부 걸기에는 무언가 부족하지 않은가! 바로
여기 있다. 그토록 찾아 왔던 내 삶의 전부를 걸 바로 그것이 이것이다.
대장부는 바로 이것에 삶을 건다. '지금 여기'에.
내 삶의 전부를 바로 지금 이 순간의 '바라봄'에 건다는 것이야말로

내게 주어진 삶을 완전한 책임감과 온전한 지혜로 살아가는 것이다.
'지금 여기'야말로 모든 삶의 원천이요, 에너지의 근원이고, 진실을
발견할 유일한 통로다.
'지금 여기'에 모든 것이 달려 있다. 이미 지나간 과거도 '지금 여기'에
있으며, 아직 오지 않은 미래 또한 '지금 여기'에 다 있다. 이것은
양자물리학에서도 밝혀낸 것이기도 하다. '지금 이 순간'의 봄이 내
삶의 모든 것을 결정한다.
내 미래를 알고 싶은가? 지금 하고 있는 일이 잘 될 것인가, 망할
것인가, 지금 이 사업을 계속 확장할 수 있을까, 나의 명예와 지위가
얼마나 더 올라 갈 것인가, 그 모든 것은 삶을 살고 있는 '바로 지금 이
순간'을 어떻게 사느냐에 달려 있다. 다시 말해 지금 이 순간을 어떻게
'보느냐', 어떻게 자각과 깨어 있음으로 지금 여기를 살아가고
있느냐에 전적으로 달려 있다. 현재가 모든 미래를 만들어내기
때문이다.
내 삶의 창조자는 '지금 여기'다. 바로 보는 순간순간이 늘어갈수록
우리의 삶은 생기를 찾고 잃어버린 창조성의 근원을 찾으며, 지혜와
사랑이 삶을 통해 저절로 춤추게 됨을 경험한다. 그것은 직접 맛본
사람만이 알 수 있는 생생한 자각의 세계다. 결코 허황되거나
형이상학적이라거나 뜬구름 잡는 식의 말을 위한 말이 아니다.
이것은 신비주의가 아니라 지금 여기의 생생한 현실이다.

8일차 칼라파타르, 목적 없이 다만 걸을 뿐

칼라파타르
롯지의
아침 풍경

칼라파타르 바위산 꼭대기, 바람 잔잔한 바위 틈 사이에 앉아 숨을 돌린다. 바위짬 사이로 간간이 불어오는 칼바람을 온몸으로, 온 감각으로 삼킨다. 이것이 지금 여기의 생생한 현실이요, 이 평범함 속에 비범함이 있고, 이 피부에 와 닿는 현실감 속에서 삶의 신비는 피어나는 것이다.

여전히 바람은 차다. 제 몸에서 나온 손과 손목을 제 몸이 알아서 거둔다. 몸이 손을 품자 차차 따뜻한 온기가 사랑처럼 일어나 언 손목을 녹여준다.

정상에 오르니 그래도 외국인 여행자들이 몇몇 눈에 띈다. 에베레스트가 안 보인다고 이놈의 구름과 날씨가 된통 욕을 얻어먹고 있다. 그나마 가까운 설산들은 날이 밝으면서 제법 희뿌옇게나마 그 뒤태를 내비쳐 주고 있다.

올라오던 중 연세가 지극하신 한국인 어르신 한 분은 거의 100여 미터를 남겨두고 되돌아 가셨다고 한다. 2주에서 3주 정도의 긴 시간

히말라야, 내가 작아지는 즐거움

동안, 그것도 많은 돈을 들이고 많은 준비를 한 끝에, 아마도 최소
1~2년 이상은 준비한 끝에 올라오셨을 칼라파타르였을 터다. 그런데
그 마지막 100m를 남겨두고 돌아간다는 것이 상상이 되는가?
'그 정도면 거기까지 힘들여 갔는데 조금 더 힘내서 올라가자' 싶은
생각이 들 것이다. 그러나 현실은, 칼라파타르의 현실은 그렇지 않다.
그 어르신의 되돌린 발걸음이 십분 이해가 되고도 남음이 있다.
이 고도에서 오들오들 떨고 있노라니 따뜻한 차 한 잔 생각이
간절하다. 어떻게 올라온 칼라파타르인데 한참 앉아 머물다

칼라파타르에서
고락샵으로
내려가는 길

8일차 칼라파타르, 목적 없이 다만 걸을 뿐

내려가야지 싶어도 이 추위와 바람을 몸이 견뎌 내지를 못하고 내려가라는 신호를 보낸다. 터벅터벅 묵직하게 최대한 느릿느릿 올라오던 그 길을, 내려갈 때는 너무도 가벼운 발걸음으로 내딛는다. 날이 밝으니 한결 걷기가 수월하다.

롯지로 들어서니 힘이 빠져 축 처져 있는 몸이 더 생생히 느껴진다. 롯지의 아침은 늘 그렇듯 분주하다. 칼라파타르를 다녀온 사람, 아예 날씨를 보고 포기한 사람, 이미 어제 낮에 다녀오고 하산을 준비하는 사람, 내친김에 에베레스트 베이스캠프까지 다녀오려고 준비하는 사람, 그리고 새벽부터 걸어서 로부체에서 막 도착한 사람에, 아침을 먹는 사람들까지 겹쳐서 롯지 안은 시장통을 방불케 한다.

빵 한 조각 시켜 먹는 것이 이렇게 복잡할 줄은 몰랐다. 포터가 있을 때는 주로 포터가 알아서 주문해 주고 배달까지 해 줄 뿐만 아니라 가격 결산까지도 포터와 모든 것을 끝낸다. 롯지 또한 포터 이름으로 주문 받고 계산하고 모든 것을 포터 책임제로 운영하고 있는 듯 보인다. 어떤 롯지는 손님을 데리고 오면 포터에게 공짜로 재워주고 식사도 제공을 한다는데, 요즘 들어 그 원칙이 깨지면서 포터에게도 현지인 가격으로 저렴하게나마 식사비를 받는다고 한다. 포터들은 식당에서 돈을 지불하고 또 소개시켜 준 여행사에 얼마씩 떼이고 이래저래 직접 받는 돈은 그리 많지 않아 보인다.

다행인 건지 오히려 포터들에게는 더 큰 짐인지 몰라도 마오이스트(Maoist, 마오쩌둥 주의, 모택동 사상)가 집권을 하고부터는 포터들도 똑같은 사람인데 식당 방에서 자지 말고 무조건 트레커들과 똑같이 도미토리나 방에서 자도록 해야 한다고 정부 방침으로 못을 박았다고 한다. 물론 좋은 말이고, 그래야 하는데, 아직은 시행 초기라

방도 더 부족하고, 포터들도 그만큼 방값까지 더 내야 하는 부담이 가중되다 보니 아직까지는 암암리에 예전처럼 그냥 식당 방에서 다 함께 자는 곳이 많다고 한다.

포터 지텐이 방을 잡는다고 로부체로 내려가고 없으니 아침밥 하나 시켜 먹기가 너무 어렵다. 에베레스트를 등반하는 대부분의 사람들이 꼭 들르는 곳인데 롯지는 몇 개 없다 보니 특히 이런 아침은 더없이 번라한데다가, 모든 시스템을 포터와 가이드를 중심으로 하다 보니 여행자가 직접 주문하고 누군지 확인해서 음식을 받아내고, 지텐이 하던 내 장부를 찾아 체크하는 그 단순한 일에도 시행착오가 생긴다. 이처럼 포터는 꼭 짐만 들어주는 것이 아니라 롯지나 식당에서도 큰 몫을 하고 있고, 특히 비상 조난 시나 갑작스런 고산병, 혹은 길을 잘못 드는 데서 오는 어려움 등 많은 부분을 보살펴 준다. 고락샵 롯지의 분주한 아침 시간이 지텐에 대한 고마움을 더욱 느끼게 해 준다.

아침 식사를 어렵게 마치고 한참을 롯지에 앉아 몸도 녹이고, 쉬고 있다. 이후 일정은 그저 내리막길로 2시간 남짓 거리에 있는 로부체까지만 가서 묵으면 된다. 내일 또한 로부체에서 내리막으로 3시간 거리의 종라까지만 가면 되는 비교적 가벼운 코스다. 대부분의 여행자들이 칼라파타르를 오르고 난 뒤 체력을 비축하기 위해서, 또 그 다음날 있을 촐라패스와 이어지는 고쿄리에 대한 휴식 내지는 체력 안배 차원으로 그렇게 가벼운 코스를 잡는다고 하는 일상적인 순서를 따른 것이다.

8일차 칼라파타르, 목적 없이 다만 걸을 뿐

걸을 때
정신은 우주와
연결된다

아침 식사 후 느긋하게 고락샵 롯지를 출발한다. 오늘은 하루 종일 궂은 날씨가 계속되려나 보다. 그래도 날이 밝고 나니 궂은 날씨라고 해야 구름이 끼어 있는 정도지, 비나 눈이 오는 것은 아니고 낮부터는 그리 춥지도 않아 오히려 걷기에는 제격인 날씨라고 볼 수도 있겠다. 로부체까지의 짧은 내리막길이 아쉽다.
이렇게 산에 와서 걷다 보니 오전의 걷는 시간이 오후의 쉬는 시간보다 더 간절하고, 더 생기 넘치며, 설렘으로 가득한 시간이 된다. 오히려 오후가 되어 쉬는 시간이 되면 그 다음날 있을 일정에 대한 기대로 부풀어 오른다. 그래서 오후에도 가까이 마을길이나마 산책의 길을 걷는다.
산에 와서 더욱 걷는다는 것에 대해 많은 생각을 하게 된다. 걷는다는 것이야말로 그 자체로 완전한 행이 아닐까. 걷는 그 순간에 우리는 완전히 걸음 속에서 존재한다. 가부좌를 틀고 앉아 있는 것 못지않게 오랜 수행자들이 왜 그토록 걷기 수행, 경행(經行)을 강조했는지를 알

것 같다. 마음과 몸이 둘이 아니다 보니 몸의 자세에서 마음의 집중이며 명상의 힘이 크게 좌우될 수밖에 없다. 그래서 될 수 있으면 비뚤게 앉아 있기보다는 꼿꼿하게 가부좌를 틀고 앉아 허리를 곧게 펴고 앉는 것이다. 그런데 이런 결가부좌 못지않게 많은 수행자들은 걷기 수행을 강조해 왔다. 걷는 행위, 그 자체만으로도 오롯한 정신의 기틀이 서게 되기 때문이다.

명상할 시간이 없다면 될 수 있는 한 많이 걸으라. 온갖 생각의 짐을 짊어지고 걷지 말고 그냥 걸으라. 생각과 함께 걷는 것이 아니라 다만 홀로 걸으라. 그렇게 텅 빈 걸음을 내디딜 때 비로소 이 우주와의 진정한 관계성이 회복되고 지난 시간을 살아 온 나의 삶이 분명하게 보여지기 시작할 것이다. 걸으며 애써 수행이나 명상을 하려고 애쓸 필요는 없다. 무언가를 자주 하려는, 성취해 내려는 그런 마음으로 인위적인 '걷기 명상'을 해서는 안 된다. '걷기 명상'은 진정한 명상이 아니요, 오직 다만 '걸을 뿐'이 되었을 때만이 참된 명상과 연결될 수 있다.

그저 자연스럽게 걸으면 된다. 혹시 걷는 동안 부자연스러운 생각들, 기억들, 계획들이 떠오른다면 그 순간 걸음은 평화를 잃게 되고, 그렇게 되면 우리의 의식은 곧장 발길을 돌려 집으로, 회사로, 컴퓨터 앞으로, 무언가 일거리 앞으로 나아가게 될 것이다. 걸으면서는 그저 걷기 그 자체로 걸으면 된다. 걷는 것 자체가 목적이 되도록 하라. 그러나 생각이 끼어드는 순간 걷는 목적은 저만큼 달아나고 곧장 또 다른 목적이 떠오를 것이다. 바로 그것을 주의하면서 걸으면 된다. 올라오는 생각이나 기억, 계획, 즉 과거와 미래들을 '지금 여기의 걷기'로 되돌려 놓는 것, 그것이 걷기 명상의 전부다. 다만 걷되 생각에 지배되지 않고, 과거나 미래에 끌려가지 않으며, 오직 텅 빈 걸음을 내딛는 것이다. 그렇게 되었을 때 "대지를 맨발로 걸으면 우리의 정신은 우주로 연결된다."는 아메리카 인디언의 말처럼 걷는 그 행위 속에 정신적인 각성과 우주적인 교감이 함께 한다.

어디 그뿐인가. 걷기는 무엇보다도 가장 기본적으로 몸의 건강을 돕는다. 그야말로 세실 가테프가 그의 책 『걷기의 기적』에서 말한 것처럼 '걷기는 완벽한 운동'이다. 가테프는 이렇게 표현하고 있다. "걷기는 온몸을 자극하여 인체에 전반적인 영향을 미친다. 몸에 조금만 신경을 써도 모든 계통(호흡계, 신경계, 순환계 등)과 기관(심장, 신경, 폐 등)은 조화를 이루며 작용한다. 불행하게도 가끔 우리는 이런 기관들을 따로 떼어 놓고 생각한다."

그런가 하면 나빠진 간을 맨발 걷기로 완치한 뒤 걷기 예찬론자가 된 박동창 씨는 그의 책 『맨발로 걷는 즐거움』에서 맨발 걷기의 효과를 무수히 설파해 놓았다. 그 가운데 약간을 요약 정리해 보면 다음과 같다. "맨발로 걷게 되면 금세 무좀도 사라지고, 창백했던 발에 선홍빛 혈색이 돌게 된다. 또한 걸을 때 발을 땅에 디디면 혈관이 수축과 팽창을 반복하게 되어 혈액펌핑 기능이 강화되고, 그래서 통상 발은 제2의 심장이라 일컬어지기도 한다. 걷기는 혈액순환을 위한 가장 쉽고도 확실한 방법이다. 걷기는 장기의 활동 증진을 가져와 우리 몸에 오랫동안 쌓여 있던 침전물과 독소, 노폐물들을 배출시키고 배변활동도 증가시킨다. 또한 성기능 저하와 조루 현상도 어느 정도 해결해 주고 생리불순의 여성들이 걷기로 생리현상이 재개되었다는 보고도 있다. 또한 동맥경화 등의 심혈관 질환에도 효과를 보이며 콜레스테롤 수치 개선에 효과가 월등하다. 또한 걷기의 또 다른 괄목할 만한 치유효과는 간 기능 개선이다. 간암으로 1개월의 여생을 선고받은 한 노인은 맨발 걷기를 통해 간을 완벽히 재생시키기도 했다. 또한 세계당뇨학회의 회장은 당뇨병 극복의 가장 권장할 만한 운동으로 걷기를 꼽았다."

이처럼 걷기는 정신의 건강뿐 아니라 몸의 건강에도 뛰어난 효과를 보인다고 한다. 요즘 걷기로 몸을 치료했다는 보고들이 잇따르자 전 세계적으로 걷기 열풍이 불고 있다. 우리나라에도 제주도 올레길, 지리산 둘레길과도 같은 걷기를 위한 트레킹 코스가 제법 유행하고 있기도 하다.

꼭 지리산이나 제주도, 혹은 히말라야가 아니라도 좋다. 출퇴근길을 호젓하게 걷는 시간으로 바꿀 수도 있고, 매일같이 퇴근 후 술을 마시기보다 뒷산을 산책해도 좋을 것이다. 만약 그렇게 된다면 우리는 그 작은 변화 속에서 어쩌면 전혀 다른 새로운 차원으로 도약하게 될지도 모른다. 그만큼 걷는다는 것은 또 다른 차원으로의 여행이 될 수도 있다.

'걷는 즐거움' 그 거연한 시간 속에서 로부체 숙소로 향한다. 가만 보니 구름 속 설산 또한 색다른 아름다움이 있다. 길옆으로 투명한 설산 계곡의 물이 흐르고 물소리가 귓전을 맑혀준다. 발아래 흙길, 돌길의 투박한 촉감이 발바닥을 간지럽힌다.

아! 이 순간처럼만 삶의 모든 순간을 살아낼 수 있다면 더 이상 특별한 삶의 방식 같은 것은 필요조차 없을 것이다. 이런 시간은 더욱 빠르게 흐른다. 아니 시간 자체가 사라진다. 잠깐, 아주 잠깐 동안 걸은 것 같은데 벌써 로부체 롯지에 도착한다.

지텐이 미리 잡아 놓은 싱글 룸에서 슬리퍼를 갈아 신고 숙소 앞을

8일차 칼라파타르, 목적 없이 다만 걸을 뿐

흐르는 맑은 개울가로 나가 발을 담근다. 모처럼 좀 씻으려는데 완전히 저 설산의 눈이 방금 녹아 흐른 것처럼 그 쨍한 시림을 말로 표현할 수가 없다. '악악' 소리까지 질러대며 씻고 있자니 곁에 앉아 있던 포터와 짐꾼들이 쳐다보며 웃어댄다. 이 찬물을 두 손 가득 퍼 담아 휙 하고 던졌더니 도망치고 웃고 반격을 준비하느라 한바탕 웃음꽃이 피어난다. 씻고 났더니 정신까지 번쩍 든다. 또 하루 평화로운 오후가 음악처럼 흐른다.

고락샵의 롯지들. 이 곳이 칼라파타르 그리고 에베레스트 베이스 캠프를 오르기 위해 혹은 다녀와서 휴식을 취하는 숙소다.

09 DAYS

로부체
↙
종라

종라,

내가
작아지는
즐거움

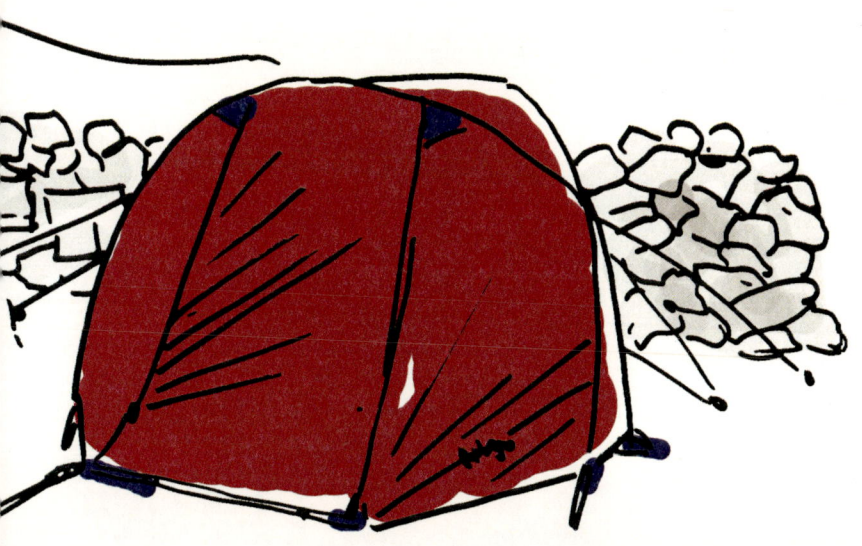

9일차 종라, 내가 작아지는 즐거움

우주의 역설,
버릴 때
더 큰 것을 얻는다

새벽, 로부체(Lobuche: 4,930m)는 오랜 명상에서 깨어나듯 성성하고 적적하다. 어쩌면 인간을 제외한 모든 존재가 언제나 명상 속에서 적묵한 자신의 삶을 자기답게 살고 있는지 모른다. 산하대지도 그렇거니와 들짐승과 새와 작은 벌레조차 자신의 질서 안에서 자연스럽게 제 갈 길을 오롯이 걷고 있다. 오직 사람들만이 온갖 욕심과 집착과 소유의 굴레에 갇혀 자기답고 자연스러운 순연한 삶의 길을 잃고 있다. 그 애애하고 온전하며 자유로운 삶의 길을 다시 되돌리고자 하는 의지가 명상, 수행이라는 전통을 만들어 냈다. 그런데 이 명상 수행의 길은 우리가 생각하는 다른 모든 것들에 대한 성취의 길과는 전혀 다른 길이다. 완전히 세상과는 거꾸로 가는 길이다. 다른 모든 성취들은 우리의 노력과 의지를 통해 얻어질 수 있겠지만 이 길은 그런 인위적인 노력과 의지와 시도와 그 어떤 애씀으로도 얻어질 수 없는 것이다. 오히려 이 길을 걷고자 한다면 명상으로 무언가를 얻고자 하는 그 모든 바람과 의지와 성취욕과 추구를 완전히 버려야 한다. 그뿐 아니라 세속적인 모든 집착과 욕심과 소유욕 또한 던져버려야 한다.

적당히 쥐고 있으면서 명상의 생활도 적당히 함께 해 나간다는 것은 실현 불가능한 일이다. 둘 중 하나는 사라져야 다른 하나가 들어선다. 물론 실제적으로 돈도 명예도 직장도 가족도 다 버려야 한다는 것은 아니다. 다만 마음에서 머무는 바가 없어야 하고, 집착을 놓아야 한다는 의미다. 즉 지금 가지고 있는 소유물이 주는 즐거움을 누릴지라도 언젠가 있을 상실의 두려움 없이 그것을 즐기고 쓸 수 있어야 한다. 물론 그렇게 되면 자연스럽게 그 소유물을 이웃과 함께 나누는 데서 오는 기쁨 또한 저절로 생겨날 것이다.

또한 지금 가지고 있는 명예, 지위, 직장, 가족, 사랑의 즐거움을 충분히 받아들이되 그것들은 언젠가 소멸되고 만다는 무상의 속성을 깨닫고 있기 때문에 거기에 얽매임 없이, 잃는 데 대한 불안감 없이 그것을 누리고 쓸 수 있다. 사실 그랬을 때 비로소 삶이 주는 풍요와 소유와 즐거움을 더욱 생생히 누리고 느낄 수 있게 되는 것이다. 집착 없이 그 모든 것을 행할 때, 비로소 마음에 걸리는 것 없이 자유롭게 이 우주의 본래적 풍요를 마음껏 가져다 쓸 수 있게 된다. 그때 우주는 더 큰 것을, 더 많은 것을 당신에게 가져다 줄 것이다. 그것이 바로 이 우주의 역설이다.

붓다 이후로 왜 그토록 많은 사람들이 수행을 하고 명상을 해 오건만 모두가 붓다가 되지 못하는가. 왜 아직도 사람들은 괴로움에 허덕이는가. 왜 아직도 세상은 어둡고 힘겹기만 한가. 그것은 둘 다를 잡고 있기 때문이다. 세속적인 만족, 소유, 집착, 애욕을 그대로 둔 채 명상을 이어가기 때문이다. 세간적인 바람과 출세간적인 바람 둘 다를 한꺼번에 얻을 수는 없다.

명상이란 곧 무집착을 의미한다. 수행이란 곧 무소유, 무소득(無所得), 무집착, 무아(無我)를 의미한다. 명상은 애쓴다고 이루어지는 것이 아니다. 그것은 모든 집착과 소유와 애박(愛縛)과 아상(我相)이 놓아진 자리에서 저절로 꽃처럼 피어나는 것이다. 그래서 명상의 진척이 이루어지길 바라지 말고 내 안의 욕심과 집착을 먼저 살필 수 있어야 한다. 집착이 타파된 자리, 모든 바람이 사라진 자리, 바로 그 자리에서 명상은 시작된다. 아니 저절로 찾아온다.

출가자들은 출세간적인 깨달음에의 욕구와 집착이 명상이 일어나는 것을 방해하고, 재가자들은 세간적인 욕구와 집착이 명상을 방해한다. 나는 지금 무엇을 붙잡고 있는가. 무엇을 놓지 못해 나에게 명상의 축복이 깃들지 않는가. 놓아버리고 싶고 비워버리고 싶어도 도대체 내가 붙잡고 있는 집착의 실체가 무엇인지 모른다. 내가 붙잡고 있는 것, 그것은 무엇인가.

앞에서 말한 대로 그것은 돈일 수도 있고 명예나 권력, 소유욕, 사랑, 사람일 수도 있다. 그런데 그 모든 것의 뿌리에 하나의 근원이 있다. 바로 그 하나를 잡고 있기 때문에 다른 모든 것이 뒤따르는 것이다. 그 하나는 바로 '나'다. 나라는 생각, 나라는 상(相), 나라는 집착, 내것이라는 소유욕, 내가 옳다고 하는 아집이다. 내가 부자가 되고 싶고, 내가 잘 살고 싶고, 내가 남들에게 인정받고 싶고, 내가 남보다 더 높은 자리에 오르고 싶으며, 내 집도 남들 것보다 컸으면 좋겠고, 남보다 더 많이 소유하고 싶으며, '내 생각' '내 견해'대로 사람들이 따라와 주었으면 좋겠다. 어쨌든 우리 삶의 목적은 '나'를 세상에 더 크게, 더 널리 드러내는 일이다.

그것을 위해 어떤 이는 돈으로써 나를 드러내려 애쓰고, 또 어떤 이는 권력으로써 자신을 드러내려고 하며, 또 어떤 이는 예술로, 자신의 재능을 키움으로써 자신을 드러내려 한다. 학생들은 공부를 잘함으로써 자신을 드러내야 하고, 운동선수들은 운동을 잘함으로써, 직장인은 진급을 함으로써, 예능인들은 더 많은 인기를 얻음으로써, 학자는 더 많은 지식을 머릿속에 집어넣음으로써 자신을 드러내려 한다. 이 모든 것이 바로 '아상을 키우려는 시도'이고, '나를 세상에 드러내려는 시도'이며, '에고를 강화하려는 욕구'에 다름 아니다. 이것이 바로 우리 삶의 원동력이요, 에너지가 된다.

그러나 이 모든 '나를 드러내고 아상을 강화하려는' 시도는 언젠가 분명히 크게 좌절될 수밖에 없는 운명을 타고났다. 그것이 모든 아상의 종말이다. 아상이란 본래부터 실체가 없기 때문에 그것은 언젠가는 사라져 갈 수밖에 없는 운명이다. 우린 모두 언젠가 이 세상과 작별을 고해야 할 것이 아닌가. 젊었을 때 아무리 부귀 영화를 누리고, 명예와 권력을 휘두르며, 인기와 존경을 받았다고 할지라도 그것은 한때일 뿐이다. 분명한 사실은 언젠가 그 모든 것은 사라지리라는 것이다. 이것이 모든 성인들이 말했던 무상(無常)과 무아(無我)의 소식이다. '집착을 버려라' '에고를 버려라' '마음을 비우라'는 모든 가르침의 바탕이다.

로부체 롯지에
해가 떠오른다.

9일차 종라, 내가 작아지는 즐거움

내가
작아지는 것을
즐거워하라

이제 어느 정도 삶의 실마리가 풀리고 있다. 그러나 실마리가 풀림과 동시에 딜레마에 봉착한다. 내가 그동안 움켜쥐려고 애써왔던 그 모든 것들을 놓아버리라니 도저히 그럴 수가 없는 것이다. 어찌 그럴 수가 있겠는가. 내 삶의 목적이었던 것을 어떻게 쉽게 놓아버릴 수 있겠나. 그러나 놓아버리지 않으면 우리의 삶은 지금까지 그래왔던 것처럼 아상의 노예가 되어 주변 상황에 끊임없이 휘둘리는 주체적이지 못한 삶을 빠져나오지 못한다. 그것은 부자유이고 억압이며 결박이고 혼돈이다.

자, 그럼 이제 어쩌겠는가. 그냥 이대로 살다가 갈 것인가, 아니면 전혀 새로운 삶으로 바꾸어 볼 것인가. 그렇다. 답은 한 가지, 자유롭고 걸림 없는 평화의 삶을 택하는 것이 모든 인류의 공통된 길이다.

그러면 답은 나왔다. 아상과 아집, 소유와 집착으로 인해 괴로운 삶이 시작되었다면 바로 그것을 놓으면 된다! 어떻게 놓을 것인가?

지금까지의 삶과는 거꾸로 가는 것이다. '나'를 드러내려는 모든 노력을 '나'를 소멸시키려는 노력으로 바꾸면 된다. '나'를 확장하려는 노력을 '나'를 축소시키는 것으로 바꾸면 된다. 아니 아상의 소멸과 축소는 어차피 예약되어 있는 것이니, 그것은 노력을 필요로 하지 않는다. 다만 그것을 받아들이면 되는 것이다. 확장되고 드러날 때라도 그것이 거짓이고 환상임을 깨달아 머지않아 이 모든 것이 축소되고 소멸될 것임을 분명히 보는 것이다.

다시 말해 내가 이 세상에서 축소되는 데 대한 두려움을 버리면 된다. 내가 작아지는 것 같은 느낌, 나의 가치가 줄어드는 것 같은 느낌, 내 입지가 좁아지는 것 같은 느낌, 아상의 소멸, 에고의 소멸을 즐거운 마음으로 받아들이라. 내가 작아지는 것은 본질적 차원에서는 매우 좋은 일이다. 내 가치가 줄어드는 것 같은 느낌, 나에 대한 사람들의 대접이나 평가가 축소되는 것 같은 느낌, 그것이야말로 우리가 흥미롭게 받아들여야 할 즐거운 일이다. 그것이 바로 진리의 길에서는 거꾸로 온전한 길인 것이다. 완전히 다른 차원의 길이지만 그래서 받아들이기 쉽지 않겠지만 그것이야말로 무아(無我), 무집착(無執着)의 길, 모든 붓다와 성인들이 걸어간 요확하고도 명료한 길이다.

그렇다고 해서 억지로 나를 죽이려고, 축소시키려고 애쓸 필요는 없다. 진리는 모든 인위적인 노력을 거부한다. 지금 다니는 회사를 그만둘 필요도 없고, 현재의 높은 지위를 일부러 포기할 필요도 없으며, 소유한 것을 억지로 전부 버릴 필요는 없다. 소유하되 소유에 대한 애착과 집착만을 거두면 되는 것이다. 그렇게 되면 그 소유를 보다 아름답게, 본질적으로 잘 쓸 수 있는 지혜가 열린다. 그뿐 아니라 소유하되 소유물에 도리어 소유되지 않는다. 그 소유물이 언젠가 떠날지라도 괴롭지 않다. 물론 그 모든 소유물은 언젠가 반드시 떠날 수밖에 없는 운명이다. 명예나 지위 또한 거기에 얽매이지 않고 그 자리에서의 몫을 행할 때 비로소 그 지위에 걸맞은 참된 지혜와 사랑 가득한 온전한 행위가 뒤따른다.

거기에 '나'라는 아상과 아집과 이기가 사라진다. 보통 사람들은 자기 지위에서 '나' '내 이익'을 개입시킴으로써 순수하게 그 지위에서 해야 할 몫을 온전히 해내지 못하고 있다. 모든 일의 중심에는 '나' '내 이익'과 얼마나 부합하는가 하는 이기가 깔려 있는 것이다. 사실 가만히 살펴보면 우리가 하는 모든 행위·말·생각의 중심에 '나'라는 아집과 이기가 숨 쉬고 있다. 이 행동이 나에게 어떤 도움이 될까, 이 말이 나에게 어떤 이익을 가져올까가 저절로 개입되는 것이다. 이러한 모든 '나' 중심적인 일상에 완전히 새로운 차원의 삶을 가능케 하는 것이 바로 '나'의 소멸, 에고의 축소다. 내가 축소되는 즐거움, 에고가 깨지는 통쾌함, 그것이야말로 본질적인 즐거움이다. 그것이야말로 부처님께서 깨달으셨던 본질적인 법락(法樂)이며, 예수님께서 말씀하시고 신께서 우리 인간들에게 하고자 했던 가르침의 핵심이다.

내 것을 이웃과 나눌 때 행복하다. 물론 한 편으로는 내 것이 축소되니 괴롭겠지만 그 세속적 차원을 넘어서 조금 더 깊은 차원에서 우리는 아이러니하게도 행복과 풍요를 느낀다. 바로 그것이 아상이 소멸되는 즐거움의 단적인 예다.

아상의 소멸, 에고의 축소, 내가 줄어드는 것을 즐거워하라. 그렇게 되면 어떤 일이 벌어질까? 삶이 지금까지와는 전혀 다르게 변한다. 삶이 당당해진다. 걸림 없이 자유로워진다. 주변의 눈치를 살필 것도 없고, 윗사람에게 애써 잘 보이려고 아부를 떨 것도 없다.

예를 들어 진급이나 부유함은 아상을 강화시킨다. 더 높은 자리에 오르고, 더 유명해지고, 더 영향력이 강해질수록 아상은 더욱 성장하며 평화와는 더욱 더 멀어지기 쉽다. 그러니 아상의 축소를 즐거워하는 수행자라면 일부러 돈을 안 벌거나, 일부러 진급에서 떨어질 필요는 없을지라도 자연스럽게 그렇게 되는 상황을 걱정할 일은 아니다. 자연스럽게 진급이 안 되거나, 영향력이 줄어들거나, 아상이 축소되게 된다면 그것은 즐거운 일이니 흡족하게 받아들이면 된다. 그것은 오히려 영적인 차원에서는 매우 반길 만한 일이다. 스님들처럼 일부러 버리지는 못할지언정 자연스럽게 버릴 수 있는 고맙고도 감사한 순간이 온다면 그것을 행복하게 받아들일 수는 있다. 그러니 어떤가. '아상의 축소' '에고의 소멸'을 거부하지 않는 이는 모든 일상이 자유롭고 걸림 없을 수밖에 없는 것이다. 어디에도 집착하는 것이 없기 때문이다. '반드시 이렇게 되어야만 한다'거나, '반드시 내 손에 넣어야 겠다'거나, '반드시 내가 가질 거야', '반드시 저 자리에 오를 거야'라는 그 어떤 집착도 욕망도 바람도 없기 때문에 언제나 지금 놓여 있는 그 자리에서 충만하고 충분하고 완전한 삶을 누릴 수 있는 것이다. 사실 우리의 삶은 언제나 완전하고 완벽하다. 늘 풍요롭고 충만하다. 나의 욕심과 집착만 없다면.

히말라야, 내가 작아지는 즐거움

마땅히
모든 것을
잃어라

모든 사람들의 공통적인 마음 밑바탕에는 두려움이 깔려 있다. 그것은 아상이 소멸될까 싶은 두려움, 즉 내가 축소될까 싶은 두려움이다. 내 돈이 사라질까 싶은 두려움, 내 가치가 떨어질까 싶은 두려움, 내 지위가 떨어질까 싶은 두려움, 내 인기나 입지가 축소되면 어쩌나 하는 두려움, 사람들 사이에서 잊혀 질까 싶은 두려움 등이다. 그리고 바로 그 두려움 때문에 사람들의 삶은 자유롭지 못하다. 늘 눈치를 봐야 하고, 남들에게 잘 보이려 애써야 하고, 남들에게 책잡힐 일을 하지 않아야 하며, 윗사람 눈치도 봐야 한다. 그러나 아상의 소멸을 즐거워하는 수행자는 더 이상 두려움이 있을 수 없다.
삶에 진정한 자유가 깃든다.
아상이 소멸되든, 내가 줄어들든 상관하지 않는다. 그러나 그렇게 에고의 소멸을 신경 쓰지 않고 사는 사람에게는 도리어 충만한 삶이 깃든다. 또한 도리어 더 높은 성공과 부와 힘이 그를 기다린다. 그것이 바로 '비워야 채워지는 도리'이다. 그것이야말로 삶의 아이러니다.

비워야 채워지고, 놓아야 잡히며, 무소유가 전체를 소유하는 것이 된다.

그러니 어떠한가. 어떻게 살아야 할 것인가. 여기 그에 대한 삶의 나침반이 있다. 에고의 축소를 즐기라. 아상의 소멸을 즐거워하라. 내가 작아지는 것을 두려워하지 말라. 그것을 즐겁게 받아들이라. 에고의 축소, 외부적인 확대와 성장의 축소는 영적인 진보와 바로 연결된다. 성장, 발전, 부, 명예, 권위, 인기, 영향력이 높아질수록 아상은 함께 높아진다. 그것은 진리 차원에서는 절망이다. 외부적인 목적들의 성장을 줄이는 대신 아상의 꺾임, 에고의 축소를 즐거워하라. 사람들이 인정 안 해 주는 것을 다행히 여기라. 관심이 축소되는 것을 행복하게 받아들이라. 남들에게 대단한 사람으로, 성공한 사람으로, 인정받는 사람으로, 능력 있는 사람으로, 지혜로운 사람으로 보이려는 의도야말로 아상의 뚜렷한 출몰이다. 있는 듯 없는 듯한 사람, 전혀 위대해 보이지 않는 평범한 사람, 전혀 영적으로 보이지 않는 사람으로 세상에 드러나는 것은 아주 좋은 일이다. 강한 나무는 폭풍이 불어오면 부러지지만, 약하고 여린 풀들은 바람이 부는 대로 몸을 누일 뿐 부러지지 않는다. 장자는 굽은 나무가 산을 지킨다고 했고, 노자는 굽은 나무가 되어야 온전히 제 수명을 다할 수 있다고 했다. 곧은 나무, 쓸모 있는 나무는 다 베어가 제 수명을 마치지 못한다. 또한 노자는 굽은 나무의 비유를 들며 "성인은 자기를 내세우는 일이 없기 때문에 그의 존재가 뚜렷해진다."고 했다. 예수도 말한다. "온유한 자에게 복이 있나니 저희가 땅을 기업으로 받을 것이다.", "마음이 가난한 자에게 복이 있나니 천국이 저희 것이다." 또한 중국 당나라 조주 선사는 무엇이 도(道)인가를 묻는 남전보원

히말라야, 내가 작아지는 즐거움

선사에게 "평상심이 곧 도다."라고 답했다.
다만 있는 그대로의 자신을 있는 그대로 자연스럽게 드러내라. 무엇이 두려운가? 대단해 보이지 않는 것, 권위를 상실하는 것, 소유를 잃는 것, 지금까지의 성취를 잃는 것, 영향력을 잃는 것, 그것을 마땅히 잃어라. 즐겁게 그 축소와 상실과 소멸을 받아들이라. 상실과 축소는 실패가 아닌 새로운 눈뜸의 이정표다.
진정 삶의 행복을 원하는가. 참된 평화와 자유를 꿈꾸는가. 정말 삶에서 깨어나기를 원하는가. 그렇다면 나의 소멸, 에고의 상실을 두려워 말라. 당당하게 걸림 없이 무소의 뿔처럼 나에게 주어진 길을 우직하게 걸어가라.

정신 번쩍 드는 로부체의 새벽

정신 번쩍 드는
로부체의
새벽

고락샵에서의 여운이 이러한 아상 소멸의 이치를 사자후처럼 내면의
울림으로 깃들게 했다. 그것은 매우 실제적이고 강렬한 메아리였고
무설(無說)의 설법이었다. 금강경을 지난 10여 년간 되풀이해 왔지만
이렇게 또렷한 소리로 강렬하게 심연을 적신 적은 없었다. 이것은
진정 온 존재로 읽는 금강경의 소식이다.
내면의 소리, 그 청연한 지혜의 소리를 들은 적이 있는가? 그 내밀한
속뜰의 소리는 언제나 우리 안에서 간절한 통곡처럼, 애잔한
울음처럼, 혹은 여린 떨림처럼 투명하게 울려오고 있다. 그러나 그
소리는 우리의 가슴이 온갖 잡다한 것들로 꽉 차 있을 때는 전혀 들을
수가 없다. 집착과 욕망과 일과 성취와 돈과 명예와 온갖 바람과
추구들로 복잡하게 얽혀 있는 한 내면의 순령한 깊은 울림은 그저
아무런 의미도 가져오지 못할 뿐이다. 아니 그랬을 때 그 소리와
울림은 전혀 들리지 않는다. 세속적인 소음이 그 소리를 차단시키는
것이다. 그것들이 비워지고 놓아질 때, 비로소 소리 없는 소리, 그

우레와 같은 침묵의 소식은 맑은 종소리처럼 내밀한 영혼의 귓전을
스친다. 이 로부체 새벽의 시린 바람처럼, 이 설산이 녹아 흐르는
개울물의 차고 고징한 여울처럼, 그렇게 내 안의 참된 주인의 소식이
졸졸졸 가슴으로 홀연히 흘러들어 온다.
로부체의 새벽은 명정하다. 밝아오는 돋을볕의 품이 다습고도
온온하다. 정신이 번쩍 드는 아침. 지텐은 역시 먼저 출발하고 나는
쉬엄쉬엄 이 풍경을 충분히 느끼며 걷는다.
로부체 입구 산 아래 작고 허름한 오두막 한 채가 수윤한 그림처럼
놓여 있다. 롯지도 아니고 그저 이곳에 몸 붙이고 사는 해발 4,930m
현지 원주민이자 그야말로 히말라야 설인이다. 집 아래는 맑은 물이
흐르고 뒷산 얕은 곳에는 작은 풀숲이 초원처럼 펼쳐져 야크 몇 마리
먹이는 데는 지장이 없어 보인다. 야크만 있으면 우유도 버터도 해
먹고, 야크 똥으로 추위도 녹이고, 저 아랫녘에서부터 짐도 운반해다
쓸 수 있을 뿐만 아니라, 적적한 고지 살림에서 작은 위로와 벗도 된다.
아, 저 작고 낡은 집 한 채가 왜 이리도 마음을 짠하게 만드는지.
인간의 삶, 생명력이란 얼마나 눈물겨운 것이고 신미하고 찡한
것인지를 가만히 서 있는 저 초비(草扉)가 토닥이며 말해 주는 듯하다.
그 집 앞으로 여행자도 지나가고, 짐꾼들도 지나가고, 야크 떼도
지나가고, 물도 구름도 바람도 순순히 지나간다. 무엇이든 그 집 앞을
지나는 것은 모두 그림이 되고, 음악이 된다. 우뚝한 설산도 집 뒤에
서서 그 살가운 삶의 이야기를 지켜보고 있다.
계곡을 따라 걷는다. 아침 햇발이 개울 물낯에 부딪혀 쨍하고
반짝이는 모습이 한 폭의 활화(活畵)다. 계곡 가에 앉아 유장히
흘러가는 것들을 하릴없이 바라본다. 하늘이 어쩌면 저렇게 푸르를 수

있는지, 햇살은 어쩌면 저렇게 농롱히 반짝일 수 있는지, 물길은 또 얼마나 감성을 충만하게 적시어 주는지, 바람은 또 얼마나 소담하게 불어와 살결을 어루만져 주는지, 물소리는 또 얼마나 고량한 울림으로 한 편의 음악을 연주해 주는지, 심지어 이 오롯한 풍경 속을 헤치고 지나가는 순례자들과 짐꾼들마저 이 풍경화 한 켠에서 자연스러운 조화를 이루며 흐르고 있다. 아! 아름답다 못해 가슴이 저리다. 발이 차마 떨어지지 않는다.

뒤를 몇 번이고 돌아보면서 고개를 온몸을 이리저리 몇 바퀴 휘휘 돌려 이 만목황량의 시린 풍경을 가만 가만 느껴본다. 이 순간 이 자연과 내가 하나가 되는 것이 아니라 그저 오직 보여 지는 것만이 있을 뿐이다. 내가 있고 보여 지는 대상이 있는 것이 아니라 그저 거기에 그것들이 홀연히 '있을 뿐'이 아닌가. 세상을 향해 오감이 활짝 열어 젖혀지면서 압도하듯 감성이 몇 배로 증폭되는 것이 아닌가 하는 착각에 빠진다. 히말라야의 묵중한 우주가 이 작은 한 존재 위로 공명하듯 밀려들어 온다. 하나 속에 전체가 뛰어들지만 모조리 흡수하고도 모자람이 없듯 감성이 광대역으로 확장된다. 발걸음이 양털구름처럼 가볍다.

계곡이 끝날 즈음 두 갈래 길이 나타난다. 물론 그냥 보아서는 이것이 길인지, 두 갈래 길이긴 한 것인지를 도무지 분간할 수 없는 그냥 길 없는 길이다. 이럴 때 포터나 가이드가 없으면 지켜 섰다가 뒤에 오는 이들에게 물어야 할 판이다. 다행히 며칠 전 이 길을 지날 때 눈여겨보면서 물길 따라 오른쪽 길이 종라(Dzonglha: 4,830m)와 촐라패스(Cholapass: 5,330m)로 가는 길임을 지텐에게 미리 들어둔 터라 혼자밖에 없는 갈림길에서 능숙히 비탈진 협로로 접어든다.

개발과 발전으로
히말라야가
사라진다

종라 길을 택해 언덕길을 오르니 3일 전에 지나왔던 두사와 딩보체 언덕, 페리체 마을이 한 눈에 환히 들어온다. 드디어 촐라패스 길로 접어든 실감이 난다. 언뜻 보기에도 저쪽 페리체 길보다 이쪽 길은 사람들의 발길이 뜸하다. 워낙 험한 설경(雪徑)이라 촐라패스를 넘는 사람은 아직도 많지 않다. 어쩌다 눈이라도 내리거나 매서운 날씨를 만나게 된다면 촐라패스를 포기하고 다시 오던 길을 내려가서 휘휘 돌아 다시 고쿄로 올라야 한다. 올라오면서 만난 팀들 중에도 칼라파타르로 갔다가 다시 내려가서 고쿄 쪽으로 다시 오르는 코스를 택하는 팀들이 여전히 더 많다. 그만큼 촐라패스는 악명이 높다. 그러나 요즘은 예전 같지가 않아 날씨만 조금 받쳐준다면 그리 큰 어려움 없이 오를 수 있다. 산을 좋아하는 사람이라면 누구나 도전해 볼 수 있기도 하다. 그도 그럴 것이 3~5년 전만 해도 이곳의 풍경이 지금과는 전혀 달랐다고 한다.
지금은 설산이라는 이름이 부끄러울 정도로 해발 7,000~8,000m 고지

봉우리 위쪽만 해끗해끗하게 눈이 덮여 있을 뿐이다. 해발 4,000~
5,000m쯤에서는 요즘 같은 10월에 눈을 보기조차 어려워졌으니
말이다. 몇 년 전까지만 해도 어지간한 해발 4,000m 고지 이상에서는
요즘에도 거의 눈으로 뒤덮여 있었다고 한다. 그때는 아이젠,
스패츠가 필수 장비였을 만큼 거의 모든 구간이 눈길이었다고 한다.
불과 3~5년 사이에 이렇게 급속도로 엄청난 일이 벌어졌다니
믿어지지가 않는다. 10년쯤 전까지만 해도 촐라패스는 아무나 넘을 수
있는 곳이 아니었다고 한다. 그 당시만 해도 요즘처럼 일반인
트레커들이 촐라패스를 넘어 다니는 것을 전혀 상상할 수 없었다고
한다. 그만큼 눈도 많이 뒤덮여 있었고 더욱이 절벽 같은 산을 올라야
하니 눈이 많을 때는 그야말로 불가능에 가까웠다고 한다.
그런데 이제는 사정이 완전히 달라졌다. 나도 사실 놀란 것이 그래도
히말라야이고 에베레스트 순례인데 산들이 다들 눈옷을 벗은 채, 위쪽
봉우리들만 눈이 살짝 쌓여 있는데다가 그것도 완전히 눈 봉우리가
아니라 햇살 좋은 곳은 맨살이 그대로 드러나 있으니 이게 명색이
설산인데 그 체면을 완전히 구긴 것이 아닌가. 이 모두가 지구온난화
때문이라니, 우리 인간들이 벌이고 있는 개발, 발전의 결과가 지금
무엇을 만들어 내고 있는지 이곳에서는 더욱 분명히 보인다. 그리고
그 속도가 얼마나 빠르고, 시간이 갈수록 얼마나 더 빨라지고
있는지가 실감이 나는 것이다.
이 우주 전체는 거대하고도 정교한 관계성에 의해 움직인다.
상의상관성(相依相關性, idam-pratyaya-ta), 연기적(緣起的)인 관계성에 의해
인간도 자연도 바람도 구름도 풀 한 포기도 서로 서로 긴밀한
연관관계로서 삶의 장결한 맥박을 뛰게 하는 것이다. 언뜻 보기에는

● 종라로 가는
언덕길에 접어들자
3일 전에 지나온
두사, 딩보체 언덕,
페리체가 한 눈에
들어온다.

연관되어 있지 않아 보이는 모든 것들이 사실은 긴밀한 관계성을
토대로 이루어진다. 인간이 그동안 저질러 왔던 수많은 자연 파괴의
역사는 인간과 자연과의 관계성을 통찰하지 못한 무지에서 나왔다.
자연이 파괴되면 그것과 긴밀한 관계를 가지고 존재하는 인간 존재
또한 파괴될 수밖에 없다는 상의상관성에 대한 무지!
이 우주를 이루는 크고 작은 일체의 모든 것은 서로 연결되어 있다.
어느 것 하나 연결고리가 끊어진 것은 없다. 풀 한 포기와 구름 한
점조차, 저 발아래 곤충과 이름 모를 작은 꽃 한 송이조차 지금 이 순간
나와 연결되어 있다. 내가 그들을 훼손하면 그들도 나를 훼손한다.
나무 한 그루를 베는 순간 우리 안의 생명의 일부가 동시에 스러져
간다. 하물며 인간이 저 편하고자 자연을 온갖 방법으로, 기술과
과학과 산업발전, 개발이라는 허울 좋은 명목 하에 합법적으로
파괴하고 훼손해 온 역사는 이제 거대한 우주적인 관계성 속에서
서서히 그 종말을 맞이하고 있다.
더 이상 파괴당하고 훼손당한 자연이 가만히 당하고 있지만은 않을
것이다. 오염된 자연은 제 스스로를 지켜내기 위해 인간의 그것처럼
자기 정화, 자연 치유를 시작한다. 그러나 황폐해진 자연이 스스로
치유되려면 그 전에 많은 아픔이 동반될 수밖에 없다. 그것이 바로
온갖 기상이변이고 지구온난화이며 엘리뇨, 라니냐 등의 전 지구를
휩쓰는 이상 현상으로 나타나고 있는 것이다. 지구도 자신을
유지시키려면 그런 방법으로라도 자기 정화에 착수하지 않을 수 없는
것이다.
사람도 내적인 병이 축적되다 보면 어느 순간 감기 같은 것으로
며칠씩 앓고 일어남으로써 자기 정화, 자기 치유를 이루어 내듯,

지구도 그런 방식으로 자기 치유를 도모하는 것이다. 그러나 인간도 어지간한 질병은 자연 치유가 가능하지만 그것이 도를 넘게 되면 질병에 의해 자신의 몸이 완전히 망가져 버리듯, 가이아(Gaia)라는 살아있는 지구 생명체 또한 어느 정도 인간에 의한 파괴의 도가 넘게 되면 그런 방법을 쓸 수조차 없게 무너져 내릴지 모른다.

지금의 기상이변을 오히려 감사하게 생각할 줄 알아야 한다. 그 덕분에 그나마 지구는 조금 더 맑은 지구를 연장할 수 있기 때문이다. 그러나 어떤가. 이러한 지구 곳곳에서 이루어지는 온갖 소식들의 무서운 속도에도 불구하고 인류는 여전히 깨닫지 못하고 있다. 여전히 전 세계 모든 국가들은 저마다 자기 나라를 더욱 빠르고 과학적인 온갖 방법을 동원하여 파괴하고 있다. 물론 그 파괴는 자연파괴라는 이름이 아니라 개발, 발전, 국가 경쟁력 강화 등의 이름으로 대체되어 장밋빛 공약처럼 퍼지고 있다. 아마도 이 지구별의 거의 모든 사람들이 또한 그것을 원하고 있을지 모른다. 더욱 더 우리 고장이, 우리나라가 개발 발전되기를 원하지 않는가. 그러나 그것은 자연이 더욱 더 정교하고 폭발적으로 파괴되기를 원한다는 것과 다르지 않다. 물론 일부에서는 자각의 물결이 일고 있지만 그들 역시 생각은 멈추길 원하면서도 몸은 그것의 안락과 편리함을 누리며 살고 있다. 전적으로 거부하지 못하는 것이다. 아니 그럴 수도 없다. 너무나도 우리들 삶의 곳곳에까지 개발과 발전이라는 복음이 속속들이 퍼져 있기 때문이다. 지금까지는 유럽과 미국, 한국과 일본 등 선진국과 일부 잘 사는 나라들에서 주로 행해졌던 이런 개발과 발전이라는 파괴의 물결이 이제 전 세계로 퍼지고 있다. 중국 13억 인구가, 인도 11억 인구가, 그리고 아프리카의 그 거대한 땅 덩어리와 사람들이, 그리고 아직 덜

9일차 종라, 내가 작아지는 즐거움

파괴된 야생이 살아 있는 그 모든 나라들이 이 엄청난 파괴의 프로젝트에 적극 동참하기 시작했다. 그나마 지금까지의 발전은 오랜 기간에 걸쳐서 일어났지만 앞으로 있을 이 나머지 나라들의 파괴는 이미 개발되어 있는 온갖 인프라와 눈부신 과학기술력, 그리고 세계화와 정보화 등에 힘입어 실로 엄청난 속도감을 가지고 속도전을 치르듯 전쟁처럼 치러지게 될 것이다. 불과 10년, 20년 만에 거대한 공룡 같은 신도시들이 세계 곳곳에 늘어나고 있다. 이 엄청난 속도를 보건대, 이대로 가다가는 지구의 운명이 불과 몇 백 년, 아닌 어쩌면 몇 십 년밖에 남지 않았을지도 모른다. 그럼에도 불구하고 여전히 사람들은 그 방식을 바꿀 생각이 없다.

종라 가는 길에 피어난 꽃들. 해발 4,500m 높이에 이런 꽃이 피어난다는 것 자체가 기적이다.

히말라야, 내가 작아지는 즐거움

불편하게
사는
즐거움

어떤 환경론자는 말했다. 지구의 운명은, 마치 거대한 빙하로
돌진하고 있는 배 안에서 안락하고 평온한 쾌락의 즐거움에 빠져 그
즐거움을 포기할 수 없기 때문에 뻔히 빙하로 돌진하는 배를 보고도
멈추려 하지 않는 것과 같다고 말이다. 이 얼마나 적절한 비유인가.
분명히 눈에 보이지만 당장에 아무 일도 없으니 그저 괜찮겠지 하며
눈앞의 이익과 즐거움과 편리에만 관심을 쏟고 있다. 아니 모두가
자기 개개인의 성공과 돈과 명예를 추구하느라 이 지구 공동체가
어디로 가고 있는지 전혀 관심 밖이다. 이제부터라도 무지를 털고
깨어나야 한다. 모두가 조금씩 불편을 감수하면서 자연을 자연 그대로
두어야 한다.
맑은 하늘, 깨끗한 공기, 푸른 자연, 깨끗한 물을 원치 않는 사람이
있는가? 이 히말라야의 감동스런 풍경과 세계 도처에 존재하는 자연의
천진함과 무한함을 즐거워하지 않는 사람이 있는가? 이 아름다운
지구별을 지켜내고 싶지 않은 사람이 누가 있는가? 그러면서도 다른

한쪽으로는 이 엄청난 파괴의 일에 모두가 동참하고 있다는 아이러니가 존재한다. 이 모든 모순을 깨고 나부터 이 지구 행성을 살리는 일에 동참해야 한다. 아주 작은 곳에서부터 시작할지라도 그 작은 것이 우주 전체와의 연관성 속에서 그윽하고도 강력한 공명의 힘을 가지고 주위로 퍼지기 시작할 것이다.

진리의 길은 언제나 눈에 보이는 그 이상의 힘을 가지고 있기 때문이다. 나만 환경을 살린다고 되겠느냐고 생각할 것이 아니라, 내가 시작할 때 그 겉모습은 작고 소박할지언정 그 힘은 무한한 공명과 울림을 싣고 전 우주로 전달되는 것이다. 그것이 아무리 작을지라도 순수 지혜의 실천의 힘은 곧 우주 전체의 힘과 연결되고, 전파되며, 강력한 동력의 단초가 된다. 내가 시작하는 것이 곧 우주가 시작하는 것이다.

그러려면 먼저 현대 문명의 이기가 주는 달콤한 편리함에서 나와 조금씩이나마 불편을 감수하고 오히려 즐기는 삶으로의 전환이 필요하다. 과학기술의 발전이라는 것은 대부분 인간의 불편함을 덜기 위해 만들어진 것이며, 우리 몸을 덜 쓰기 위해 고안된 것들이기 때문이다. 다리로 걸어가야 할 것을 자동차로 대신 움직이게 하고, 손이 해야 할 빨래며 집안 청소며 온갖 일들을 세탁기, 청소기와 온갖 기계들이 대신해 주고 있다. 몸이 여름에 더워서 불편하고 겨울에는 추워서 불편하니 온풍기와 에어컨을 만들어냈다. 이처럼 온갖 문명의 이기들의 출발점에는 불편함을 극복하려는, 불편에서 벗어나려는 의지가 담겨 있다.

그러니 거꾸로 우리 스스로 불편함을 감수하고 오히려 불편함이 주는 이익과 즐거움을 누리는 차원으로까지 되돌아가는 것이야말로 지구

환경을 지키는 출발점이 될 수 있다. 될 수 있다면 차로 갈 것을 걷거나 자전거를 탈 수도 있고, 에어컨 대신 선풍기나 부채를 들 수도 있으며, 물론 더 작게는 에어컨 온도를 낮추는 데서 출발해도 좋다. 온풍기나 보일러를 줄이는 대신 내복을 끼어 입을 수도 있고, 빨래도 너무 자주 하지 않고, 비누 없이 세수를 해 볼 수도 있으며, 구멍 난 양말을 기워 신을 수도 있다. 이런 작은 '불편의 즐거움' 속에 지구를 살리는 엄청난 계획이 담길 수 있는 것이다. 또한 그러한 불편함 속에, 자족과 청빈이라는 덕목 속에 인류의 모든 성인이 말씀했고 걸어갔던 삶의 근원적인 통찰의 지혜가 숨 쉬고 있다.

히말라야를 걷다보니 현대인의 관점에서 보자면 불편한 것 투성이다. 따뜻한 잠자리도 없고, 온풍기며 전기난로를 켤 수 있는 것도 아니다. 그토록 추운 밤을 보내면서도 방 안에 추위를 극복하도록 해 주는 것은 오직 달랑 침낭 하나뿐이다. 그렇다고 건물 벽채가 두껍고 견고하여 외부의 추위나 열을 완전히 차단해 줄 수 있는 것도 아니다. 그저 최소한의 몸 누일 공간에 벽이라고는 고작 얇은 목재 합판 하나 달랑 붙여 놓은 것이 전부라 옆방에서 자는 사람의 숨소리까지 들릴 정도로, 불편하다면 불편하고 친근하다 생각하면 그런 대로 친근한 공간이다. 어떨 때는 자다가 바로 옆에 누가 누워 자는 것 같은 숨소리와 잠꼬대 소리에 화들짝 놀라 깨기도 한다. 그저 달랑 얇은 합판 하나를 경계로 침대가 바로 옆에 붙어 있다 보니 그 사이에 낯선 그와 내가, 혹은 그녀와 내가 숨소리까지 공유하며 함께 누워 있는 것이다.

어디 그뿐인가. 오랜 곰팡이 냄새가 코를 자극한다. 그렇다고 먹을 것이 풍족하거나 다양한 것도 아니다. 샤워를 제대로 할 수도, 빨래를

9일차 종라, 내가 작아지는 즐거움

할 물도 부족하다. 먹는 물조차 200루피를 주고 사 먹어야 한다.
그러니 다른 그 어떤 문화생활이나 여가를 즐긴다는 것은 상상도 할
수 없다. 그러나 이런 불편함에도 불구하고 누구나 처음에는 조금
힘들더라도 얼마 안 가서 곧 적응을 한다. 인간의 몸이라는 것이
이토록 적응력이 뛰어나다. 조금 적응하고 나면 이윽고 이 불편함
속에서 또 다른 세상을 만난다. 불편하기 때문에 괴로운 것이 아니라
불편한 그 가운데서 또 다른 차원의 즐거움과 소박한 행복들이
깃든다. 적응을 하는 정도가 아니라, 그 불편함을 누리며 은근히
만끽하게까지 되는 것이다.

이런 단순한 일상 속에서는 머릿속이 복잡해 질 것도 없다. 일과
욕심과 집착과 온갖 계획들로 마음이 무거울 것도 없다. 마음이 단순
명료해지다 보니 그 빈 공간 속으로 대자연의 경이로움이나 고요함,
평화 같은 소식이 가만 가만 노크를 하곤 한다.

종라 가는 길에
촐라체와 아라감체
설심이 녹아 흐른
촐라초(Chola Tsho;
4,590m) 호수가
보인다

히말라야, 내가 작아지는 즐거움

종라 롯지의
평온한
오후

저 설산의 산맥과 봉우리, 계곡과 푸른 호수, 그리고 발아래 피어난 꽃들의 속삭임이 걸음걸음 이어진다. 설산의 봉우리를 흘러내린 눈의 호수가 발아래 피어났다. 그리고 얼마 안 가 바로 지척에 롯지 2개의 작은 마을 종라(Dzonglha: 4,830m)가 모습을 드러낸다. 지텐이 언덕 위까지 마중을 와서는 걱정스런 표정으로 방을 못 구했다고 한다. 대신에 텐트를 200루피에 얻었는데 괜찮겠느냐고 묻는다. 텐트 방이라도 하룻밤 몸을 누일 수 있는 것이 어딘가. 롯지에 도착해 텐트에 들어가 보니 생각보다 아늑하고 좋다. 혼자 쓰기에는 전혀 어려움이 없을 듯싶다. 값도 싸고, 추위야 침낭을 겨울용으로 빌려 두었고, 또 가져 온 모든 옷가지들을 모두 끼어 입고 자면 되니 별 걱정이 없다.

종라 롯지와 주변 풍광이 현기증이 날 정도로 아름답다. 저기 눈 앞에 내일 넘어갈 촐라패스와 그 옆에 우뚝 선 촐라체(Cholatse: 6,440m)가 보인다. 촐라체는 에베레스트 서남서 17km 지점에 위치한 6,440m

봉우리로 얼마 전 소설가 박범신의 소설로 유명세를 타게 된 곳이다. 산악인들에게는 꿈의 고지라고 하는 바로 그 촐라체의 한쪽 어깨 언덕을 내일 넘어가야 한다. 물론 일반 순례자들이 가는 곳은 촐라체 정상 봉우리가 아닌 봉우리 바로 옆에 있는 촐라체의 1,000m 아래, 봉우리와 봉우리 사이의 계곡을 넘는 것이다.

점심은 롯지에서 따뜻한 물을 작은 포트에 주문하여 텐트 안에서 속칭 뽀글이로 해결을 본다. 높은 지역은 밥값이 비싸다고 하여 라면 몇 개를 사왔더니 이렇게 때때로 밥 대신 한 끼를 거뜬히 해결해 준다. 작은 텐트 안에 앉아 침낭을 덮고 봉지라면에 물을 부어 먹는 이 맛과 운치가 색다르고 그윽하다. 이 텐트가 그야말로 수행자들이 참선하는 토굴로는 손색이 없겠다 싶다.

점심을 먹고는 조용히 텐트 안에 앉아 심유함을 즐기고 있는데 갑자기 포터들이 밖으로 우르르 몰려와서는 바로 내 텐트 옆에 옹기종기 모여앉아 오후의 따스한 햇살을 쬐면서 카드놀이를 벌이기 시작한다. 밖에 나가 보았더니 우리 지텐도 그 사이에 끼어서 한바탕 카드놀이를 즐긴다. 이 산에서 포터들이 유일하게 모여 즐길 수 있는 놀이가 카드밖에 없다. 보아하니 그리 커 보이지는 않지만 매 판이 끝날 때마다 돈이 오고 가고 탄성과 환호성이 교차하며 시끌시끌 웃음소리가 계곡을 쩌렁쩌렁 울린다. 저 나이 지긋한 포터 분들 사이에 낀 우리 어린 포터 지텐이 크게 돈을 잃지나 않을까 걱정이 앞선다. 판돈을 조금 보태어 줄까 싶다가도 밥값도 아니고 팁도 아니고 아무리 작은 놀이라지만 노름판에 돈을 보태준다는 것이 께름칙해 참기로 한다. 대신에 곁에서 한 마디 응원을 해 주었더니 으쓱 어깨가 올라간다. 다른 포터들이 코리아, 코리아를 외치며

236

히말라야, 내가 작아지는 즐거움

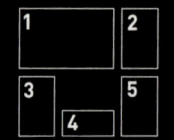

1 종라 롯지에 방을 못 잡은 이들을 위한 텐트.
 하룻밤에 200루피(약 3천 원)
2 종라 롯지의 여럿이 함께 자는 방, 도미토리
3 내 텐트 앞에서 카드놀이를 즐기는 포터와 가이드들.
4 롯지 매점 유리 너머로 카드놀이를 즐기는 여행자가 보인다.
5 종라 롯지 식당 외부 모습.

9일차 종라, 내가 작아지는 즐거움

"안녕하세요" "고맙습니다" 하고 아는 한국말을 왁자지껄 죄다 쏟아낸다. 한국인 여행자들이 많다 보니 최소한의 한국말들은 어지간히 알아듣는 눈치다. 구경을 하다가 식당으로 들어갔더니 식당 안에서도 여행자들과 가이드, 포터들이 둘러앉아 카드놀이를 즐기고 있다. 저녁 시간, 좁은 롯지 식당 안이 트레커들로 꽉 찬다. 어제 닥낙(Dragnag: 4,700m)에서부터 촐라패스를 넘어 이곳 롯지로 온 사람들이 대부분이고, 나 말고 두 팀 정도가 나처럼 내일 촐라패스를 넘어 닥낙으로 갈 여행자들이다. 그중에는 일본인 중년 남성 두 사람이 있는데, 이분들은 너무 늦게 롯지에 도착하는 바람에 방도 없고 텐트도 부족하여 하나 남은 내 옆 1인용 텐트에서 좁으나마 두 분이 함께 새우잠을 주무셔야 하게 생겼다. 롯지 야외 텐트가 두 채 있는데, 그나마 혼자 밖에서 자게 생겼구나 했는데 옆 텐트에 동지가 생겨서 반갑다. 말은 잘 안 통하지만 내일 있을 촐라패스를 위해 파이팅을 주고받으며 인사를 대신한다.
식당 중간 난로에서 야크 똥 타는 소리가 타닥타닥 들려온다. 난로 위 주전자에서 김이 모락모락 피어오른다.

10DAYS

종라
↙
촐라패스
↙
닥낙

촐라패스,

빙하와
크레바스를
넘다

10일차 촐라패스, 빙하와 크레바스를 넘다

촐라패스
정상을
향해 걷다

처음 보는 히말라야 식 텐트에서의 하룻밤, 이만하면 유수하다.
침낭이 크고 든든해 그런지 그다지 춥지도 않았고, 오히려 열댓 명이
함께 자는 도미토리보다는 훨씬 은연하고 고요하다. 옆 텐트의 일본인
어르신 두 분은 조금 비좁기는 했어도 훨씬 따뜻했을 터다.
새벽에 일어나 잠시 앉아 있자니 침낭 안과는 다르게 텐트 안의
공기는 무척 차고 음한하다. 텐트가 따뜻했던 것이 아니라 침낭의
보온효과가 뛰어났던 것임이 증명된다.
텐트 밖을 나선다. 롯지 사방의 어슴프레한 조무(朝霧)가 새벽빛을 받아
신령스럽게 깔린다. 첫 햇살의 이 따스하고 눈부신 사광(斜光)을 나는
몹시도 사랑한다. 그 빛이 내 온몸으로 파도쳐 들어올 때 그 빛
방향으로 마주서서 지긋이 눈을 감곤 한다. 가만 가만 그 화난한 빛을
온몸의 감촉으로 느끼고 귀로 듣는다. 어머님 품처럼 따뜻한 빛의
찜질이 시작된다. 밤새 얼어 있던 온몸을 포근히 녹여준다.
새벽 공기는 창창하다. 그 찬 공기와 따스한 햇살이 오묘한 조화로

몸과 마음의 균형을 맞춰주는 듯하다. 오늘 아침의 빛은 그 어떤 날보다도 더 적력하고 투명하다.

보통 종라 롯지에서 촐라패스를 넘으면 점심 때 먹을 도시락을 준비해 준다고 들었는데 지금은 준비가 안 되어 있단다. 나중에 알고 봤더니 종라에서 닥낙으로 가는 사람은 별로 없고, 반대로 고쿄리를 올랐다가 닥낙에서 종라 방향으로 오는 사람이 많아 닥낙의 롯지에서만 주로 점심 도시락을 싸 준다고 한다. 우리처럼 거꾸로 넘는 사람들은 그저 아침을 든든히 먹고 일찍 출발해서 최대한 점심 전까지는 어렵더라도, 늦은 점심이라도 먹을 수 있게 부지런히 도착하는 수밖에 별 뾰족한 수가 없어 보인다.

6시에 아침을 먹고 6시 30분에 바로 출발한다. 종라 롯지에서 바로 작은 언덕을 넘으니 텐트촌이 보인다. 새벽을 녹이는 모닥불 김도 모락모락 나고 사람들의 움직임도 활발하다.

저 멀리 보이는 촐라체 아래까지는 그저 준평한 초원길이다. 그 초원 중간으로 작은 물줄기가 언 채로 흘러내린다. 아직 햇살은 눈부시다. 산 아래까지 걸었더니 종라 쪽에서 현지인 한 사람이 빈 몸에 빠른 발걸음으로 다가온다. 그저 빈 몸으로 촐라패스를 넘는 것이다. 물도 하나 챙기지 않고, 먹을 도시락도 챙기지 않은 채 말이다! 연유를 물었더니 저쪽 반대편 닥낙에 일행들이 있는데 자신은 그들의 포터로 어제 미리 촐라패스를 넘어 이곳 종라에 그들을 위한 롯지를 잡아 놓고 오늘 새벽부터 다시 촐라패스를 넘어 닥낙으로 갔다가, 자신의 짐을 챙겨 또 다시 촐라패스를 넘어 와야 한다는 것이다. 맙소사! 우리는 한 번 넘기도 힘든 촐라패스를 이틀에 걸쳐 무려 3번이나 넘어오고 넘어가야 한다는 것은 아무리 현지인이라는 것을

10일차 촐라패스, 빙하와 크레바스를 넘다

감안한다고 해도 쉬이 믿어지지 않는다. 그러나 그는 별일 아니라는 듯 그저 뒷산 오르는 듯 빈 몸으로 가볍게 눈앞에서 사라져 저벅저벅 저 가파른 촐라패스의 절벽을 오르고 있다.

드디어 촐라패스를 본격적으로 오를 순간이다. 마음이 이 촐라패스를 오랜 시간에 걸쳐 다 오르겠다고 생각하면 그 긴 시간의 부담과 힘겨움을 매 순간 짊어지고 가는 것이다. 그건 그 높은 촐라패스를 어깨에 짊어지고 오르는 것처럼 부담스러운 일이다.

내가 칼라파타르에 다녀오는 것이 힘들었다고 하자 지텐이 촐라패스는 그 두 배 정도 힘들다고 겁을 주었었다. 그랬으니 그 무거운 마음으로 미리부터 두려운 마음을 짊어지고 오른다면 그야말로 '두 번째 화살을 맞는' 격이다. 첫 번째로 실제 오르는 것이 힘들어 첫 번째 화살을 맞으면서, 두 번째로는 실제 있지도 않은 미래에 대한 두려움과 부담감을 현재에까지 가져와 미리부터 근심을 짊어지고 올라감으로써 두 번째 화살을 맞는 것이다.

매 순간 걸을 때는 오직 다음 발걸음만 있을 뿐이다. 그저 다음 발걸음을 매 순간 현재에 걸으면 되는 것이지 매 순간을 미래의 부담감, 저 높은 촐라패스를 몇 시간에 걸쳐 넘어야 한다는 무거움을 짊어지고 걸을 필요는 없는 것이다. 우리에겐 언제나 '지금 이 순간'만이 존재한다. 미래는 우리의 생각과 상상력이 만들어 낸 허구일 뿐이다. 내 스스로 허구를 만들어 놓고 그 허망한 생각에 짓눌려 현재를 무겁게 살아갈 필요는 없지 않은가.

나는 지금 촐라패스를 넘는 것이 아니라 그저 다음 발걸음을 내디딜 뿐이다. 그것이 전부다. 다음 발자국은 언제나 가볍다. 늘 부담이 적다. 그저 한 발자국이니까. 물론 나중에 가서 다리가 아플지라도 그건 그때의 일이지 지금과는 전혀 상관없는 일일 뿐이다. 짊어진 마음의 무게가 가벼우면 매 순간이 가볍다.

조금 오르다 보면 이제 본격적으로 절벽 같은 가파른 바윗길을 수직으로 톺아 올라야 한다. 바위산이 부서져 조각조각 무너져 내리고 부서진 큰 바윗돌들을 계단삼아 저 높이까지 기어오르듯 아슬아슬하게 오르는 것이다. 아마도 이 또한 한국에서처럼 낮은 고도에서는 그다지 힘든 일이 아니었으리라. 여기는 고도가 높다 보니 몇 발자국 기어오르는 일이 만만치가 않다. 바위 몇 개를 오르고 나면 가쁜 숨을 몰아쉬며 잠시 앉아 쉬어 줘야 한다. 호흡이 가빠지고 더욱 거칠어진다. 두 발로만 오르는 게 아니라 두 손, 두 발을 다 써서 네 발로 느릿느릿 헉헉거리며 오른다.

중간쯤 오르다 보니 저 멀리 발아래로 어제 내 옆 텐트에서 주무셨던 일본인 어르신 두 분이 포터, 가이드와 함께 이제 막 촐라패스 입구에 도착해 있는 것이 보인다.

10일차 촐라패스, 빙하와 크레바스를 넘다

아슬아슬
빙하지대를 넘는
사람들

반벽강산의 풍광을 읊조리며 가파른 초애(峭崖) 위를 올라서니 이제부터는 툭 터진 만년 설원의 눈 세상이 펼쳐진다. 그러고 보니 직접 눈을 밟는 것은 이번 트레킹에서 지금이 처음이다. 낭떠랑 끄트머리에 올라서서 뒤돌아 아랫녘을 바라보자니, 아! 정신을 잃은 듯 요연하고 아득해진다. 비로소 말 그대로 설산 위에 하얀 눈을 밟고 선 것이다!

그렇다고 눈이 너무 많이 쌓여 아이젠이나 스패츠 없이 못 걸어갈 정도는 아니다. 눈 사이로 사람들이 수도 없이 다녀가 길이 잘 나 있다. 미끄러지거나 잘못 디디지만 않으면 큰 문제는 없어 보인다. 그러나 눈길을 잘못 디디게 되거나 자칫 실수로 미끄러지면 저기 아래 빙하 지역까지 거칠게 미끄러질 판이다.

10여 년 전부터 산에 다닐 때마다 신어 오던 등산화를 발에 익숙하다고 그냥 신고 왔더니 그전에는 몰랐는데 이곳 산길을 걸으면서 많이 미끄러지고 있다는 것을 깨닫는다. 전에는 바위를

다녀도 발이 바위에 착 달라붙는다고 느꼈는데 이제는 전 같지가
않다. 신발 바닥을 살펴보니 너무 닳아 있는 탓이다. 그래도 어쨌든
발과 신발이 착 달라붙어 한 몸처럼 익숙하니 지편하기로 따진다면야
새 신발과 견줄 수 없다.

천천히 저어가듯 정신을 바짝 차리고 한 발 한 발을 내딛는다. 눈 덮인
오르막에서는 현지인 포터나 짐꾼들도 소용이 없다. 아무리
능수능란하고 오랜 경험이 있는 이들일지라도 조심조심 온 신경을
곤두세우며 걸어도 미끄러지기 일쑤다. 나는 올라가는 처지라 오히려
덜 미끄러지는데, 내려오는 사람들의 더듬거리는 근밀한 모습이 볼
만하다. 오랜 경험으로 어떤 험난한 산세에도 끄떡없을 것 같던
포터나 짐꾼들도 오히려 이런 어설픈 모습을 보여주니 더 정감이 가고
저들도 이곳에서는 역시 나와 똑같은 사람이구나 싶은 인간미마저
느껴진다.

포터 한 명이 우당탕거리며 미끄러져 넘어지면서 활짝 하얀 이를
드러내고 웃는다. 모두들 미끌미끌 넘어지고 앉아서 슬금슬금 기고
일어서기를 반복하면서 조마조마하게 눈 덮인 언덕길을 오르고
내려간다. 이 구간에서만큼은 경력도 경륜도 별 소용이 없고,
현지인이며 여행자며 할 것 없이 모두가 소심익익해지지 않을 수
없다. 그야말로 모든 차이가 없어지고 대자연의 장대함 앞에
한 인간으로서 겸손한 평준화가 이루어진다.

이 위험천만한 마의 구간에서는 모두가 절친한 친구다. 서로가 서로를
도와주고 격려해 주는 벗이 된다. 반질반질 미끄러운 내리막을
아스라이 내려와서는 활짝 웃고 합장하며 "나마스떼!"를 외치는
짐꾼의 미소가 천연스럽고도 다정하다.

10일차 촐라패스, 빙하와 크레바스를 넘다

꽈당거리며 넘어지고 미끄러지면서도 이 사람들은 심각하지가 않다. 매우 즐겁고 유쾌하게 미소 짓고, 흥얼흥얼 노래까지 부르며 그 무거운 짐을 운반해 간다. 등짐품이라 생각하고 심각해진 사람이 이 길에서 한바탕 넘어졌다면 결코 저런 표정이 나올 수 없을 것이다. 이토록 무거운 짐을 지고 이 긴긴 오르막을 일로써 오르내리면서도 그다지 심각하거나, 이런 삶을 비관하거나, 마지못해 돈벌이로 하는 것처럼 보이지가 않는다. 그저 이 삶을 받아들이며 이왕에 주어진 것 무겁고 힘겨워도 웃으며 나아간다.

하기야 이렇듯 아름다운 히말라야 설산을 무대로 산과 하나 되어 걷는 사람의 표정이 무겁고 심각하며 삶의 찌든 때를 다 안고 걷는다는 것은 언뜻 보기에도 이 설산과는 어울리지 않는다. 아마도 심각하고 비관적이던 사람일지라도 산의 영적인 기운과 파장이 그 사람을 영감 어리고 신비로우며 생기와 총기가 넘치는 대자연의 천연 주파수로 바꾸는 것일지도 모르겠다는 생각이 들었다. 삶을 심각하게 생각지 않고 즐길 수 있다는 것이야말로 얼마나 중요한 삶의 덕목인가.

촐라패스 눈길을
걷는 짐꾼들.

삶을 심각해 하지 말라

삶을 너무 심각하게 여길 필요는 없다. 너무 인생을 짐 진 사람처럼 무겁게 힘겹게 살아갈 것은 없지 않은가. 너무 심각하고 무겁게 생각하는 사람 대부분은 무언가에 그만큼 유우하게 빠져 있거나, 집착하고 있거나, '반드시 이렇게 되어야만 한다'는 어떤 마음의 짐들을 너무 많이 짊어진 탓이기 쉽다. 그야말로 자기 스스로 마음의 짐을 만들어 짊어지고 있는 것이다. 그러니 삶이 얼마나 힘들고 무겁고 심각해지겠는가.

삶을 가볍게 받아들이라. 어떤 것에도 너무 과도한 중요도를 부여하지 말라. 어떤 한 가지 대상이나 일이 너무 중요해지면 곧장 경직되고 심각해지게 마련이다. 삶에 긴장을 풀고 모든 것들에서 유머와 해학을 찾으라. 마음의 무게감에 힘을 빼고 어떤 대상에도 가치나 값을 과도하게 매기지 말라. 사실 우리 삶에는 그리 심각할 만한 어떤 것도 없다.

세상 모든 것이 실체 없이, 항상 하는 바 없이, 그저 인연 따라 잠시 왔다가 인연이 다하면 가는 것들일 뿐이지 않은가. 소유도 사랑도 명예도 권력도 가족도 심지어 우리의 생명까지도 잠시 왔다가 100년도 안 되는 잠깐 사이에 사라지는 것들일 뿐이다. 어떤 천상세계에서는 우리의 1,600년이 그들의 하루에 불과하다고 하니, 우리에게는 100년이라는 세월 동안 온갖 욕심을 채우고 삶에서 성공하려 애쓰는 그 각급한 세월이 천상에서 본다면 그저 잠깐 사이의 찰나 정도밖에 안 되는 것이다.

부처님 경전에 보면 실제 이런 이야기가 나온다. 한 천상 세계의 여인이 남편과 함께 꽃을 따는 작업을 오전 중에 하다가 잠시 사라졌다가 나타난 것이다. 한두 시간 사이라 남편은 별 생각 없이 어디를 좀 다녀왔느냐고 물었더니 바로 그 짧은 순간 동안 아내는 인간으로 환생하여 수십 년 동안 결혼하여 아이도 낳고 살다가 이렇게 죽어 다시 남편 곁으로 온 것이다.

그러니 우리 삶이 얼마나 무상한가. 그러한 무상의 이치를 이해한다면 그 허망한 것들을 꽉 붙잡지 못해 안달할 것도 없고, 너무 심각하게 생각할 것도 없다. 지위가 높아졌다가 낮아지고, 돈도 많았다가 적어지고, 사랑도 왔다가 가고, 즐거운 일도 괴로운 일도 그렇게 생겨났다가 사라지는 것일 뿐이지 않은가. 그렇게 이 세상 모든 것들은 다만 연극처럼 꿈처럼 인연 따라 잠시 오고 가는 것들일 뿐이니 그 순간 주어진 삶을 충분하게, 그 삶의 연극을 즐기며 살기에도 바쁜 시간인 것이다. 욕심 때문에 삶을 충분히 진하게 살지 못한다는 것이야말로 얼마나 어리석은가. 그런데도 사실 많은 사람들은 욕심과 집착을 키우느라 정작 중요한 '삶'을 살지 못하고 있다. 충분히 순간순간 주어진 삶을 누리고 만끽하며 변해간다는 이치를 너무 심각하게 여길 필요도 없다. 그것은 좋은 것도 아니고 나쁜 것도 아니다. 다만 변화할 뿐인 것이다.

사랑이 온다고 좋을 것도 없고, 떠나간다고 슬퍼할 것도 없다. 연극의 주인공이 맡은 배역을 열심히 하되 연극이 끝나면 바로 그 배역에서 빠져나와 자신의 삶을 살아가듯, 사랑이 떠나가더라도 그 인연이 다했고 그저 가야 할 때가 되어 가는 것일 뿐이다. 어차피 그 사람은 언젠가 떠나갈 것이었다.

될 수 있다면 이 세상을 유쾌하고 즐겁게 살라. 기분 나쁘거나 좋지 않은 상황이 오더라도 한바탕 웃음과 천진한 익살로써 넘길 일이다. 모든 것을 심각하게 여기거나, 삶에 너무 긴장감을 느끼면 그만큼 삶이 피곤해지고 버거워진다. 삶이라는 것은 생존을 위해 너를 죽이고 내가 살아야 하는 투쟁과 다툼의 장이 아니라 다만 즐거운 하나의 놀이이며 흥미로운 드라마다.

이 5,330m 고지, 눈 덮인 촐라패스를 미끄러져 가는 저들의 웃음처럼 삶은 우리가 생각하는 것처럼 그렇게 묵직하거나 더넘스러운 것이 아니다. 심지어 잘 알고 지내던 사람과의 영원한 이별인 죽음 앞에서일지라도 사실 알고 보면 그리 크게 심각해 할 일은 아니다. 어차피 누구나 그 순간은 겪게 마련이다. 언젠가 찾아올 일이 다만 지금 찾아온 것일 뿐, 그 이상도 그 이하도 아니다. 죽음에 대해 우리는 절실하게 느끼고, 비관적인 시각으로 바라보도록 그동안 배워왔고 주입 받아 와서 그렇지 죽음이 왜 고통스럽고 엄혹한 것이어야만 하는가. 사실 죽음이란 다만 삶의 또 다른 연장일 뿐이다. 그것은 종말이 아니고 끝이 아니다. 그 또한 다만 하나의 변화의 과정일 뿐이다. 그것을 그리 심각하게 여길 필요는 없다. 그래서 장자는

자신의 아내가 죽었을 때 돗자리에 앉아 대야를 두드리며 노래를
불렀다고 한다. 아내의 죽음이 그저 사계절의 자연스런 변화와 다르지
않은 것이다.

또한 불교에서는 사람이 죽더라도 곡을 하거나 울지 말라고 말한다.
유교에서는 죽은 귀신을 불러들이고 후손들 곁에 남아서 돌봐달라는
의미로 못 떠나게 하려고 곡을 하며 눈물을 흘림으로써 혼백을 붙잡아
두려고 애쓴다. 그러나 불교적 전통에서는 죽은 자는 더 이상 이생에
미련 없이 잘 떠나도록 해 주는 것이 영가를 위한 가장 지혜로운
배려요, 마지막으로 할 수 있는 후손의 선물이라고 본다. 그래서 흔히
유교의 제사는 '오십시오'라고 하는 의식이라면 반대로 불교의
재(齋)는 '가십시오'라고 하는 의식이라고 한다. 가야 할 분은 자신의
길을 찾아 온전히 가도록 내버려 두어야 하는 것이다.

마땅히 변화할 때가 되면 변화하도록 놓아주어야 한다. 아니 사실은
우리는 매 순간 끊임없이 변화하고 있고, 나고 죽기를 반복하고 있지
않은가. 그것이 우주적인 질서이고 그 자신의 온전한 삶의 길이다.
아마도 그가 살면서 아름답고도 선한 삶을 살았다면 그는 오래된 낡은
몸뚱이를 버리고 새로운 몸과 새로운 부모와의 새로운 인연으로
아름답게 거듭날 것이다. 그것은 어둡고 탁하며 두려운 느낌이 아니라
새롭고 찬란하며 축하해 주어야 할 무엇이다. 물론 『티베트 사자의
서』에서 말하듯 조금 더 깨어 있는 삶과 지혜를 닦은 사람이라면 죽는
순간이 가장 깨달음을 얻기 좋은 때임을 놓치지 않고 새로운 차원의
저 빛과 숲 너머의 세계로 나아갈 수도 있을 것이다.

이 정도가 된다면 삶의 그 어떤 문제가 심각해 질 수 있겠는가. 나
자신의 죽음조차 그리 심각한 어떤 문제가 아니라 자연스럽고

히말라야, 내가 작아지는 즐거움

조화로운 삶의 한 방식이라는 것을 안다면 그 어떤 근심 걱정이 있겠는가 말이다. 이만한 지혜 속에서는 살아가면서 느끼는 그 어떤 고민도 근심도 걱정도 한바탕 웃음과 해학으로써 흥겹게 받아들이며 넘어갈 수가 있을 것이다. 이 촐라패스를 즐겁고 유쾌하게 넘어가는 저들의 천진한 미소처럼 말이다.

해발 5,330m 촐라패스 고갯마루에서 잠시 휴식을 취한 뒤 다시 긴긴 내리막길을 가야 한다.

10일차 촐라패스, 빙하와 크레바스를 넘다

최악의 오르막을
앞두고 펼쳐진
콘서트

햇살에 순수하게 반짝이는 투명한 눈길을 스멀스멀 굼뜬 걸음으로 흘러간다. 처음으로 어렵게 구해 온 선글라스를 끼어본다. 그야말로 이 정도의 선명한 눈과 투명한 햇살이 반사되면서 피부와 두 눈을 뚫고 스며들어오는 빛의 침투력은 충분히 시력을 앗아가고도 남을 법하다. 선글라스를 벗으면 그야말로 두 눈을 반짝이며 뜨고 있을 수가 없을 지경이다. 햇살 가득한 창가에서 눈 부비며 일어날 때 눈을 뜰 수 없는 것처럼 이 높은 고도에서의 햇살은 쨍하다 못해 아뜩할 정도다.

어느덧 촐라패스 가장 높은 고지가 바로 저기 코앞이다. 촐라패스의 고갯마루 가장 높은 고지에 가까이 오니 조금씩 반대쪽 닥낙에서 출발해 촐라패스를 넘는 이들의 숫자가 늘어난다. 나중에 들은 얘기인데, 이쪽 종라에서 닥낙으로 넘어가는 것보다 닥낙에서 종라로 넘어가는 것이 더 쉽고 수월하다 보니 더욱 많은 사람들이 고쿄를 먼저 들렀다가 촐라패스를 넘어 칼라파타르로 향하곤 한다고 한다.

직접 넘어보니 그 연유를 충분히 알겠다.

드디어 눈길을 저어 촐라패스의 가장 높은 협곡까지 도착. 오고 가는 순례자들이 극침(棘針)의 강쇠바람 골바람을 온몸으로 맞으면서 잠시 숨을 돌리고 앉아 있다. 찢어질듯 휘날리는 룽다가 반가이 사람들을 맞아준다. 고지에 서자마자 바로 저 고쿄와 닥낙 쪽 풍경이 거침없이 파노라마처럼 펼쳐진다. 지금까지 보아 왔던 설산이 아닌 전혀 새로운 세계, 전혀 다른 별유선경(別有仙境)이 '두둥!' 하고 시야 앞으로 툭 터진다.

아, 이제야 알겠다. 이래서 쿰부 지역을 고쿄와 칼라파타르 두 지역으로 나누는 것이었다. 그저 쿰부 설산 하면 될 것을 왜 굳이 고쿄 지역과 칼라파타르 지역을 나누는 것일까 하던 궁금증이 단박에 해소되었다. 쿰부의 골짜기가 다 비슷비슷하겠지 하던 생각이 감사하게도 쾌쾌히 빗나가 주었다.

한참을 아득히 바라보다가 문득 지금의 상태가 춥고 배고프다는 것을 깨닫는다. 두꺼운 옷을 꺼내 입고 가져왔던 비상식량을 지텐과 둘이 앉아 주섬주섬 주워 먹는다.

지텐이 먼저 내려가며 닥낙 롯지를 예약하고 있을 테니 천천히 즐기며 내려오라고 한다. 이제부터는 눈길이 끝나고 자잘하게 부서진 바윗길, 돌길의 가파른 급사면을 내려가야 한다. 이 또한 거의 수직으로 내리꽂히는 말 그대로 주판지세(走坂之勢)의 급경사길이다. 더욱이 이 경사진 하산 길은 말이 돌길이지 특별히 길이라고 할 만한 길도 없을뿐더러, 전부가 부서진 바윗돌 위를 걷는 것이다 보니 발자국의 흔적 같은 것도 찾을 수가 없다. 그저 감각으로 걷거나, 저기 멀리서 올라오는 이들을 보고 그 방향을 가늠하며 나아가야 한다.

10일차 졸라패스, 빙하와 크레바스를 넘다

이 작게 부서진 바윗돌들이 지금도 계속해서 흘러내리고 부서져 내리고 있는 것인지 발을 내디딜 때마다 흔들리고 미끄러지고 움직이느라 자칫 잘못 발을 내디뎠다가는 크게 내동댕이쳐질 판이다. 어느 돌을 밟아야 할지가 매 순간 관건이다. 정신을 바짝 차리고 흔들바위 같은 흔들 돌길을 땅만 보고 걷는다.

30여 분쯤 내려오니 짐꾼 여럿이서 바위 여기저기에 걸터앉아 노래를 부르며 흥겹게 쉬고 있다. 저 여유와 행복감은 도대체 어디에서 나오는 것일까? 신발도 변변찮은 것들을 신고 저 무거운 짐을 지고서도 쉬면서 한숨을 쉬는 것이 아니라 환히 웃으며 흥겨운 노래라니! 아마도 우리 같으면 '이제부터 진짜 가파른 길이 시작될 것인데…' 하면서 미리 걱정하고 근심하면서 얼굴을 잔뜩 찌푸리지 않았을까.

그런데 이들은 노래를 부르며 지금 이 순간의 행복을 만끽하고 있는 것처럼 보인다. 한 사람이 큰 소리로 웃으며 노래를 부르고 곁에 앉아 있는 이들은 때때로 '얼쑤' 하듯 추임새를 보태거나, 따라 부르거나 혹은 간간이 박수를 치며 환호함으로써 이 낭색의 생생한 음악회 자리가 점점 흥겨워지고 있다. 뒤따라 올라오던 외국인 여행자들도 힘겨운 발걸음에 무겁던 얼굴이 일순간 활짝 피어나며 환호와 박수를 보낸다. 순간 이 쩍지고 버거운 졸라패스의 중턱 고비가 즐겁고도 흥겨운 작은 축제처럼 바뀌면서 마음에도 신명진 흥과 운치가 솟아나는 듯하다.

주변 사람들의 환호에 힘입어, 또 여행자들의 힘겨운 발걸음이 가벼워지고 심각하던 얼굴들에 미소가 띠어짐을 보자 내친 김에 제 스스로 앵콜 곡까지 두어 곡을 내리 부른다. 노래가 네팔

국민가요라고 할 만한 '레쌈 삐리리(Resham Firiri)'로 이어지면서 작은 콘서트는 클라이맥스로 치닫는다. 나도 너무나 익숙해 거의 외웠을 법한 노래가 바로 레쌈 삐리리다. '레쌈'은 비단 손수건, '삐리리'는 흔든다는 의미로 '손수건을 흔들며' 정도의 제목이 아닐까 싶다. 내용을 보면, 사랑의 감정을 사냥에 비유해 만들어진 노래라고 하는데, 그 뜻은 대강 '한 방 두 방 총을 쏘아 보지만 내가 진정 쏘고 싶은 것은 사슴이 아니라 사랑하는 님의 마음'이라고 하는, 그야말로 통속적인 사랑가다. 그래도 우리나라로 치면 아리랑 같은 네팔 전통 민요인데, 네팔 사람들이 모인 자리에서는 어김없이 쉽게 들을 수 있는 터라 네팔을 여행해 본 사람이라면 누구나 한번쯤 들어보았을 법한 노래다.

하하! 참 이 장엄한 대자연 설산 한 가운데서, 그것도 가파른 최악의 오르막을 눈앞에 두고 이런 정감어리고 살풋한 아름다운 풍경이라니. 덕분에 내 가슴도 사르르 녹아내리는 듯하다. 나도 저절로 흥이 나 몇 소절 따라 불렀더니 환호성과 노랫소리가 더욱 활기를 띤다. 그리고 한바탕 노래가 끝나자 또 다시 아쉬운 여흥을 뒤로한 채 무거운 짐들을 짊어지고 한 발 한 발 묵직한 발걸음을 다시 옮긴다. 내 마음도 덩달아 흥이 붙었다. 흥얼흥얼 혼자 노래를 부르며 내리막길을 걷는다.

닥낙 내리막길도 끝났구나 싶어 이제 다 왔는가 했는데 그게 아니었다. 다시 큰 언덕 하나가 길을 막아선다.

언덕을 오르기 전 드넓게 펼쳐진 숨숨한 초원 위에서 잠시 길을 벗어나 앉았다가 아예 등을 대고 벌러덩 드러눕는다. 햇살이 따가워 모자로 얼굴을 푹 눌러 덮는다. 그리고는 숨을 느끼고 햇살의

따스함과 간들거리는 선선한 바람과 등 뒤에서부터 스며드는
흙내음을 가만가만 느껴본다. 지금 이 순간의 아늑한 평화와 평안을
안으로 안으로 살며시 살펴본다. 아주 잠깐 사이에 꿈인지 생시인지
모를 여윈잠이 달콤하게 스쳐간다. 잠시지만 깜빡 이 낯선 곳에서
잠이 들었다는 사실에 화들짝 놀라 벌떡 일어나 다시 걷기 시작!
영마루 위에 올라 하염없이 펼쳐진 초원과 산과 하늘을 바라본다.
아마도 처음 보는, 닥낙 이정표가 바윗돌에 새겨져 있다. 세계적으로
유명한 트레킹 코스이고 전 세계에서 수많은 트레커들이 찾는 곳임을
생각했을 때 이 산 어디에도 이정표를 찾아볼 수 없다는 것이야말로
또 다른 히말라야의 매력이 아닐까. 만약 포터와 함께 하지 않는다면,
갈림길이 나오면 그저 알아서 찾아가거나, 자신의 감에 의지하거나,
그도 아니면 기다렸다가 다른 포터나 가이드를 동반한 여행자의
뒤꽁무니를 슬그머니 따라가야 한다. 처음 보는 닥낙 이정표가 오히려
신선할 정도. 하기야 이것 또한 말이 이정표지 커다란 바위 끄트머리
한 켠에 누군가가 특별히 의도한 바 없이 재미삼아 써 본 것이라는
추측이 들 정도로 꾸불꾸불한 서체의 'Dragnag'이 쓰여져 있을
뿐이다.

계곡을 따라 천천히 내려간다. 이 내리막이 금세 끝날 것 같으면서도
생각보다 길다. 계곡 물소리에 말을 맞추며 생각이 끊어진 채 그저
걷고 또 걷다 보니 어느덧 1시간 조금 넘어 드디어 닥낙 마을에
도착한다. 지텐이 먼저처럼 또 한참을 미리 나와서 기다리다가 반갑게
맞아준다.

방은 여전히 없고 어렵게 도미토리를 구해 놓았다. 롯지 도미토리
침대에 짐을 풀고 점심을 먹으러 식당에 앉았는데, 닥낙에

히말라야, 내가 작아지는 즐거움

도착하면서부터 머리에 지끈지끈 통증이 느껴지기 시작하더니 깨질 것처럼 더욱 아파온다. 도착과 함께 마음이 풀려서 그런지 전에는 이런 적이 없었는데 입맛도 없고 머리는 깨질 듯이 아프고 기운이 죄다 빠져나가는 듯하다. 지텐이 곁에서 여느 때와 달리 축 처져 있는 나를 지켜보더니 사실은 자신도 머리가 아프다고 하면서 주로 촐라패스를 넘고 나면 거의 대부분의 사람들이 가벼운 고산 증세로 편두통을 경험한다고 한다. 그도 그럴 것이 오늘 오른 고도와 또 그렇게 오르고서 다시 갑자기 고도를 뚝 떨구어 놓았으니 그럴 수밖에 없다는 얘기다. 한두 시간 쉬면 금방 나아질 것이라던 지텐의 얘기는 정확하게 들어맞았다. 두어 시간 지나니 언제 그랬냐는 듯이 몸 상태가 다시 돌아와 있다.
롯지 앞 계곡에서 끌어 온 호스에서 계속해서 물이 흘러나오고 있다. 샤워는 못 할지언정 그간 밀린 빨래도 하고 몸도 씻고 났더니 한결 홀가분해진다.
이렇게 촐라패스를 넘었다. 그러고 보니 이제 조금씩 이 쿰부에서도 하산할 날이 얼마 남지 않았다. 아쉬워라.
저녁을 먹고 롯지 바깥으로 나가 졸졸 흐르는 물소리를 듣는다. 초롱초롱 반짝이는 별들이 눈 호수로 뚝뚝 떨어져 들어온다. 롯지 식당은 아직 여행자들의 이야기꽃으로 훈풍이 돈다. 이렇게 또 하루가 흐르고 있다.

해발 4,500m 고지에서 피어난 이름모를 꽃, 그 생명력에 감동!

11 DAYS

닥낙
↙
고쿄
↙
고쿄리
↙
고쿄

쿰부 설산의
장엄한
파노라마,

고쿄리

11일차 쿰부 설산의 장엄한 파노라마, 고쿄리

부풀려진 미래라는
환상에
속지 말라

벌써 에베레스트 순례가 11일차로 막바지로 접어들고 있다. 한편으로는 너무 아쉽고도 아쉬워 며칠 더 묵을까 싶기도 하고, 그러나 또 한편에서 올라오는 마음을 관찰해 보니 아이러니하게도 '내일이면 드디어 내려가는구나' '3~4일쯤 후면 카투만두에 도착하겠지' '빨리 이 트레킹을 끝내고 미얀마로 가야지' '빨리 이 모든 일정을 마치고 한국으로, 나의 일상으로 돌아가야지' 하는 생각들이 스멀스멀 구름처럼 폴폴거리며 일어나는 것이 보인다. 도대체 어떤 마음이 진짜 내 본심인가. 이 역설적인 두 가지 마음을 관찰해 본다. 그리고 보면 꼭 이번만이 아니라 늘 내 마음속에는 다음 순간의 그 어떤 일을 꿈꾸는 누군가가 존재해 왔다. '지금 여기'에 온전히 존재하지 못하고 늘 미래를 기다리고, 다음 순간에 있을 즐겁고 설레는 무언가를 꿈꾸는 또 다른 나, 그것이 바로 아상(我相)이요, 에고였다.

이놈의 아상은 시도 때도 없이 슬그머니 기어 올라와 나를 지배하려고 애를 쓰곤 한다. 아상은 지금처럼 늘 내일을, 미래를 꿈꾼다. 내일 있을 어떤 일은 지금 여기에서 일어나는 일보다 더 매혹적이고 설레며 좋은 것일 것이라는 그 어떤 막연한 과장과 기대를 담고 있다. 그 때문에 끊임없이 '지금 여기'가 아닌 미래를 꿈꾸는 것이다. 상상은 언제나 현실보다 더 부풀려져 있게 마련이다. 그러나 그렇게 꿈꿔오던, 혹은 기대해 오던 미래가 현실이 되었을 때 과연 지금 생각처럼 그 현실이 실로 매력적이고 설레는 순간으로 다가오는가? 그렇지 않다. 그것이 현실이 되면 또 다시 그저 그런 순간으로 전락하고 만다. 바로 내가 그렇게 원했던 그 순간에조차 그 순간의 삶을 충분히 누리고 만끽하며 느껴보지 못하는 것이다. 그러고는 또 다시 다음에 있을 미래를 과장하여 계획하고 상상하며 새로운 또 다른 미래를 꿈꾸는 것이다.

우리 삶을 가만히 되돌아보면 이런 삶의 끊임없는 반복이다. 매 순간 미래의 환상에 속으면서도 습관처럼 또 다시 환상을 품는다. 이것이 바로 정확히 아상이 꾸며내는 일의 실체다. 어차피 무언가를 기다리고 상상하며 부푼 꿈으로 계획하는 미래가 사실은 그다지 매력적이거나 매혹적이지 못하다면 왜 자꾸 그런 미래를 기다리느라 '지금 여기' 현실에서 생생하게 벌어지는 현재의 가치를 평가 절하하는가. 왜 현재를 온전히 살아내지 못하는가. 우리는 언제나 미래를 꿈꾸고 기대하느라 현재를 무참히 짓밟아 버린다. 현재는 그다지 관심의 대상이 아니다. 현재는 늘 재미도 없고 밍숭맹숭하다. 그다지 중요한 것 같지도 않다. 그럴 바에야 더 나은 미래를 꿈꾸는 게 낫다고 여긴다. 정말 그럴까?

'더 나은 미래'는 없다. 그 미래가 실현되는 순간은 언제나 현실일 뿐이기 때문이다. 그리고 우리의 방식은 언제나 현재를 홀대해 왔다. 현재를 홀대하며 미래를 꿈꾸는 것으로 지금 여기의 삶을 소외시켜 왔고, 오직 환상과 기대와 막연한 꿈의 신기루 속에서 주어진 삶을 외면해 왔다. 그러니 아무리 환상적인 미래가 온들 그것이 현재가 되었을 때 다시 그것은 여지없이 습관처럼 홀대되고 마는 것이다. 그것이 현재가 되는 순간 가치가 떨어지는 것이다. 왜냐고? 우린 언제나 '지금 여기'라는 현재를 그다지 중요히 여기지 않았으니까. 그것이 우리의 습관적인 삶의 방식이다.

이게 얼마나 가치가 전도된 일인가. 진실은 이렇다. 미래는 없다. 우리에겐 오직 현재만이 있을 뿐이다. 환상적으로 부풀려지고 꾸며진 미래는 우리 생각과 상상이 만들어낸 허구일 뿐이다. 허구에 에너지를 쏟느라 '지금 여기'라는 진실을 끊임없이 축소시키고 있다. 우리 삶의 모든 에너지와 생명력의 원천인 지금 이 순간을 놓치면 과거와 미래 전부를 놓치는 것이다. 삶 전체를 놓치는 것이다. 애석하게도 우리는 매 순간 삶 전체를 놓치며 살아가고 있다.

'지금 여기'로 돌아오라. 우리가 부푼 기대와 추구로 기다리고 있는 미래는 결코 '지금 이 순간'보다 더 아름답거나 신비롭지 않다. 아무리 대단한 성취와 장밋빛 미래일지라도 그것은 결정코 현재와 별도로 이루어진 것이 아니다. 미래의 그 어떤 순간도 바로 지금 이 순간보다 더 향기로울 수는 없다.

그렇다면 왜 그렇게 습관적이고 반복적으로 심지어 강박적으로 무언가 오지 않은 미래를 기다리는가. 우리의 기대와는 다르게 기다림의 끝에는 언제나 '현재'밖에 없다. 그렇다면 긴긴 기다림의 끝에 얻을 수 있는 현재를 추구할 것이 아니라 당장에 기다림이라는 중간 과정을 없애고 바로 지금 당장에 그 '현재'를 생생하게 살아가는 것이 더 현명하지 않겠는가.
빨리 산을 내려간들, 카투만두에 도착하고, 한국으로 돌아간들 그때 무슨 대단한 더 좋고 나은 일이 기다리는 게 아니다. 지금 이 순간 내딛는 발걸음, 이것보다 더 아름답고 향기로운 미래는 없다. 이보다 더 생생하고 진한 삶의 이야기는 없다. 지금 이 발걸음 하나를 놓치면 그것은 삶 전체를 놓치는 것이다. 물론 기대하고 추구해 오던 미래의 빛 또한 조금씩 그 흔적을 잃어가고 만다. 다음 순간에는, 내일에는 무언가 새롭고 신선하며 특별한 미래가 나를 기다릴 것 같지만 바로 그 새롭고 신선하고 특별한 것은 바로 지금의 한 호흡과 한 발걸음을 지켜보는 그 속에 있다.

11일차 쿰부 설산의 장엄한 파노라마, 고쿄리

고쿄리를 오르며
침묵의 연주를
듣다

어설픈 미래를 추구하려는 에고의 기대를 알아차리며 닥낙 롯지를
출발해 '지금 여기'의 한 발 한 발을 고쿄(Gokyo: 4,750m)를 향해 옮긴다.
이쪽 닥낙에서 저쪽 고쿄까지 가려면 그 중간을 거대하게 흐르고 있는
빙하 언덕을 지나야 한다. 나는 지도에서 빙하지역이라 해서 거대한
얼음이나 눈으로 뒤덮인 큰 강이 아닐까 생각했었는데 그런 것은 다
녹았는지 없고 다만 거대한 강줄기의 흔적, 혹은 얼음 빙하 흐름의
흔적만을 남겨둔 채 먼지 나는 모래 언덕만이 내내 펼쳐지고 있다.
지나치는 발자국마다 먼지를 폴폴 일으켜 가며 빙하지역을
빠져나오니 드디어 저쪽 언덕 너머 아름다운 고쿄의 풍경과 설산을
배경으로 압도하는 거대한 호수가 그 모습을 드러낸다.
고쿄의 풍경은 지금까지 보아오던 것들과는 또 다른 전혀 새로운
차원의 아름다움을 선사해 준다. 특히 빙하 호수와 그 호수를
배경으로 펼쳐진 설산과 우뚝 선 고쿄리(Gokyo Ri: 5,340m), 그리고
드넓은 호수 곁에 롯지 예닐곱 개 정도의 작은 마을이 꿈결처럼

고쿄리를 오르다가 문득 뒤돌아보니 고쿄 마을과 두드 포카리(Dudh Pokhari) 호수가 햇살에 반짝이며 아름다운 조화를 이루고 있다.

펼쳐져 있다. 마을에서 가장 높은 곳의 마을과 호수가 내려다보이는 롯지에 여장을 풀고 식당 한쪽에 자리를 잡았다.

이곳 쿰부 지역의 대부분 롯지가 그렇듯 이곳 또한 식당의 삼면이 너른 유리창으로 되어 있어 바깥의 풍경이 한 눈에 들어온다. 식당에 앉아 넓은 통유리창으로 쏟아져 들어오는 따스한 햇살을 받으며 저 창밖의 이랑지는 호수를 바라보고 있자니 예쁜 동화의 이야기 속에 들어와 있는 것 같은 착각이 든다. 이런 아름다운 곳에서 사람이 살고 있고 이렇게 사람을 깃들게 하는 롯지가 있다는 것이 꿈만 같다. 꿈을 꾸는 것이 아니라면 어떻게 이렇게 투명하고 눈에 쏙 들어오는 몽외지경의 풍경이 만들어질 수 있단 말인가. 대자연의 예술적 감각에 경의를 표하지 않을 수가 없다. 창을 통해 부서져 들어오는 햇살조차 너무나도 감동스럽다. 눈이 부시다. 표현력의 한계를 절감하는 순간! 말로는 도저히 담아낼 수 없는 이 자체의 아름다움을 그저 침묵 속에서 바라만 볼 뿐이다. 말 그대로 무아몽중! 나를 잊고 매 순간순간 일념일동(一念一動)의 감흥에 젖어든다.

롯지에서 잠시 숨을 돌리고 짐을 방에 내려놓은 뒤 곧바로 오후가 되기 전에, 구름이 몰려오기 전에 고쿄리를 다녀오기로 한다. 롯지를 출발해 호숫가를 건너 호수 너머로 우뚝 서 있는 맨송맨송 나무 없는 민둥산 고쿄리를 오른다. 호수에 반짝이는 햇살이 천진한 아이의 눈처럼 맑다. 저 멀리 설산의 물이 녹아 흐르다가 이 큰 호수와 만나는 지점에 작고 허름한 다리를 만들어 놓았다. 그 아래를 흐르는 물이 속살을 훤히 드러내며 무색투명하게 꿰비치고 있다. 걷다 말고 고개를 돌렸더니 그 호숫가를 배경으로 또 다른 아름다움의 고쿄 마을이 서 있다. 호수 옆길을 끼고 돌면 곧바로 가파른 흘올(吃兀)의 고쿄리 산이 시작된다.

저만치 오르는 사람들이 모두 거북 걸음으로 전혀 속도감 없이, 그야말로 바람 한 점 없는 날 구름의 속도로 저어간다. 한 발 한 발 가파른 산길에서 호흡과 걸음을 일치시키며 걷는다. 길을 따라 걸으면 너무 먼지가 많아 길 없는 초원 쪽으로 홀로 오른다.

습관처럼 오르다가 뒤돌아보고 오르다가 뒤돌아보기를 반복한다. 고도를 조금만 높여도 저 아래 호수와 고쿄의 마을 풍경이 달라진다. 호수에 비친 여행자의 실루엣이 고요하고도 평화롭다. 조금씩 더 높이 오를수록 고쿄 마을과 빙하지대 건너편 내가 그동안 지나온 곳들의 설산 봉우리들이 불쑥불쑥 솟아오르곤 한다.

중턱을 조금 넘어섰을까. 칼라파타르에서 보지 못했던 에베레스트 봉우리가 가까운 검은 산봉우리 뒤로 조금씩 그 우뚝 선 모습을 드러내고 있다. 초오유(Cho Oyu: 8,201m) 봉우리도 손에 잡힐 것처럼 가깝게 느껴진다. 발아래를 돌아보니 호수로 흘러드는 작은 지류들이 산의 계곡에서부터 흘러나와 춤을 추듯 드넓은 호수의 품에 안기고 있다.

바람이 좋다. 햇살이 따스하다. 이 모든 것이 완벽하다. 그 어느 구석에도 부조화한 것은 없다. 모든 것이 있어야 할 바로 그 자리에 있다. 나를 둘러싸고 있는 시공의 모든 존재들이 제 몫을 정확히 해내고 있다. 그리고 그 모든 것들과 나 사이에 전혀 거리낄 것 없는 전체적인 관계성이 놓여 있다.

생각해 보라. 아니, 느껴보라. 이 우주적인 조화, 이 장결한 설산과 눈부신 태양, 저 아름다운 호수가 나와 끊으려야 끊을 수 없는 어떤 끈으로 연결되어 있음을. 그것들과 나는 전혀 다른 별개의 존재가

11일차 쿰부 설산의 장엄한 파노라마, 고쿄리

아니다.
지금 이 자리에 이 순간에 온 우주가 합연해 내는 대 장엄의 음악이 침묵으로 연주되고 있다. 연주하지 않아도 들려오는 음악이 있다. 소리를 빌지 않더라도 침묵 속에서 연주되는 음악이 있는 것이다. 우리가 '지금 이 순간'이라는 오디오의 재생 버튼을 누르고 현재와 연결되는 순간, 내 앞의 모든 존재가 우주적인 하모니로 대 장엄의 오케스트라를 연주해 낸다. 그렇지 않다면 지금 이렇게 생생히 들려오는 이 침묵의 연주는 무엇이란 말이냐!

고쿄리를 오르는 여행자들의 실루엣이 호수를 배경으로 반짝이고 있다.

알고 떠나는 여행, 모르고 떠나는 여행

정상에 가까워올수록 숨이 차고 가쁘다. 몇 발자국 내딛는 것이 너무나도 힘에 겹다. 공기가 희박하다는 것이 분명하게 느껴지는 순간이다. 한 발자국 내딛는 것이 마치 거센 폭풍우와 휘몰아치는 바람 속을 정면으로 돌진해 나가는 것처럼 더디고 힘에 부친다. 바로 저기 눈앞에 보이는 열 발자국도 안 되는 거리를 한참을 걸려 갈 수밖에 없다는 이 기막힌 상황이 직접 겪으면서도 이해가 되지 않아 큰 맘 먹고 열 발자국 정도를 한 호흡에 내달리듯 걸어 보기로 한다. 아, 이놈의 급한 성미 때문에 말이다. 그랬다가 열 발자국 걸은 뒤에 바로 그 자리에 주저앉아, 아니 드러누워 죽을 것 같은 거친 숨을 한참 동안 미친 사람처럼 몰아쉬고 있다. 완전히 KO를 당한 패전 선수처럼 헉헉거리며 쓰러져 한동안 일어나지를 못한다. 열 발자국 빨리 가려다가 되려 그보다 더한 시간을 앉아서 지체해야 했던 것이다. 이곳은 인간의 생각이나 욕심 따위로 재단하고 결정할 수 있는 곳이 아니었다. 느리지만 정직한 한 걸음 한 걸음이 아니고서는 그 누구도

11일차 쿰부 설산의 장엄한 파노라마, 고쿄리

저 엎어지면 코 닿을 것 같은 거리조차 도저히 도달해 낼 수가 없는 곳이다. 칼라파타르에서 정상을 불과 30여 미터 앞두고, 일반적인 생각 같아서는 고작 이 정도 거리를 남겨두고 그 먼 길을 비행기 값에 비싼 돈을 주고, 귀한 휴가 기간을 들여 찾아와 놓고 포기하고 내려가나 하겠지만, 이곳이 바로 그럴 수밖에 없는 곳이다.

정상은 눈앞에 벌써부터 보이지만 생각처럼 몸과 호흡이 뒤따라 주지 않다 보니 그 짧은 길을 한참의 시간이 흐른 뒤에야 겨우 도착한다. 도착해서도 한참 동안 거친 숨을 고른다. 호흡을 본래로 되돌려 놓는 데 긴 시간이 걸린다.

숨을 되찾고 나니 비로소 눈앞에 펼쳐진 또 다른 세계가 불현듯 꿈처럼 솟아오른다. 왜 그토록 많은 이들이 칼라파타르뿐만 아니라 고쿄리 트레킹을 그리도 많이 하는지를 알겠다. 눈앞에 이 쿰부 지역의 전체 풍경이 고스란히 들어온다. 룽다가 구름 한 점 없는 벽공(碧空)을 배경으로 청연하게 푸두둥거린다. 이미 많은 순례객들이 바위에 몸을 기댄 채 이 깊은 풍경에 빠져 숨을 죽이고 있다. 룽다는 쉼 없이 흔들린다. 이 묵직한 풍경 속에 움직이는 것은 오직 룽다와 새들, 그리고 사람뿐이다.

저 멀리 눈앞에 수많은 설산의 봉우리들이 경이롭다 못해 존외스러움으로 우뚝 서 있다. 지금 이 순간 무슨 말이 필요한가. 무슨 설명이 필요하며 심지어 설산 봉우리의 이름들이 뭐가 그리 중요한가. 저 봉우리 이름은 무엇이고 언제 처음으로 어느 나라 등산가에 의해 정복되었으며 그 이후로 몇 차례 사람들이 올랐고, 그 과정에서 누구누구가 목숨을 잃기도 했으며, 또한 저 봉우리는 몇 만 년 전에 어떤 역사를 가지고 솟아올랐다는 등의 수많은 정보와 지식이 반드시 저 봉우리를 보고 느끼는 데 필수적인 것일까? 어떤 문화재 전문가는 "아는 만큼 본다."는 유행어까지 남겼는데, 과연 우리가 무언가를 볼 때 '아는' 절차가 반드시 필요할까? 지식이 많다는 것은 그것을 볼 때 우리 안의 지식으로 걸러 본다는 것을 의미한다. 저 봉우리를 있는 그대로 보는 것이 아니라 기존의 지식으로 걸러서, 즉 과거라는 색안경으로 걸러 보는 것일 뿐이다. 그것은 오히려 있는 그대로의 대상을 제한한다. 그 드넓은 자유로움에 족쇄를 채우는 것이다. 아마 내 안에 저 봉우리들에 대한 수많은 지식과 역사와 이야기들을 죄다 꿰고 있으며 모든 봉우리의 이름을 다 알고 있었다면, 지금처럼 '그저 있는 그대로' 보지는 못했을 것이다. 하나의 봉우리가 나타날 때마다 '봄'에 앞서 '지식'이 튀어나왔을 것이다. 저 봉우리는 이름이 뭐고 어떻게 그 이름이 명명되었으며 어떤 역사와 과거를 가지고 있다고 하는 수많은 정보가 나의 순수한 '바라봄' 그 자체를 가로막았을 터다. 지식과 정보와 역사의 이야기는 모두 과거일 뿐이지만 '바라봄'은 오직 지금 여기의 생생한 현재다. 현재와 과거는 공존할 수 없다. 과거가 끼어들면 현재는 설 자리를 잃는다. 그러나 우리의 바라봄이 현재와 온전한 관계를 맺게 될 때 과거의 모든 흔적들은 사라지고 지금 여기의 살아 있는 에너지가, 생생하고 깊은 현존의 숨결이 우리의 '봄'에 지혜와 사랑의 파장을 보내게 될 것이다. 세상의 지식 사회에서는 "아는 만큼 본다."는 것이 옳을지 모르겠지만 세상 너머의 영적 뜨락에서는 그저 '보는 만큼 느끼는 것'일 뿐이다. 오히려 지식은 순수한 '바라봄'을 제한하는 거추장스러운 것이다. 고쿄리 정상에서 내 눈에 들어온 봉우리들의 이름이 왼쪽부터 초오유, 푸모리, 에베레스트, 눕체, 로체, 마칼루, 촐라체, 타보체 등이라는

11일차 쿰부 설산의 장엄한 파노라마, 고쿄리

것은 지금에서야 글을 끄적이다 인터넷의 바다에서 알게 된 사실이다. 아마도 고쿄리 정상에서 하나하나의 봉우리마다 이름을 붙여가며 더불어 온갖 정보와 역사와 과거로 무장된 지식들을 뒤섞어 바라보게 되었다면 그 순간의 그 느낌이 과연 순수할 수 있었을까!

요즘 매일 밤 나의 오감을 투명하게 해 주는 별들의 이야기도 마찬가지다. 별을 바라볼 때 별자리에 관한 정보며, 그 명칭이며, 역사와 과학적 지식이 반드시 필요할까. 오히려 별에 대한 지식과 정보가 많으면 많을수록 우리의 바라봄은 제한적이고 순수해지기 어려운 것이다.

'말을 잊게 만드는 풍경'이라는 말이 있다. 그야말로 그런 풍경 속에서 우리는 말을 잊고, 글을 잊으며, 생각과 지식을 잊는다. 오직 장엄한 풍경 앞에서 모든 것이 멈춰진다. 세상이 멈춘 듯, 모든 것이 침묵할 뿐이다. 별 앞에 설 때나 푸른 초원의 언덕 너머로 떨어지고 솟아오르는 일몰과 일출을 마주할 때, 이와 같은 설산의 산령 앞에 섰을 때도 마찬가지다. 우리 마음은 그 순간 모든 것이 멈춘다. 그저 경이감에 현묵할 수밖에 없다. 그 숭고함은 언어를 초월해 있고, 시성(詩聖)의 그 어떤 표현보다도 더 깊고 넓다. 바로 그 모든 것이 침묵하는 외경과 신비의 순간, 바로 그 순간 우리는 이 우주 본연의 아름다움과 무한한 깊이의 생명력과 함께 하고 있는 것이다. 그것은 도저히 지식과 정보와 온갖 종류의 과거의 흔적이 끼어들 수 없는 또 다른 차원의 바라봄이다.

한두 번 가 보고
여행기를
출간한다고?

조금 다른 비유로, 여행하며 많은 여행자들을 만나다 보니 특히
오래도록 수많은 나라를 여행한 사람일수록 '한두 번 그 나라를
가보고 아는 척 책 내는 사람들'에 대한 깊은 편견과 심지어 최악의
평가를 동원하며 평가 절하하는 소리를 종종 듣곤 한다. 어떤
여행자의 말이다.
"나는 인도를 수십 번 다녀봤지만 아직도 인도를 잘 모르겠는데
인도에도 몇 번 가 보지도 않은 사람들이 인도를 어떻게 안다고
여행기를 낸다는 것인지 웃기지도 않아요."
물론 그 책이 그 나라의 역사와 문화를 비롯한 정보 지식을 전해 주는
소개서 내지 가이드북 같은 것이라면 수긍이 가는 말이지만
여행기라는 것이 꼭 그런 지식을 위한 책만이 가치가 있는 것은 아닐
것이다. '지식'에 대한 책이 아닌 '봄'에 대한 책, 혹은 '느낌'에 대한
책은 왜 아름다운 가치로 인정하지 못하는가. 우리의 습관이 오직
지식과 정보에만 익숙하게 길들여져 있다 보니 '봄'의 문제, '느낌'의

문제, '과거가 아닌 지금 여기의 생생한 현재의 문제'와는 접촉할
기회도 가르침도 받지 못했기 때문이 아닐까.
아무리 인도 여행을 수백 번도 넘게 했을지라도 인도를 다 알 수는
없다. 아니 인도에서 태어나 인도에서 죽을 때까지 그곳에서 산
사람이라도 인도를 다 알 수는 없는 것이다. '안다'고 하는 말이
얼마나 교만한 것인가. 우리는 그 어떤 것도 온전히 다 알 수 없다.
다만 '볼' 수 있을 뿐이다.
본다는 것은 어떤 것인가. 그것은 과거의 문제가 아니고, 지식의
문제는 더더욱 아니다. 있는 그대로를 있는 그대로 보는 데는 지식이
필요하지 않다. 학력도 필요 없으며, 교양도 필요 없다. 그것은 많은
경험과 교육을 필요로 하는 것도 아니다. 여러 번 보고 배워야 하지만
그 대상을 있는 그대로 더 잘 볼 수 있는 것은 아니다. 오히려 순수하고
투명하며 전혀 과거나 지식이 개입되지 않은 순수한 바라봄은 첫
번째의 '봄'이 더 깊다. 어제 본 것을 다시 보는 마음과 난생 처음 전혀
새로운 것을 바라보는 마음이 결코 같을 수가 없다. '처음'이라는 말의
가치, '처음처럼'이라는 의미의 가치는 우리가 생각하는 것보다 더
깊고 넓다. 불교에서는 '초발심시변정각初發心時便正覺'이라고 하여 첫
번째 일으킨 깨달음을 구하는 마음이 가장 순수하고 투명하기 때문에
그것이 정각正覺을 이룬다고 했다. 그 첫 마음은 지식도 정보도
과거도 끼어들지 않은 순수하고 티없이 맑은 태초의 새벽처럼 선명한
것이기 때문이다.
우리가 여행에서든 일상에서든 전혀 새로운 어떤 것을 처음으로 볼 때
그 느낌은 어떤가. 그 눈은 어린아이의 순박하고도 천진스런 맑은
호수 같은 시선이다. 거기에는 때가 끼어 있지 않다. 그 어떤 정보와

고쿄리 정상(5,360m).
이제 내려가는 일만 남았네.
아쉬워라!

지식, 과거로 오염되어 있지 않다. 그저 눈앞에 있는 새로운 어떤 것을
'있는 그대로' 순실하게 볼 뿐이다. 그 '봄'에는 그 어떤 판단도 분별도
좋고 나쁘다는 차별도 없다. 그 대상에 대한 배경지식이 없기
때문이다. 과거에 그것을 한 번도 접해 본 적이 없기 때문이다. 그
바라봄의 시선은 '오직 볼 뿐!'이다. 그것에 대해 전혀 아는 것이 없다.
그러니 어찌 분별과 차별이 개입될 수 있겠는가.

'오직 모르는 시선' 그것이야말로 투명하고 지혜롭다. 왜 그런가. 사실
우리는 그 어떤 대상에 대해서도 전체적으로 다 알 수는 없기
때문이다. 심지어 나 자신조차 전체적으로 다 알지 못한다. 하물며 내
아내, 내 자식, 내 오랜 친구의 마음을 전체적으로 완전히 알 수
있을까? 그럴 수는 없다. 사실 우리는 거의 알지 못한다. 그리고 알지
못하는 그 시선이야말로 진실하고 투명하며 바른 길이다.

그래서 틱낫한, 달라이 라마와 함께 세계의 살아있는 3대 생불이라
불렸던 숭산 스님은 '오직 모를 뿐'이라는 화두로써 진리로 가는 길을
열어 놓았다. 우리가 잘 알고 있는 '이뭣고?'라는 화두도 '모른다'는
것에 대한 직접적인 대면으로 이끈다. 그런 '오직 모를 뿐'의 텅 빈
바라봄 속에 모든 것이 들어있기 때문이다.

'오직 모르는' 그 시선으로 처음 그것을 대하듯 내 앞의 모든 익숙한
일상을 대해 보라. 아무리 익숙한 것일지라도 사실 그것은 어제의
그것과는 전혀 다른 새로운 것일 뿐이다. 이것을 옛 사람들은 "똑같은
강물에서 두 번 목욕할 수 없다."라는 말로 표현했다. 그러니 어떤가.
오직 모르는 시선은 첫 번째일 때가 가장 투명하다. 첫 마음,
'처음처럼', 초발심이야말로 모든 투명한 시선과 가깝다.

그러니 몇 번씩 그곳을 여행하게 될수록 거기에 대한 온갖 정보와

지식이 쌓일 수밖에 없고, 그렇게 되었을 때 우리는 그곳을 지식으로
걸러서 볼 수밖에 없다. 처음처럼 숫접고 신선한 눈으로 보는
천진함을 잃게 된다. 그때 오직 남는 것은 쌓인 지식뿐이다. 그래서
아무것도 모르는 첫 여행에서는 주로 그것을 그저 느낄 뿐이지만
여행이 두 번, 세 번 계속될수록 느낌보다는 생각과 과거의 경험이
더욱 그 여행을 지배하기 쉽다. 익숙한 것일 때 그 지각은 피상적이기
쉽다. 하지만 새로운 것일 때 우리의 오감은 더욱 예민해지고 활짝
열려 있는 개방성으로써 모든 것을 더욱 생생하게 살핀다.
물론 그중 어느 쪽이 더 좋고 다른 쪽은 더 나쁘다는 말은 아니다.
지식과 정보를 담은 책도 중요하지만, 봄을 담고 있는 책 또한 나름의
가치를 지닐 수 있다는 것이다. 세상 모든 것은 저마다의 몫이 있으니
자신의 잣대로 남을 평가할 필요는 없다. 모든 평가와 판단과 분별이
사라진 텅 빈 시선, 차별 없는 봄에서부터 삶의 지혜와 사랑은
싹튼다.
이렇게 고쿄리 위에 서서 '저 봉우리는 어떻고, 저것은 저것만 못하고,
이쪽 봉우리가 가장 아름답고' 하며 분별과 비교를 일으킨다면 우리는
이 먼 곳까지 와서 히말라야 대자연 어머니를 마주하는 것이 아니라
또 다른 차별적 일상을 다시 마주하고 있을 뿐이다. 그러나 반대로
그곳이 히말라야가 아닌 집이나 직장일지라도 일상의 모든 순간에
만나는 대상과 상황과 사람들을 바라볼 때, 판단과 분별과 비교 없이,
배경지식과 정보와 과거라는 색안경에 걸러짐 없이 그저 순수하게
처음처럼 바라볼 수 있다면 그는 그 일상에서 히말라야를 친견하고
붓다를, 신을 친견하게 되는 것이다.
이 지구상에서도 둘째가라면 서러워할 엄청난 풍경과 최고의

11일차 쿰부 설산의 장엄한 파노라마, 고쿄리

경치를 이렇게 보고 있지만, 그렇다고 해서 이것이 내 안에 또 하나의 우월한 비교 대상만 만들어 놓는 꼴이 된다면 이 여행은 차라리 오지 않느니만 못하다. 이 거대한 아름다움도 아름다움이지만 발아래 피어난 매일 보아오던 사소하고 볼품없는 풀꽃 또한 그에 못지않은 독자적인 아름다움이 있는 것이다. 이 히말라야를 보고 한국으로 돌아가 설악과 지리의 산맥을 마주하며 '히말라야에 비하면 이것은 산도 아니다.' 라고 비교하고 평가 절하한다면 그는 과거와 비교와 에고에 얽매여 있는 것일 뿐이다. 오히려 차별 없는 진정한 아름다움을 느끼는 마음을 배워 간다면 동네 뒷산의 평범하지만 차분한 아름다움 속에서도 쿰부와 칼라파타르 못지않은 아름다움을 보게 될 것이다. 참된 아름다움이란 비교를 넘어선 것이기 때문이다.

히말라야, 내가 작아지는 즐거움

내려갈 때 보았네,
올라갈 때 보지 못한
그 꽃

고쿄리의 거센 바람을 피해 바위 뒤 바람 잦은 옴팡진 곳에 몸을
묻었다가 기지개를 한 번 크게 켜고는 하산을 시작한다. 그러고 보니
지금을 기점으로는 내려가는 일만 남았구나! 진짜 하산이네.
고은 시인이 "내려갈 때 보았네, 올라갈 때 보지 못한 그 꽃"이라고
표현했듯이 느긋하고 편안하게 내려가는 길에서는 오르막에서 보지
못한 또 다른 것들을 보게 된다. 보다 생생한 하늘색과 봉우리 사이로
몽실몽실 피어오르는 뭉게구름들과 호수 위로 반짝이며 이랑지는
눈부신 보석들의 반짝임과 바람에 몸을 맡기고 하늘을 연주하는 이름
모를 새들의 동선의 유연함, 언덕과 봉우리와 산맥이 만들어내는
선과 선의 아름다운 조화며 발아래 수줍은 풀꽃들의 애잔한 속삭임,
그리고 이 모든 것들과 조우하는 순간순간 내 안에서 피어나는
진하고 짠한 감흥들까지, 오르막에서보다 더 많은 것들이 투명하게
감지되고 있다.
길 위에는 언제나 오르는 사람들의 무거운 발걸음과 내려가는 이들의

가벼운 발자국이 함께 찍힌다. 그리고 그것이 삶의 오르막과 내리막처럼 끊임없이 흘러가는 것이며 교차되는 것이라는 단순하지만 선명한 이치를 함께 남긴다. 삶의 오르막에서 힘겹게 비틀댈지라도 그것은 곧 흘러가고 사라진다. 내리막에서 어려움 없이 가볍게 순조롭게 질주하더라도 그 또한 곧 흘러가고 사라질 뿐이다.
오르막이든 내리막이든, 역경이든 순경이든 그 모든 것은 무상하게 흐르고 흘러 우리 앞을 유유히 지나간다. 그 모든 것들의 본질은 무상(無常)과 덧없음이니 그 양쪽의 삶에 너무 비통해 하거나 너무 으스댈 것도 없다. 잘 나갈 때 오히려 조심할 줄 알아야 하고 침체되어 있을 때도 거기에 너무 빠져 있을 필요는 없다. 힘겨운 오르막 뒤에는 가벼운 내리막도 있을 테니까. "이것 또한 지나가리라."라는 말처럼 모든 것은 무상하게 지나갈 뿐이니, 어느 것도 잡아 세우거나 가두어 내 것으로 붙잡을 필요는 없는 것이다.
순탄함과 어려움, 오르막과 내리막이 끊임없이 교차하는 이 삶의 연극 대본 하나하나에 너무 일희일비할 것이 없다. 그 모든 것은 곧 지나갈 것이다. 그래서 지혜로운 이는 애초부터 그 상황을 역경, 순경으로 나누지 않고 전체적으로 수용함으로써 여여(如如)하게 매 순간을 넘긴다. 그 어떤 역경(逆境)이 오더라도 저항하지 않고 받아들이며, 그 어떤 순경(順境)이 오더라도 붙잡아 집착하지 않고 흘러가게 내버려 둔다. 그에게 오르막과 내리막은 둘이 아니다. 그럼으로써 세상이 나를 휘두르도록 내버려 두지 않는다. 눈에 보이는 세상의 겉모습에 속지 않는다. 우뚝 선 자기 중심으로 자유롭고 걸림 없이 사는 것이다.
고쿄 롯지에 도착하니 피로가 몰려온다. 배도 슬슬 고파 온다. 모처럼 점심으로 피자를 시켰더니 깜짝 놀랄 만한 맛으로 나를 놀라게 한다.

오전에 나갔던 야크 떼가 짐을 한껏 싣고 고쿄로 다시 들어오고 있다.

이 높은 고지 롯지에서는 주로 맛은 생각지 않고 그저 배를 채우는 것만으로도 감사하다는 생각으로 먹었는데 이렇게 의외의 음식 맛을 더러 만나기도 한다. 어떻게 이 높은 고지 고쿄에서 이런 피자 맛을 만들어낼 수 있는지 감탄스러울 뿐이다. 행여나 이 글을 보고 고쿄를 찾는 분이 있다면 제일 높은 롯지의 피자를 기억하시라.

인도, 네팔에서도 그랬지만 이 동네 피자는 한국에서처럼 커서 여럿이 나누어 먹는 것이 아니라 아주 작게 아담한 사이즈로 구워 나오니 혼자 여행 오신 분에게도 제격이다.

점심 식사 후에 조금 쉬었다가 고쿄 마을을 가볍게 산책한다. 고쿄는

그래도 제법 큰 마을이라 구멍가게 같은 작은 롯지 매점에 없는 것
없이 다 있다. 각종 트레킹 장비와 등산 필수품에서부터 생필품,
학용품, 간식, 기념품에 책까지 그 작은 매점 안에 촘촘히 많은 것들을
구비해 놓았다. 마침 떨어진 휴지를 구입했는데 물론 아래에서보다
값은 두 배가 넘는다.

마을길을 걷다 보니 여기 저기 야크 똥을 말리고, 차곡차곡 쌓아둔
풍경이 보인다. 하늘빛도 진한 푸른빛을 띠면서 마을을 비추고,
벽담의 호면 위로 반짝이는 햇살의 부서짐이 너무나도 아름답게
흘러간다. 호수 건너편으로는, 내가 오전에 고쿄에 당도할 때쯤 일
나갔던 야크 떼가 막 마을 어귀로 들어오고 있다. 마을에 도착해서는
짊어지고 온 무거운 짐들을 풀어놓고 사람들은 그 짐을 정리하느라
분주하다. 마을 다른 한켠에는 텐트촌도 눈에 띈다.

꽤 많은 롯지 식당들마다 통유리창 너머로 평화로이 책을 읽거나
고즈넉이 햇살을 받으며 호수를 바라보거나 또 삼삼오오 모여 앉아
이야기꽃을 피우고 있는 풍경이 유적하기만 하다.

이 온아적정한 마을을 따스하게 비춰주던 태양이 머뭇머뭇 봉우리
뒤로 사라져 간다. 다시 롯지 식당으로 들어가 떨어지는 태양과
떨어진 뒤에 오래도록 남는 붉은 여광의 흔적을 지켜본다. 어디선가
나른한 오후를 보내던 여행자들이 하나 둘씩 식당을 메운다. 그
조용하던 롯지와 마을 도대체 어디에서 이 많은 사람들이 튀어나왔나
싶을 정도로 식당은 금세 만석이다. 식당이 분주해지면서 창밖으로
비춰진 고쿄 마을은 순간 괴괴한 정적이 흐른다. 이렇게 고쿄의 밤은
깊어가고 있다. '이제 내일부터는 내려가는 길만 남았구나' 하는
시원섭섭한 마음에 쉬 잠이 오지 않는다.

12DAYS

고쿄
↙
마체르모
↙
포르체탱가
↙
쿰중

하산,

신의 거처
마체르모를
지나

12일차 하산, 신의 거처 마체르모를 지나

외로운
설산 마을에서
한 생을 유유하다

침묵에 잠긴 고쿄의 새벽을 두드린다. 서리차고 맑은 공기가 호수의 시린 안개와 어우러져 고쿄는 더없는 신비에 잠긴다. 이 시간 대부분의 사람들은 막바지 단잠을 몰아 자느라 이 선경과 만나지 못한다. 어슴푸레 밝아오는 먼동에 호수도 언덕도 봉우리도 마을도 사람들도 조금씩 깨어나기 시작한다.

몇 천 년, 몇 만 년 전의 인류가 태어나기 이전 지구 행성의 모습도 이러했으리라. 오직 태곳적 비경과 침묵과 이제 막 시작된 대자연의 여리고 깊은 몇몇 생명들이 자유롭게 이 드넓은 대지와 초원과 푸른 언덕을 누벼 왔을 터다. 그리고 어쩌면 그 푸른 시대로부터 지금까지 이곳 쿰부의 자연은 그다지 큰 훼손 없이, 변화 없이 인류의 자취를 최소한으로 줄여가며 본연의 모습을 지켜 왔을 것이다. 그 장대한 역사와 숨결이 지금 이 자리에서 내 안에 꽃처럼 피어나고 있다.

오늘부터는 하릴없는 내리막의 연속이다. 마음은 더없이 홀가분하고 몸도 가볍다. 이른 첫 아침 식사를 먼저 시켜먹고는 지텐과 함께

히말라야, 내가 작아지는 즐거움

여유로운 길을 나선다. 호수 옆으로 난 길을 따라 싱그러운 내음을
맡으며 신새벽을 걷는다. 고쿄 호수를 지나니 또 다른 작은 호수
타보체초(Taboche Tsho: 4,740m)를 만난다. 호수 옆 작은 초원 언덕에는
발아래 적당히 부서진 바윗돌들을 정성으로 쌓아올려 만들어진
자연스러운 자연 초르텐들이 다보탑, 석가탑 못지않은
고색창연함으로 그렇게 서 있다. 새벽길을 분주히 오가는 짐꾼들의
발걸음도 가볍다. 걸음과 걸음 사이에 반짝이는 햇살이 부서진다.
호수를 넘어서면서부터 타보체초 호수로부터 흘러나온 물줄기가
개울을 이루더니 이내 거대한 계곡물로 바뀌며 길 위에 물과 바위와

고쿄를 출발,
하산길 첫 번째로
마주치는 타보체초
호수

12일차 하산, 신의 거처 마체르모를 지나

바람의 악기로 연주되는 아름다운 음악을 배경으로 깔아주고 있다.
물 흐르는 소리가 생명력 넘치는 음악처럼 계속된다. 발걸음에도
선율이 여울진다. 그 계곡을 작은 다리로 건너가고, 그 아래로 계곡이
폭포가 되어 떨어지더니 이내 물소리가 클라이맥스를 연주하듯
장쾌하게 증폭되고 있다. 조금 더 걸으니 점차 물소리가 멀어지고
가훼(嘉卉)의 초원 길, 푸른 언덕, 그림 같은 작은 집들 몇 채가
이취(異趣)를 자아내며 느릿느릿 지나가고 있다.
계곡은 이제 저 멀리 발아래 깊은 곳으로 뚝 떨어졌다. 그리고 깊은
계곡 건너편 산 중턱에는 외진 마을, 외딴 마을, 그리고 외로운 마을,

작은 세 마을이 지척의 거리에서 외로움을 서로
달래주며 의지하고 서 있다. 이 고요 마을 단한한
고독경 속에서 이처럼 멀지 않은 곳에 도반과도
같은 이웃 마을이 끊일 듯 끊일 듯 이어지고 있다.
인간 생의 무수한 윤회 가운데, 이 올연한 산중에서
고고히 한 생을 삭거(索居)해 보는 것 또한 아름다울
것이리란 생각이 스친다. 여러 생을 깨어남에 바친
눈 밝은 수행자라면 그런 한 생의 유적함만을
가지고도 충분히 고방한 독성(獨聖)의 경지를 밝혀낼
수 있으리라. 아니 어쩌면 지금 이 순간의 발걸음과
요 며칠 동안의 성산 순례가 이미 한 생의 삶이
아닌가. 육신의 나고 죽음을 한 생이라고 이름
붙여서 그렇지 사실 삶은 계속된다. 계속되는
영원한 삶 속에서 겉모습의 작은 변화에 따라
우리는 나고 죽음이라고 이름붙이고 있을 뿐이다.

히말라야, 내가 작아지는 즐거움

사실은 매일 매일이 하나의 생(生)이고, 매 순간이, 하나의 호흡지간이 곧 하나의 생이기도 하다. 하나의 사건도 한 생이며, 한 사람과의 관계 또한 한 생의 사건이다. 이렇게 성스러운 히말라야에서 걷고 걷고 또 걸으며, 쉬고 또 쉬면서 어쩌면 짧지만 하나의 진한 생을 유유하고 있는 것인지 모른다.

다시 걸음은 이어진다. 내 발걸음과 연하는 길 또한 더 이상 인간계의 그것이 아니다. 초원의 언덕 뒤로 번쩍하듯 설산이 솟아올라 있고 그 언덕 아래 이 속에서 삶을 저어가고 있는 소박한 사람들의 소담한 집 몇 채가 귓속말을 걸어오듯 발길을 멈추게 한다. 다섯 살쯤 되어 보이는 꼬마 아이가 집에서 뛰어나와 눈 깜짝 할 사이에 옆집으로 숨어버린다. 이 모든 정겨운 풍경이 순례자들을 멈춰 세우고 카메라를 꺼내들게 만든다. 그저 셔터를 누름과 동시에 작품이 탄생한다.

길은 계속 이어진다. 세상의 모든 길은 서로 이어지며 끊어짐 없이 흐른다. 마치 이 세상 모든 것도 그렇게 서로 연결되어 있다는 것을 보여주듯, 하나의 길이 모든 사람을 수용하는가 하면 또 때로는 무수히 많은 길이 무수히 많은 사람들에게 선택권을 열어 주기도 한다. 길과 길의 중첩, 인드라 망과도 같은 길과 길의 조화가 언덕 아래 삶과도 같이 펼쳐져 있다.

길 옆 바위나 초원 위에서 또 다른 길과 같은 사람이 앉아 길을 주시하며 휴식을 즐기고 있다. 길은 사람을 걷게 하고 또 쉬게도 한다. 때때로 그 길 위로 야크의 행렬이 이어진다. 길 끝나는 곳에는 어김없이 마을이 나타나고 그 끊어짐은 또 다른 삶의 터전 속에서 확장되다가 다시 하나로 모여지곤 한다.

12일차 하산, 신의 거처 마체르모를 지나

신들의 마을을 지나
계절을
관통하다

이 투명한 길이 마체르모(Machhermo: 4,470m), 이름처럼 그림 같은
마을에서 멈추어 섰다. 아! 마체르모! 두고 두고 쿰부 순례를 떠올리면
내 안에서 불쑥 마체르모의 평온한 마을이 스르륵 마음의 문을 열고
튀어나오게 될 것만 같다. 우뚝 선 설산 아래 검푸른 높다란 언덕이
있고 그 아래 옴팡진 곳으로 마체르모, 선연한 작은 마을이 계곡을
끼고 흐른다. 마을은 돌담과 돌담 사이로 몇몇 롯지가 들어 서 있고 그
돌담 안에는 때때로 야크가 한가로이 풀을 뜯고 있다. 마을 양쪽에서
숨숨한 푸른 초원의 언덕이 거친 바람을 막아주고 명주실처럼 쏟아져
내리는 다사로운 햇살과 그 볕을 받아 또랑또랑 빛나는 계곡 작은
물줄기가 허허로이 흘러간다. 그야말로 이 교박하고 황량한 고지 위에
생명이 살 수 있는 천혜의 조건을 쿰부의 여신은 마체르모에
선사했다.
이 아름다운 마을 마체르모가 있어서 고쿄 순례 길은 더욱 빛이 난다.
언덕을 내려가 마체르모의 품속으로 걸어 들어간다. 고고한 집들과

두고두고 기억에
남을 고쿄지역
최고의 아름다움을
간직한 마체르모

고풍스런 돌담과 사람과 야크와 구름과 햇살과 푸른 하늘, 푸른 언덕, 오랜 신들의 정원에 맑은 물이 흐른다. 바람도 잠시 쉬어가는 이 마을에서 마음을 쉬고 발길도 잠시 쉰다.
돌담 사이를 지나 마을을 가로질러 이 마을의 근원인 맑고 깊은 계곡 앞에서 숨을 고른다. 졸졸졸 졸졸졸 쉼 없이 흐르는 물이 있어 마체르모가 더욱 풍요롭다. 그 물 위로 난 작은 다리를 건넌다. 그리고 건너편 언덕을 쉬며 가며 오른다. 언덕 위에서 내려다보는 마체르모는 더욱 아련하다. 언덕 위에 오르면 룽다와 타르초가 마체르모의 일주문처럼 거센 바람의 연주에 맞춰 푸두둥거리며 춤을 추고 있다. 그리고 다시 길 위를 걷는다. 사람도 걷고 야크도 걷는다. 바람도 구름도 풀꽃들도 함께 이 길 위를 걷는다. 왜 그토록 많은 사람들이 그 유명한 에베레스트 베이스캠프와 칼라파타르를 마다하고 이 먼 곳까지 와서 고쿄 트레킹만을 하고 돌아가는지 이 길이 모든 것을 증명해 주고 있다. 너무나도 아름다워 아름답다는 말을 쓸 수가 없다.

12일차 하산, 신의 거처 마체르모를 지나

그 말을 써 버리고 나면 저마다의 안에서 자기 식대로 영근 아름답다는 제한된 말의 의미에 갇히게 되지 않겠나. 아, 이 아름다운 곳을 두고 아름답다고 쓸 수 없다니, 언어의 한계에 봉착하는 순간, 비로소 언어를 넘어 선 낱말 너머의 침묵이 드러날 수밖에 없는 바로 그 순간이다.

또 다시 길을 저어 당도하는 마을이 '루자(Luza: 4,360m)'다. 루자 또한 마체르모의 그것과 흡사한 구조와 아름다움을 온전히 부여받은 또 하나의 선물이다. 마체르모보다는 다소 작지만 오히려 그 담소한 풍경이 더없이 충만한 향기를 뿜어낸다. 루자의 여울진 개울을 건너 뒤를 돌아보니 이 마을의 진한 풍경이 고스란히 드러난다. 얕은 다리 위로 사람들의 걸음이 이어진다.

내리막길을 걷다 보니 올라올 때는 지도상의 거리감이 꽤나 멀게 느껴지더니 내려갈 때는 깜짝깜짝 놀랄 정도로 지도의 좌표가 금방 금방 지나간다. 사실 고쿄에서 루자까지의 거리만 해도 오르막에 있어서는 하루도 더 가야 할 거리겠지만 아직 점심때가 되려면 한참 멀었다. 점심은 돌레에서 먹어도 충분하다고 지텐이 말했을 때 설마 했었는데 이 정도의 속도를 보면 그러고도 남겠다.

누군가가 고쿄든, 칼라파타르든 내려갈 때는 하루만 잡아도 된다고 했던 그 말이 결코 과장이 아니었다. 길은 산의 7부 능선 정도에서 꾸준히 이어지고 이 길이 이어지는 반대편 산의 비슷한 고도에 같은 속도로 길게 길이 이어지고 있다. 그리고 그 가운데 절벽처럼 깊고 가파른 계곡 저 아래로 머얼리 맑은 물소리가 흐르고 있다. 건너편 산중 오솔길 사이사이로 조금만 평지가 나타나더라도 어김없이 그 위태로운 자리를 보금자리 삶의 터전으로 바꾸어 놓은 인간의 삶에의 의지가 눈물겨워지는 순간이다. 제법 큰 마을도 몇몇 곳 눈에 띈다.
지도를 보니 크고 작은 그 모든 마을들이 다 이름을 가지고 있다.
루자를 마주하고 서 있는 마을이 토레(Thore: 4,300m)이고, 그 옆으로
조금 더 가면 나오는 마을이 타레(Thare: 4,390m), 그리고 가는 길
방향으로 보일 듯 말 듯한 마을이 코하나르(Kohanar: 4,048m)다. 두 길이
두드코시(Dhudh Kosi) 계곡 강줄기를 사이로 사이좋게 마주보며 거닐고
있다. 몇몇 아름다운 마을과 사람들의 삶을 고스란히 품은 채로.
도대체 어떻게 이 아슬아슬하고 황량한 곳에서 사람이 살 수 있는
것인지, 인간의 생명력이란 도대체 어디까지인가. 대자연의 품과
배려는 도대체 얼마나 드넓고도 풍유한 것인가. 그곳이 어디든 자연이
살아있는 곳에는 언제나 인간의 삶이 함께 한다. 언뜻 보기에
아무것도 없는 것처럼 보이고, 척박해 보일지라도 자연은 아무 조건
없이 언제나 우리에게 무한정 베푼다. 인간의 욕심만 기형적으로
키우지 않는다면 우리가 자연 속에 깃드는 것을 자연은 언제나
반긴다.
사실 땅뙈기 어느 정도만 있다면 우리의 삶은 자연이 알아서 책임져
줄 것이다. 단 그것은 최소한의 필요로 만족할 수 있는 무집착과
무욕의 청빈한 마음이 바탕이 될 때의 얘기다. 지금처럼 세상 모든
사람들이 미친 듯이 벌이고 있는 이 욕심 추구와 만족을 모르는 공룡
같은 기형구조를 타파하지 않는 이상 지구의 미래는 암담하기
그지없다. 이제 더 이상 자연이 품어줄 수 없을 만큼 그 한계를
넘어서고 있는지 모른다. 인류가 만족하지 않는 이상, 너도나도 더 큰
성공과 부와 욕심을 버리지 않는 이상, 이 아름다운 지구별도 별다른
대안이 없다. 지구 전체 차원에서 거대한 만족과 청빈과 무욕의

12일차 하산, 신의 거처 마체르모를 지나

정신이 물결처럼 파도치지 않는 이상 이 죽어가는 지구를 살릴 다른 방법은 없어 보인다. 그런데도 오히려 지금의 현실은 지구 전체 차원의 보다 효과적인 파괴와 개발이 계속되고 있으며, 인류 전체 차원의 집착과 욕심과 만족을 모르는 퇴락한 정신이 더욱 거세지고 있다.

길은 라바르마(Lhabarma: 4,330m) 작은 마을을 지나 돌레(Dole: 4,200m)로 이어진다. 라바르마를 지날 때 발아래 사뿐사뿐 반짝이며 뛰어노는 나비 두 마리를 보았다. 잘못 보았나 싶어 다시 자세히 보니 아예 이 녀석들이 "우리 나비 맞아. 진짜야. 와서 자세히 보렴." 하듯이 길 위에 가만히 앉아 있다. 나비, 나비라니! 그러고 보니 오전 잠깐 사이에 고도를 많이 낮춘 것이다. 해발 5,000m 그 겨울 같던 곳에서 나비가

돌레를 지나 포르체 탱가에 가기 전 두드코시강 건너 홀로 고요한 오두막 한 채가 외로이 서 있다.

히말라야, 내가 작아지는 즐거움

아래로 내려오니
잎이 무성한
나무들이 보이기
시작한다.

살 수 있는 이 따스한 봄으로 내려온 것이다.
역시나 돌레에 들어서면서부터 풍경은 180도 바뀌기 시작한다. 수목한계선을 뚫고 내려온 것이다! 잎이 무성한 나무들이 솟아올랐고 꽃들의 웃음이 만발하다. 나비와 벌과 숲 속의 구성원인 모든 작은 생명들이 숲과 함께 거짓말처럼 나타났다. 그래, 그래, 그러고 보니 작지만 내 안에서도 조금 더 편안해진 무언가를 감지한다. 숨쉬기도 한결 부드러워졌다.
돌레에 도착한 시간이 11시가 조금 넘었다. 내친김에 포르체 탱가(Phortse Tenga: 3,680m)까지 가서 점심을 먹기로 한다. 돌레 주위의 숲은 흡사 한국의 가을을 연상케 할 만큼 낙엽들이 오색으로 물들어 떨어지고 있다. 물론 그 물듦이 단풍이라고까지 명명할 수 없을 만큼 소박하긴 해도 겨울에서 순간 가을로 이동을 해 가는 느낌은 선명하다. 폭포수도 가을처럼 시원스레 쏟아져 내리고, 온갖 꽃들도 생기를 되찾아 꽃무리를 이루며 재잘거린다. 푸르른 숲이, 우거진 나무 그늘이 한낮의 땀을 식혀 준다.

12일차 하산, 신의 거처 마체르모를 지나

대자연과의 연대감

이제부터는 본격적인 숲길, 나무숲의 터널이 이어진다. 드디어 모든 생명이 거리낌 없이 생명력을 발산하고, 온갖 존재들이 아무런 방해 없이 살아갈 수 있는 바탕이 마련된 것이다. 어떻게 표현할 수는 없지만 높은 고도를 걸을 때의 그 황량한 아름다움과는 전혀 다른, 비교할 수 없는 다른 차원의 존재감이랄까, 조화로운 생명의 에너지가 비로소 춤을 추고 있음을 느낀다. 그저 저절로 웃음이 터져 나온다. 꽃과 나비와 숲을 보면서 일종의 동질감, 연대감 같은 것을 느끼며 '그래 여기가 너와 내가, 우리가 살기 알맞은 곳이지' 싶은 반가운 하나 됨을 느낀다.

'그래, 나도 너희들처럼 너희들도 나처럼 같은 삶의 터전을 공유하는 조화로운 한 가족, 한 생명이로구나. 너희가 저 위의 고도로는 올라갈 수 없듯이 나 또한 그곳에서는 숨쉬기 힘든 버거움을 느꼈단다. 이제 이렇게 다시금 어머니의 품, 고향으로 돌아오니 나의 오랜 벗들이 이렇게 나를 반겨주는구나.'

역시 생명의 뿌리는 서로 다르지 않다. 내가 살기 힘들면 자연의 모든 생명도 살기 힘들어지고, 내가 살기 좋은 터전에 모든 생명도 조화롭게 살아갈 수 있는 것이다. 어느덧 호흡도 정상으로 돌아오고, 미미하게나마 내 몸도 내가 살아가기 최적의 조건에 딱 일치를 이루고 있다는 느낌이 든다. 그런 느낌과 함께 꽃도 초록도 나비도 숲도 만나게 되니, 우리 모두가 진정 따로 떨어진 존재가 아니라, 한 가족이었고, 둘이 아니었다는 깊은 일체감에 사로잡힌다. 아, 이 생명들과 내 생명이 하나였구나, 우리 모두가 이렇게 한생명이로구나. 홀로 여행을 떠나왔다는 고독증에서 벗어나, 이 온 누리 생명의 벗과 함께 하고 있다는 대자연과의 친근감을 누려본다.

그러니 이 지구에 어느 한 작고 여린 생명이 살아갈 수 없는 조건으로 바뀌어 버리고 나면, 그 종이 소멸하면서 사실상 우리 인간 존재의 일부도 함께 스러져 가는 것이다. 종의 소멸은 곧 있을 인간의 소멸로 이어질 수밖에 없는 운명공동체를 우리는 공유하고 있다. 지금 이 순간에도 지구라는 우리 모두의 삶의 터전에서 도저히 살 수가 없어 사라져 가는 생물 종이 하루에도 140여 종, 일 년에는 최소한 5만 종의 생물종이 멸종되고 있다고 한다. 과학자들은 앞으로 50년 이내에 지구상 생물종의 1/4이 사라질 것으로 예측하고 있다. 지금 이 순간에도 그 수많은 생물들의 서식처인 열대우림과 숲이 1분에 29헥타르, 즉 축구 경기장 40개에 달하는 면적이 사라지고 있다고 한다. 『무탄트 메시지』라는 책에는 참사람 부족이 더 이상 오염되어 가는 지구별에서 살 수가 없어 부족 스스로가 더 이상 후손을 만들어 내지 않음으로써 소멸의 길을 걸을 수밖에 없는 가슴 아픈 생생한 현실을 보여주고 있다.

실제 세계 인류학자들의 연구에 의하면 환경오염과 생물종의 멸종,

지구온난화의 가속 등으로 인해 남성의 정자 수가 급감하고 불임이 늘어 인간 자체능력만으로 임신을 계속할 수 없어 이런 상태로 2017년까지 가면 결국 인간도 멸종의 길을 걷게 됨을 강력하게 경고하기도 했다. 지구라는 우리 모두가 공유해야 하는, 인간뿐 아니라 동물과 식물과 나아가 생명 있고 없는 모든 존재들 모두의 공통의 거처인 이 별을 더 이상 인간이라는 하나의 무탄트, 하나의 별스런 희귀종이 자신들만 편히 살자고 다른 생명과 존재와 지구 전체를 무참히 오염시키다 결국 폭발시켜 버리는 그런 오류를 범하지 말기를 저들 순수한 생명은 오늘도 기도하고 있을 것이다.

숲이 뿜어내는 직접적인 공기를 마시며 걸으니 그렇게 상쾌할 수가 없다. 또한 두 눈으로, 두 귀로, 코로, 몸으로 이 숲의 빛과 소리와 냄새와 감촉을 고스란히 느끼며 걷는다는 것이 얼마나 소중한 것인가가 분명히 드러난다.

다시 해발 4,000m 아래로 내려오니 꽃들이 반겨준다.

산중 도시,
쿰중에서
마지막 밤을 보내다

포르체 탱가에서 조금 늦은 점심을 먹고 나니 이제부터 작은 산 하나를 넘어야 하는 하산 길의 유일한 오르막을 만난다. 아, 그런데 역시나 신기하다고 느낄 정도로 오르막길이 숨가쁘지 않고 그리 힘들지 않다. 공기의 존재가 이렇게 고마운 것이었다.
산을 넘고 조금 더 내려가니 올라갈 때 만났던 익숙한 풍경들이 펼쳐진다. 한참을 내려갔더니 올라가며 보았던 바로 그 삼거리를 만난다. 이번에는 남체바자 쪽이 아닌 쿰중으로 가는 길을 택한다. 오후 3시 즈음에 쿰중 마을에 도착하였다.
쿰중은 생각보다 더 큰 도시다. 남체바자와 거의 맞먹을 정도의 큰 규모의 시내가 펼쳐지는 풍경에 놀란다. 지텐이 추천해 주는 롯지를 잡아 짐을 풀어 놓은 뒤 창밖으로 펼쳐진 쿰중의 선연한 풍경을 바라본다.
잠시 쉬었다가 쿰중 마을을 한 바퀴 산책한다. 산책하다가 베이커리 빵집을 만난다! 빵집이라니 참 오랜만이다. 들어가서 빵을 하나

12일차 하산, 신의 거처 마체르모를 지나

시키고 음료를 하나 주문하여 꿀맛 같은 모처럼의 군것질을 즐겨본다. 이렇게 호강을 하며 빵집에 앉아 나른한 오후를 보내고 있자니 비로소 히말라야의 일정이 끝나고 있구나 하는 녹록한 여운이 밀려온다.
그간의 일정을 회상하다 가물가물 꾸벅꾸벅 고개를 떨구다 깜짝 놀라 일어선다. 아주 짧은 시간의 졸음이 깊은 단잠처럼이나 달콤한 휴식을 가져왔는가! 그 짧은 시간 동안의 졸음 속에서 꿈인지 생시인지 모를 설산을 걷는 꿈을 꾸다가 이제 막 깬 것처럼 그간의 걷기가 아련하게 느껴진다. 진짜 꿈을 꾼 건 아닐까! 2주간 설산에서 보낸 날들이 꿈처럼 거짓말인 것처럼 기억 속에서 하늘거리기만 한다.
어느덧 해는 뉘엿뉘엿 설산 뒤로 넘어가고 있다. 쿰중이 어둠에 잠긴다. 롯지로 돌아와 저녁을 먹고 났더니 몸도 마음도 완전히 긴장이 풀린 것인지, 이제 다 내려왔다는 안도감 때문인지, 피로감이 몰려온다. 이럴 때 따뜻한 물에 목욕이나 하고 푹 자야겠다 싶어 모처럼 돈을 주고 따뜻한 물을 사서 온몸을 덥힌다. 며칠 만의 목욕인가. 얼마나 시원하고 좋은지. 목욕을 하고 나서 여느 때보다 일찍 단잠에 빠진다.

고쿄와 텡보체의 갈림길에 서 있는 이정표.
이곳에서 이정표는 정말 찾기 드물다.

13~14 DAYS

쿰중
/
남체바자
/
루클라
/
카투만두

순례,

삶이라는
또 다른
히말라야로

13~14일차 순례, 삶이라는 또 다른 히말라야로

몸살감기에
간절한
차 한 잔 생각

쿰중의 아침이 창창하다. 하늘은 푸르다 못해 진하디 진한 물감을
한껏 풀어 놓은 것처럼 선명하고 햇발은 그 어느 날보다도 쨍하게
빛난다. 어디 하나 보유스름한 것이라곤 없어 보인다. 아주 선명한
렌즈를 낀 것처럼, 샤픈(sharpen)을 강하게 준 것처럼 세상이
또렷하고도 역력하다. 저 앞산 뒷산만 없다면, 높은 곳에서
내려다보는 가시거리는 무한대가 되고도 남을 법하다.
이 장장하고 쨍한 아침을 맞이하는 몸이 무겁다. 마음은 경쾌한데
몸은 으슬으슬 떨려온다. 순례 길도 이제 다 끝났구나 싶어 어제 밤에
모처럼 목욕을 하고, 2주 동안 벗지 않았던 내복을 벗고 잤더니 밤새
감기몸살이 찾아온 것이다. 조금 더 참았다가 카투만두로 완전히
내려가서 목욕을 했어야 했는데, 너무 성급했구나 하는 생각이
스쳐간다. 여행을 다닐 때도 끝까지 주의 깊게 긴장을 놓치지
말아야지 다 끝났다고 마음을 풀어헤치면 안 된다고 하던 어르신들의
말씀이 하나도 그른 것이 없구나 싶다. 그래도 한편 다행인 건, 이

감기몸살이 이렇게 안나푸르나며 에베레스트 순례를 다 마친 뒤 찾아왔으니 얼마나 감사한 일인가. 더욱이 다음 일정인 미얀마까지는 아직 일주일 정도 시간 여유가 있으니 그 동안에 카투만두에서 몸을 쉬며 건강을 되찾을 수 있으니 그 또한 고마운 일이다.

오늘은 처음 카투만두에서 비행기를 타고 왔던 루클라까지 되돌아가는 일정이다. 쿰중에서 남체바자까지는 그저 언덕을 하나 넘으면 되는 거리다. 올라올 때는 루클라에서 남체바자까지 이틀이 걸렸고, 고산 적응을 위해 남체바자에서 하루를 더 묵었으니 총 3일이 걸렸지만, 내려갈 때는 하루라도 충분하다.

쿰중을 떠나는 발걸음에 아쉬움과 아련함이 묻어난다. 계속해서 몇 번이고 이 쿰중의 소담한 마을을 뒤돌아보게 된다. 남체바자로 가는 언덕을 넘기 위해 힐러리 학교를 지난다. 힐러리 학교는 쿰부 지역의 명문학교로 최초로 에베레스트 등정에 성공한 힐러리 경의 재단에서 세운 학교다. 워낙 유명한 명문학교로 자리 잡은 터라 남체바자에서도 샹보체 언덕을 넘어 이 학교를 다니는 학생들이 많다고 하니, 어느 나라를 막론하고 자식을 위한 교육열은 한결같다는 생각이 들어 미소가 절로 지어졌다.

학교 옆으로 하얀 초르텐 두 기가 나란히 서 있다. 초르텐을 지나 샹보체 언덕 쪽으로 가는 길 좌우에는 담장 대신에 높다란 마니석이 줄지어 서 있다. 언덕을 반쯤 올라 뒤돌아보니 쿰중 마을이 한눈에 보인다. 샹보체에 오르니 익숙한 풍경이 펼쳐진다. 10일쯤 전에 들른 곳이지만 어제 들렀던 것처럼 익숙하다. 남체바자와 하얀 콩데 설산이 한눈에 들어온다.

남체바자를 지나 한 발 한 발 지켜보며 묵묵히 내려간다. 걷다보면

13~14일차 순례, 삶이라는 또 다른 히말라야로

조금 나아지려나 했는데 갈수록 몸은 더욱 무겁고 온몸에 힘이 빠진다. 보통은 만성 비염 때문에 겨울이 오는 길목에 날씨가 추워지면 한 번씩 몸살과 코감기를 앓곤 했지만 따뜻한 차를 꾸준히 마시면서 언제나 쉽게 낫곤 했었다.

그리고 보니 나는 어지간히 아파도 약을 먹은 적은 없었던 것 같다. 감기가 걸리면 언제나 차를 찾았다. 최소한의 차를 마시기 위한 다식(茶食) 정도의 의미로 소량의 공양을 한 뒤 언제나 따뜻한 차로 몸을 덮여주고 나면 쉬 감기는 떨어져 나가곤 했다. 몸이 이렇게 떨려오니 자연스레 황차나 보이차, 오룡차 같은 발효차 생각이 간절해진다. 처음 인도로 떠나올 때 황차, 녹차, 보이차, 오룡차 등 다양한 차들을 조금씩 가져왔는데 오랜 여행 속에서 다 마셔버려 이제 한 번 마실 정도의 보이차밖에 남지 않았다. 그야말로 차가 귀하다 보니 뜨거운 물로 몇 번이고 우려내어 더 이상 차색이 나오지 않을 때까지 우려 마시곤 했다. 그런데 이곳에서는 따뜻한 물도 한 잔에 얼마씩 사 먹어야 하다 보니 남은 보이차를 여기에서 먹기가 꺼려진다. 조금 남은 보이차 가지고 한 주전자 이상은 반복해서 우려 마셔야겠다는 생각 때문이다. 때문에 조금 힘들어도 이곳 롯지에서 파는 레몬차 같은 것을 사 먹고 버텨 보다가 카투만두에 도착하면 뜨거운 물을 잔뜩 준비해 두고 남은 보이차를 음미하며 마시리라는 상상을 하면서 걸어 내려간다.

차 얘기가 나와서 말인데, 여행길에서 때때로 가져온 차를 마시며 차에 대한 감사와 찬탄과 감동은 그 어느 때보다도 배가되곤 했다. 한국에서야 차를 쉽게 구할 수 있고, 또 내가 차를 좋아하는 줄 알고 지인이나 벗들이 차 선물을 더러 해 주었다. 평소에는 적당량의

히말라야, 내가 작아지는 즐거움

찻잎을 다관에 넣고 진하게 우려 마시면서도 차의 고마움이나 그 향기와 맛에 대해 그다지 깊이 누려보지 못한 것이 아닌가 싶은 생각이 이런 여행길에서 더욱 진하게 느껴진다. 여행길에서는 가져온 차가 많지 않다 보니 처음부터 찻잎도 조금씩 아주 조금씩 넣어 연하디 연한, 때로는 그야말로 차인지 맹물인지 분간도 안 될 만큼 연하게 우려 마셨고, 그것도 열 번도 넘게 우려 마시면서 그날 마시고 나서 그 다음날에도 뜨거운 물을 부어 몇 번을 더 우려 마시고 내가 생각해도 참 애쓴다 싶을 정도로 아끼곤 했다. 그러다 보니 차에 대한 감사함과 행복감이 몇 배는 더 크게 증폭되고, 차향과 차의 맛이 얼마나 깊고 그윽한지에 대해서도 더 깊이 우러나오게 된다.

으슬으슬 떨리는 몸을 이끌고 걸어가며 따끈한 한 잔의 보이차를 떠올리다 이내 포기하고 묵묵히 다시 걷는다. 마음 같아서는 어제 고쿄에서 쿰중까지 가볍게 걸으면서도 너무 쉽게 내려온 것을 떠올리며 한 걸음에 루클라까지 도착할 것 같았는데 몸이 무겁다 보니 길은 더없이 멀게만 느껴진다. 먼 길에 대해서도 고민한들 무엇 하랴, 미리 도착에 대한 애착을 포기한다. 빨리 나아야 한다는 생각도, 건강에 대해서도 마음을 비우고 그저 걷기만 한다.

쿰중에서 샹보체로 가는 길 좌우에는 담장 대신 마니석이 줄지어 서 있다.

아픈 몸을
바라보는
즐거움

몸이 아프니 오히려 다른 잡념이 생기지 않아 좋은 점도 있다.
잡념이나 상상, 계획, 욕구, 바람, 과거나 미래 따위의 모든 생각의
에너지도 힘을 잃고 뒤안으로 물러나 있다. 그러다 보니 그야말로
걷기만 할 수 있다. 아니 그저 걸을 뿐, 다른 아무것도 할 기운이 없다.
심지어 머릿속으로 생각을 굴려 낼 에너지조차 죄다 고갈된 듯하다.
무거운 몸을, 한 발도 내딛기 힘든 묵직한 몸을 한 발자국 떨어져
관찰해 본다. 아픈 내가 힘겹게 걷고 있는 것이 아니라, 거기 어떤 한
존재가 그저 걷고 있음이 보인다. 아무런 생각도, 해석도, 판단도
붙이지 않고 지금 이 순간의 있는 그대로의 자연 상태를 바라보며
걷는다. 신기하게도 몸은 건강하고 쌩쌩할 때보다 이렇게 주춤거리며
아플 때 지켜보기는 한결 쉽다. 그리고 그렇게 아픈 가운데에도
아픔을 바라보는 것은 전혀 아프지가 않다. 그저 아프다고 이름 붙인
어떤 현상이 거기에서 전개되고 있을 뿐. 오히려 그 느낌을
지켜보면서 한편에는 미묘한 즐거움이랄까, 바라봄에 대한 깊고

히말라야, 내가 작아지는 즐거움

내밀한 차원을 누려보게 된다. 내가 아픈 것이 아니라 아프다고 이름 붙인 어떤 현상이 사실은 그렇게 이름 붙일 수 없는 어떤 느낌으로 느껴지고, 거기에 그런 현상을 충분히 느끼며 걷는 한 존재를 흥미롭게 바라본다. 무겁지만 무거움을 바라보는 것은 무겁지 않다. 으슬으슬 떨려오지만 그 떨림을 바라보는 것은 떨리지 않는다. 우리가 아상(我相), 에고라고 부르는 것은 이처럼 꺾일 때 오히려 그 너머의 차원에 가 닿기 쉬워지는 것이 아닐까. 건강할 때, 잘나갈 때, 주목 받을 때, 아상은 한없이 자기 잘난 생각에 빠져 잘난 자신이 실체적이며 실존적이라고 믿는다. 내가 잘났다는 생각은 필연적으로 상대방을 낮추는 생각과 이어져 나와 너를 나누고 차별한다. 아상이 높은 이는 아상 너머의 보다 깊은 차원의 영적인 길을 걷기 어렵다. 그러나 아상이 꺾일 때, 비로소 그때 우리는 자신에 대해 보다 깊게 바라보게 된다.
사람도 20대, 30대, 40대를 거치며 아주 잘나가고 돈도 벌고 명예도 늘려나가는 시절에는 자기 자신의 본연의 모습에 대해, 진리에 대해 고민하지 않는다. 그러나 잘나가던 사람이 꺾이고, 건강하던 사람이 건강을 상실하고, 부자가 가난해지며, 명예도 지위도 떨어지게

13~14일차 순례, 삶이라는 또 다른 히말라야로

되면서부터 비로소 자기 자신이라는 존재에 대한 고민과 진지한 통찰이 시작되곤 하는 것이다. 그래서 사실은 세상에서 보면 실패한 것 같고, 좌절된 것 같고, 상실된 것 같은 바로 그때가 수행과 명상이라는 영적 전통에 있어서는 아주 중요한 각성(覺性)의 시작이 되는 때와 연결되기도 한다.

그러니 어떤가. 세상에서 잘나가는 것은 출세간에서 보면 위기이고, 세상에서 한풀 꺾이는 것은 오히려 출세간의 입장에서는 환영할 만한 것이다. 그러니 더 크게 본다면 어느 한쪽을 더 반기거나 어느 한쪽을 밀어내려 애쓸 것도 없다. 좋다고 붙잡아 집착하거나 싫다고 버리려 애쓸 것도 없고 좋고 나쁘다는 그 양변의 집착을 모두 여의고 삶을

쿰중은 제법 큰 마을이라 날 적부터 이곳에 뿌리내리고 살아온
히말라야 사람들이 독특한 문화를 이루며 살고 있다.

통째로 받아들이는 것이야말로 지혜로운 수행자의 걸림 없는 길이다. 아프다는 상황도 더 큰 차원의 질서에서 본다면 나를 돕기 위한 우주 법계의 자비로운 도움의 손길인 것이다. 이 아픈 상황으로 인해 좌절할 수도 있지만, 오히려 자비와 사랑이 바탕 된 우주의 도움으로 여기며 감사히 받아들일 수도 있다. 그러나 어떻게 보더라도 우리 앞에 펼쳐진 모든 일들은 언제나 완전하고 완벽한 우주의 사랑이며 자비로우신 배려다.

이 세상은 언제나 완벽하다. 모든 것은 완전하다. 우리 삶에 어느 한 가지 사건도, 사람도 불완전하거나, 불필요하거나 쓸모없이 일어나는 것은 없다. 모든 것이 정확한 우주적인 필요에 의해, 분명한 이유를 가지고 그 자리에 그렇게 서 있는 것이다. 바로 지금 이 시점에 내 몸에서 왜 감기 몸살이 오게 되었는지를 굳이 따질 필요는 없다. 그 이유나 목적을 다 알 필요도 없다. 분명한 것은 그것은 나를 돕기 위한 우주적인 사랑으로 온 것이며, 바로 지금 나에게 바로 그것이, 그러한 상황이 전적으로 필요했던 것이다. 그것을 애서 밀어내거나 붙잡아 집착함 없이 있는 그대로의 진실로 감사하게 받아들이는 것이야말로 나의 사명이요, 이 순간의 몫임을 아는 것으로 족하다.

지금 돌이켜 생각해 보니 남체바자에서부터 루클라까지의 무거운 몸을 이끌고 내려온 그 한나절의 때가 나의 이번 순례를 아름답게 회향하도록 해 준 소중한 순간이 아니었나 싶다. 그 하루 동안의 걷기야말로 어느 순간보다도 진한 '오직 걸을 뿐'의 깊은 침묵의 순간이었다. 오랜 순례를 생각으로 정리한 것이 아니라, 생각 너머의 깊은 침묵과 텅 빈 비움으로 맑혀주고 씻어준 감사한 걷기가 아니었던가.

315

13~14일차 순례, 삶이라는 또 다른 히말라야로

남체바자에서 처음 걸어 내려올 때 무거운 몸 때문에 일어났던 모든 분별심들이 루클라에 도착할 때 즈음에는 묵직한 침묵의 향기로 피어오르고 있었다. 돌아보니 루클라까지 내려오면서는 주변을 전혀 신경 쓸 수가 없었다. 그 구간의 이미지나 영상이 아무리 돌이켜 떠올리려 해도 전날들처럼 생생하게 떠올려 지지가 않는다. 사진도 한 장 찍지를 못했다. 처음 순례를 시작할 때 모든 구간 구간을 사진에 담아 두고두고 순례를 기록하리라 생각했던 그 생각마저 내려놓지 않을 수 없었다. 사진을 찍기에는 너무 아팠다! 그러다 보니 오히려 그저 자신과 함께 오직 걷기만 하는 행운과 회향의 즐거움을 누릴 수 있었던 것이 아닌가 싶다.

히말라야, 내가 작아지는 즐거움

다시
루클라에서

루클라 마을 초입에 들어서니 루클라 이정표 앞에서 외국인 여행자 몇몇이 자랑스럽다는 듯 상기된 표정으로 활짝 웃으며 기념사진을 찍고 있다. 저들도 나처럼 이 긴긴 여정을 끝내고 처음 그 자리로 되돌아 온 것이다. 그들을 향해 일종의 연대감 섞인 환한 미소와 박수를 보내며 걸어가는데 사진 찍기를 마친 그들이 나를 향해 힘찬 박수를 보내며 환호를 해 주고 있다. 이렇게 산 친구들은 쉽게 쉽게 벗이 되곤 한다.
롯지를 잡기 전에 먼저 비행기 표를 교환하기 위해 여행사에 들른다. 3일 후 아침 카투만두 행 비행기 표를 내밀며 내일 아침 비행기 표로 바꿀 수 있는지를 묻는다. 사실 표를 바꿀 수 없으면 며칠 루클라에서 머물면서 쉬다가 내려가야겠구나 싶어 각오를 하고 있었는데 의외로 쉽게 다음날 아침 비행기 표로 바꾸어 준다.
마을 입구의 롯지에 방을 잡고 잠시 앉는다.
쉼!
묵연히 몸과 마음에서 일어나는 다양한 것들을 살피며 안으로 쉼의 빛을 쪼인다. 가물가물 앉은 채로 선잠에 빠져든다. 잠시 졸았던 것

13~14일차 순례, 삶이라는 또 다른 히말라야로

같은데 시계의 긴 바늘이 한 바퀴를 돌고 있다. 찌뿌드드한 몸을 이끌고 루클라 시내를 잠시 걷기로 한다. 이미 해는 기울었고 루클라에 어둠이 찾아오고 있다.

카투만두에 오랜 벗(현지인)에게 연락을 했더니 다행히도 미얀마 비자가 발급되었고 계획대로 미얀마 행 비행기에 오를 수 있을 것이라는 반가운 연락이 왔다. 미얀마는 비자를 받고 2달 안에 들어가야 하는 조항이 있는 나라인데, 나는 인도와 네팔에서 2달 이상을 보내다가 미얀마로 들어갈 예정인 터라 미얀마 비자를 한국에서 받지 못한 채 왔었다. 여행자들에게 물었더니 인도에서 미얀마 비자를 받아야 한다고 했는데, 어느 누구도 네팔에서도 미얀마 비자를 받을 수 있는지에 대해서는 답변해 주는 이가 없었다. 미얀마 대사관이 있으니 당연히 되지 않겠는가 하는 생각에 산에 오기 직전 미얀마 대사관에 신청을 해 놓고 나머지 업무를 벗에게 일임하고 왔었는데 이렇게 잘 되었다고 하니 한결 마음이 가볍다.

이른 저녁을 먹고 잠자리에 든다. 밤새 오들오들 떨며 뒤척이다 새벽을 맞는다. 8시 비행기를 타기 위해 아침식사 후에 짐을 정리하여 공항으로 간다. 한두 시간 일찍부터 비행기를 타려는 여행자들로 붐빈다. 작은 비행기들이 그 작은 활주로 하나를 공유하며 쉴 사이 없이 앵앵거리며 오고 간다. 몇 대가 그렇게 오고 간 뒤에야 내가 탈 비행기의 도착을 알리는 방송이 들린다.

아, 이곳과도 이제 작별이구나. 언제 또 다시 이곳에 와 보게 될까. 이번 생이 가기 전에 다시 한번 올 수가 있기는 할까? 이 곱디고운 아름다운 순례 길 위를 언제 다시 걷게 될 것인가.

바로 지금!

히말라야, 내가 작아지는 즐거움

생의 매 순간 순간은 언제나 순례 길이며, 여행길이다. 히말라야는 여기에만 있는 것이 아니라 우리 인생의 매 순간 순간에 거기 그렇게 언제나 있다.

히말라야 순례를 마감하며 또 다른 삶의 히말라야를 내딛는다. 히말라야는 지리적인 어떤 공간을 의미하는 것이 아니다. 꽉 짜여 진 일상에서 벗어나고자 하는 그 어떤 묶임으로부터의 벗어남, 욕심과 집착 속에서 허덕이다가 문득 '이게 무슨 짓인가' 싶어 한 생각 돌이켜 내려놓는 그 모든 것으로부터 놓여나는 해탈, '내 삶은 반드시 이래야 한다'고 하는 고정된 꽉 짜인 일과와 틀로부터 훌쩍 벗어나 '이래도 좋고 저래도 좋은 것이 인생'이었음을 돌연 깨닫게 되는 바로 그 순간, 바로 그러한 일상적인 틀로부터의 떠남이 바로 해탈이요, 여행이며, 순례의 길이다.

탐욕, 집착, 성냄, 질투, 짜증, 증오, 미움, 서러움, 외로움, 두려움, 이기심 등 그 모든 것으로부터 한 발자국 떨어져 홀연히 지켜보는 것, 그것이야말로 삶의 여행길이며 벗어남의 길이다. 마음이 어디에도 매여 있지 않고, 어디에도 속박되지 않으며, 어디에도 구속되지 않은 채 자기 자신의 자유로운 삶의 길을 걷는 것, 그것이야말로 삶의 여행길이며 삶 속의 히말라야다.

히말라야를 열두 번도 넘게, 수백 번도 넘게 오르고 내린들 자기 자신이 만들어 놓은 아집과 에고에서 벗어나지 못한다면 그것은 떠남도 아니고, 순례도 아니다. 그러나 내 스스로 만들어 놓은 일상의 그 모든 틀과 울타리와 고집과 생각과 번뇌와 차별적인 모든 마음에서 놓여날 때, 바로 그 순간 우리는 삶의 순례 길을 걷는 것이고, 투명한 히말라야 오랜 길 위를 걷고 있는 것이다.

여행을 떠나고 싶은가? 히말라야를 그리워하는가? 삶이 팍팍해서 여행이나 떠나볼까 하는 여행자도 있고, 풀리지 않는 꽉 막힌 삶의 흐름을 여행을 통해 뚫어보려는 이도 있으며, 그저 여행을 업처럼 삶처럼 되풀이하는 이도 있다. 때로는 너무나도 여행을 떠나고 싶지만 마음뿐 도저히 시간을 낼 수 없는 이도 있다. 그러나 여행 가운데 가장 아름다운 여행은 삶의 여행이다. 인생의 여정을 경건한 순례의 길로 여기는 자에게는 매 순간의 삶이 바로 거룩한 순례의 길이며, 그러한 이가 바로 구도자이며 또한 순례자다.

비행기가 요란한 소리를 내며 순간 하늘로 솟아올라 타원으로 방향을 바꾸더니 그간의 쿰부의 순례 길을 비춰 준다. 점점 멀어지는 쿰부 계곡과 설산을 바라보며 미소 짓는다.

이제 진짜 순례가 시작되는 것이다.

법상 스님께
묻는 트레킹
Q&A

법상 스님께 묻는 트레킹 Q & A

○ 트레킹이란?

트레킹(trekking)은 전문적인 등반과 가벼운 산책의 중간 형태의 도보여행으로, 산과 들을 따라 비교적 장기간에 걸쳐 느릿느릿 걷는 사색 여행이라고 볼 수 있습니다. 백과사전에는 '산, 들과 바람따라 떠나는 사색여행' 혹은 '비교적 장기간에 걸친 산행' 정도로 설명되어 있네요. 정상 정복이라는 목표를 가지고 힘겹게 오르는 것도 아니고, 그렇다고 한두 시간 산책하는 것도 아닌, 바람과 구름과 자연을 벗삼아 며칠이고 천천히 걸으면서 내적인 쉼과 사유를 통해 삶의 의미를 깨닫게 되는 사색의 여행인 것이지요. 그렇기에 트레킹은 등산이나 산책에서는 느끼지 못하는 삶에 대한 통찰과 자연과의 조화, 일상에서 한 발자국 떨어져 자신을 관조하는 등의 명상적인 덕목들이 함께하곤 합니다.

보통 네팔에서는 산의 높이를 기준으로 해발 6,000m 이상은 등반, 그 이하는 트레킹이라고 구분하기도 합니다. 원래는 남아프리카의 원주민들이 우마차를 타고 정처 없이 이주하거나 여행한 데서 유래하였는데, 전문 산악인들이 네팔의 히말라야 같은 산악길을 누구나 걸을 수 있도록 일반에게 공개하면서부터 트레킹이라는 용어로 정착했다고 합니다. 그래서 '히말라야 트레킹'은 트레킹의 대명사처럼 사용되어지고 있습니다. 요즘 우리나라에서도 '지리산 둘레길', '제주 올레길'과 같은 도보여행의 좋은 길들이 개발되면서부터 트레킹이 더욱 주목받고 있기도 합니다.

○ 히말라야 트레킹은 전문가가 아니더라도 누구나 갈 수 있나요?

예, 그렇습니다. 히말라야 트레킹은 해발 8,000m 급의 정상을 정복하는 것이 아니라, 주로 4,000~5,000m 전후의 히말라야 산기슭 내지는 베이스 캠프나 5,000m 이하의 얕은 봉우리까지를 그것도 아주 천천히 걷는 도보여행이기 때문에 누구나 큰 어려움 없이 갈 수 있습니다. 그리고 체력이 안 되거나, 정 힘들다고 느끼는 분이 계시다면 다양한 트레킹 코스가 개발되어 있으니, 그중에 비교적 가벼운 트레킹 코스를 선택하실 수도 있습니다. 예를 들면 2,000~3,000m 정도의 얕은 산기슭을 걸으며 히말라야의 우뚝한 설산들을 조망하며 또 한 편으로는 현지인들의 삶을 관찰하면서 2~3일 정도의 가벼운 일정을 선택할 수도 있습니다.

○ **그래도 히말라야인데 힘들지 않을까요? 한국의 산행과 비교한다면?**

물론 걷기를 어려워하는 분들께는 조금 힘들기는 하겠지만, 오히려 한국에서의 산행보다 더 쉬울 수도 있습니다. 한국에서는 얕은 산일지라도 하루에 정상에까지 올라갔다가 내려와야 하는 장시간의 일정이지만, 히말라야 트레킹은 고산병 때문에라도 한꺼번에 고도를 많이 올릴 수 없어 느릿느릿 거북이 걸음으로 걸어야 하다보니, 보통 하루에 3~4시간 정도를 가볍게 걷는 정도입니다. 오전에는 주로 걷고 오후에는 여유롭게 롯지 주변을 산책하거나, 책을 읽거나, 히말라야의 대자연을 감상하면서 충분히 휴식을 취할 수 있으니 큰 어려움은 없을 것입니다. 다만 기본적인 체력은 필요하니 미리 가까운 산을 등반하며 체력을 키워 두는 것은 필요하지요.

○ **트레킹은 며칠 정도 걸리나요? 일반적인 트레킹의 기간은?**

히말라야 트레킹 코스는 너무나도 많습니다. 짧게는 하루나 2~3일 코스부터 시작해서 길게는 한 달 가까이 혹은 그 이상도 할 수 있습니다. 예를 들어 안나푸르나 지역만 하더라도 가볍게 하루나 이틀 일정으로 사랑콧 전망대까지만 올라갈 수도 있고, 2~3일 일정으로 사랑콧과 담푸스까지 걸을 수도 있습니다. 혹은 푼힐 전망대까지 3~4일 일정으로 다녀올 수도 있고, 내친김에 7~8일 기간으로 안나푸르나 베이스 캠프(ABC) 트레킹을 다녀올 수도 있습니다. 그러다가 조금 더 오랫동안 깊이 산을 느끼고 싶으시다면 약 20일 정도의 안나푸르나 라운딩을 떠나실 수도 있을 것입니다. 이처럼 어느 한 지역만 놓고 보더라도 기간을 다양하게 잡아서 트레킹을 할 수 있고, 이는 어느 지역이든 마찬가지입니다.

○ **일주일 이내로 짧게 다녀올 수 있는 트레킹 코스는 어떤 것이 있나요?**

안나푸르나 지역은 푼힐 전망대 3일, 사랑콧 2일, 사랑콧/담푸스 3일, 안나푸르나 베이스 캠프 7일 등이 있고, 에베레스트 지역은 샹보체 4일, 콩대롯지 6일, 텡보체 7일, 랑탕 헬람부 지역은 헬람부 7일, 고사인쿤드 호수 8일 등이 있습니다.

○ **네팔의 대표적인 트레킹 코스는 어떤 곳인가요?**

주요 네팔 트레킹 지역은 안나푸르나, 에베레스트(쿰부), 랑탕 헬람부 등이 있습니다.

이중 안나푸르나 지역이 가장 쉽고 또 많은 여행자들이 다녀가는 곳으로, 인도 배낭여행 가는 대학생들도 네팔에 들러 포카라와 안나푸르나 트레킹을 가볍게 즐기곤 합니다. 안나푸르나 트레킹은 앞에서 언급한 짧은 코스도 있지만 주로 푼힐 전망대(3일), 안나푸르나 베이스 캠프(ABC, 7일), 베이스캠프+푼힐(9일), 안나푸르나 라운딩(20일) 등의 코스가 대표적이고, 에베레스트 지역은 에베레스트 베이스 캠프(12일), 칼라파타르(12일), 고쿄 트레킹(10일), 쿰부(에베레스트+고쿄) 라운딩(18일) 등이 있으며, 랑탕 헬람부 지역은 랑탕 밸리(10일), 고사인쿤드 호수(8일), 헬람부(7일), 랑탕·고사인쿤드·헬람부(18일) 등이 있습니다. 그 외에도 가네시 히말, 다울라기리, 돌포, 마나슬루, 마칼루, 무스탕, 칸첸중가 등에도 트레킹 코스가 개발되어 있습니다. 괄호 안에 적은 기간은 사람, 여건, 날씨, 고산병, 체력적 조건 등에 따라 2~3일 이상씩 줄거나 늘어날 수도 있습니다. 저 같은 경우 에베레스트를 오르기 전 안나푸르나 베이스 캠프와 인도의 라다크, 판공초 등 고지에서 계속 지내다가 올라간 터라 고산병에 대한 걱정이 적었고, 그렇기 때문에 조금 속도를 내더라도 별 문제가 없었습니다.

○ **혼자서도 트레킹을 할 수 있나요? 위험하지 않은지요?**

예, 물론 혼자서도 트레킹을 떠날 수 있습니다. 아니 개인적인 생각으로는 혼자서 떠나는 트레킹이야말로 트레킹 본연의 깊이를 느끼고, 삶을 돌아보며, 자연과 교감하면서 충분히 걷기 여행의 즐거움을 만끽할 수 있지 않을까 싶습니다. 유명하고 잘 알려진 트레킹 코스이거나 빅 시즌일 경우에는 거의 위험요소는 없다고 보여집니다. 또 여행자들이 많아서 언제나 길 위에서는 여행자들과 만날 수 있습니다. 이처럼 혼자 하는 여행이 상당히 일반적이기는 하지만 그래도 혹시 모를 어려움이나, 고산병 등으로 문제가 생길 우려가 전혀 없는 것은 아니니 신중을 기하시기 바랍니다.

○ **여자 혼자 트레킹을 할 수 있을까요?**

어떻다고 딱 정해서 말씀드릴 수는 없겠지만, 제가 다녀보았던 안나푸르나와 푼힐, 에베레스트와 고쿄 지역에서는 혼자 온 여자 트레커들도 더러 볼 수 있었습니다. 그리고 그들 대부분은 포터 혹은 포터와 가이드를 함께 동반해 오기도 하였습니다.

히말라야, 내가 작아지는 즐거움

물론 어떤 분들은 포터가 더 위험하지 않겠느냐고 하던데요. 제가 본 경우로
포터들이 온순하고 순진한 친구들도 많았고, 또 그런 여성 여행자의 걱정을
덜어주기 위해 여성 포터와 가이드가 있는 여행사들도 몇몇 볼 수 있었습니다.
그리고 정 걱정이 된다면 포카라나 카투만두의 한국인 숙소에 가시면 홀로 온 많은
여행자들이 함께 트레킹을 갈 벗을 구하는 풍경도 자주 볼 수 있으니 참고하시면
되겠습니다.

○ 트레킹 할 때 숙식은 어떻게 해결해야 하나요?

트레킹을 하다 보면 거의 1~2시간, 길어봐야 3시간 정도의 거리마다 롯지가
있습니다. 롯지에는 싱글룸이나 더블룸, 혹은 도미토리 같은 집단 객실도 있고,
식당에서는 언제나 음식을 먹을 수 있으며, 간단한 음료, 과자 등은 늘 구입하실 수
있습니다. 단 롯지에 따라 이불 대여를 하지 않는 곳도 있으니 개인 침낭은 꼭
가져가셔야 합니다. 침낭은 될 수 있으면 겨울용 두터운 침낭(1,300g)을 빌려 가시는
것이 좋습니다.
음식은 네팔 전통 식사인 달밧을 비롯해 라면, 피자, 스파게티, 감자볶음, 빵,
계란프라이, 볶음밥, 야채볶음국수, 오믈렛, 바게트 등 다양한 음식들이 있고, 의외로
맛도 아주 좋습니다. 따뜻한 차도 다양하게 준비되어 있고, 따뜻한 물도 별도로
판매하니 녹차, 홍차 같은 것을 사 가셔서 물만 주문하면 훨씬 싸게 차를 드실 수도
있습니다. 단 숙박이나 식사, 물, 음료 등 모든 물품들이 고지대로 올라갈수록 두
배에서 많게는 네 배까지 비싸집니다.

○ 트레킹 전문장비는 어떤 것이 있나요? 전부 구입해야 하나요?

꼭 그럴 필요는 없습니다. 거의 모든 트레킹을 위한 장비들은 카투만두나 포카라
혹은 가까운 산 아래 대여점에서 대여가 가능합니다. 등산화, 배낭, 침낭, 스틱,
점퍼, 윈드자켓 등 주요한 트레킹 용품이 모두 대여가 가능합니다. 또한 카투만두
타멜 지역이나 포카라 호수 주변에는 다양한 트레킹 용품점이 많아서 기능은
조금 떨어지지만 저렴한 용품 등을 구입하실 수도 있습니다. 그뿐 아니라
트레킹에 필요한 온갖 간식, 의약품, 고산병 약 등까지 다 현지에서 구입이
가능합니다.

법상 스님께 묻는 트레킹 Q & A

○ 트레킹을 위한 최소한의 짐은 무엇이 필요할까요?

생각나는대로 대충 한 번 적어 보겠습니다. 기본적으로 여권, 여권 복사본, 항공권, 사진, 신용카드, 여행경비, 팁스, 퍼밋 등이 필요하겠구요, 등산화, 배낭, 침낭, 배낭커버(우천시), 윈드자켓, 판초우의, 장갑, 손수건, 챙이 넓은 등산모자, 방한모, 등산양말, 내복 등 방한옷, 속옷, 등산바지, 긴팔티, 선글라스, 랜턴, 스틱, 물통, 읽을 책, 가이드북, 메모수첩, 볼펜, 썬크림, 입술연고, 수건, 치약, 칫솔, 화장지, 물티슈, 비닐봉지, 소형 자물쇠, 다용도칼, 트레킹 지도, 상비약, 간단한 간식거리, 차, 카메라, 충전기 등이 있겠는데요. 물론 본인에게 필요한 것들 위주로 챙기시되, 될 수 있다면 가벼운 것이 좋습니다. 단, 포터와 함께 간다면 포터에게 맡길 짐, 카고백 등의 가방이 추가로 더 필요하겠지요.

○ 어느 계절이 트레킹하기 좋은가요? 가장 아름답나요?

가장 먼저 주의할 것은 우기인 6월~9월까지는 피해야 한다는 점입니다. 트레킹을 하기 가장 좋은 계절은 10월~11월까지입니다. 이때는 하늘도 청명하고 구름 한 점 없는 맑고 쾌청한 날씨를 내내 볼 수 있을뿐더러, 날씨도 그리 춥지 않아 별 어려움 없이 한국의 가을 날씨 같은 분위기 속에서 행복한 트레킹을 즐기실 수 있습니다. 물론 12월~1월에도 맑은 하늘을 볼 수는 있지만 해발 3,000m를 넘으면 상당히 춥고 눈이 오는 경우가 잦아 어느 정도의 어려움을 각오해야 합니다. 2월~3월은 꽃이 피는 시즌으로 커다란 랄리그라스가 꽃을 피우고 초록의 숲과 짙푸른 하늘을 배경으로 솟아 있는 하얀 봉우리들이 선명한 대조를 이루며 아름다움을 뽐내는 계절입니다. 4~5월에도 낮에 상당히 더운 것만 감수한다면 아름다운 산을 볼 수 있다고 합니다.

○ 포터와 가이드는 꼭 있어야 하나요?

포터와 가이드가 꼭 있어야 하는 것은 아닙니다. 다만 네팔 사정상 때때로 지역별로 반드시 포터나 가이드를 동반해야만 올라갈 수 있도록 하는 경우가 있다고 하니 별도로 알아봐야 할 것 같습니다. 저의 경우는 안나푸르나는 포터 없이 혼자 갔었고, 에베레스트는 포터와 함께 갔었는데, 나름대로의 장단점들이 있었습니다. 대체적으로 포터가 없더라도 길을 잃을 염려는 별로 하지 않으셔도 될 것 같습니다.

히말라야, 내가 작아지는 즐거움

여행자들과 오고 가는 짐꾼들이 많아 물어보기도 쉽고, 일 주일 정도 코스여서, 체력에 어느 정도 자신이 있다면 혼자 짐을 짊어지고 갈 수도 있습니다. 다만 긴 일정일 경우에는 체력적으로도 힘들 것이고, 롯지에서 숙식을 할 때도 포터 위주로 계산하다 보니 어려운 점이 많이 있습니다. 저의 경우 에베레스트는 포터와 함께 가길 잘했다는 생각이 들었습니다. 또 실제 에베레스트 쪽은 포터나 가이드 없이 가는 여행자를 거의 보지 못하였습니다.

포터는 주로 짐을 운반해 주는 역할을 하고, 가이드는 길을 안내하며 현지 사정에 대한 나름대로의 안내 역할도 함께 합니다. 그러나 보통 개인여행자나 소규모 여행객들의 경우에는 대부분 가이드를 따로 두지는 않고 포터만 고용합니다. 포터도 길 안내는 충분히 해 줄뿐더러, 잘 만나면 어지간한 네팔식 영어로 의사소통이 가능하기도 합니다. 포터는 하루에 대략 미화 8$~10$ 정도, 가이드는 12$~15$ 정도를 주면 됩니다. 여기에는 식사와 숙박비가 포함되어 있습니다. 트레킹 끝에 감사의 표시로 팁을 더 줄 수는 있습니다. 두세 명이 함께 갈 때는 따로따로 포터를 고용하지 않고 그저 한 명 정도의 포터만 고용하여 서로 서로 나누어 지고 가기도 합니다. 중요한 점은 포터와 가이드를 아랫사람 부리듯 해서는 안 되고, 친구처럼 따뜻하게 대해 주어야 한다는 점입니다.

○ **나이 든 사람도 갈 수 있나요? 어린아이도 데려갈 수 있나요?**

예, 물론입니다. 물론 트레킹을 즐기는 젊은이들이 많기는 하지만, 의외로 연세가 지극하신 분, 정년 퇴직하신 분들이 부부가 함께 혹은 홀로 느릿느릿 트레킹을 즐기는 경우를 자주 보게 됩니다. 연세 드신 분일지라도 비슷한 조건의 벗들이 팀을 이루어 오거나, 혼자서도 자신의 페이스대로 걷게 된다면 별 무리 없이 히말라야를 즐길 수 있습니다. 제가 만나 뵌 한 어르신은 정년 퇴직하시고 춘추가 70이 다 되셨지만 홀로 히말라야 지역 트레킹을 벌써 네 번째 오는 것이라고 하셨습니다. 또 많지는 않지만 때때로 3,000m 전후의 얕은 지역에서는 어린아이들도 종종 본 적이 있습니다. 안나푸르나의 푼힐을 갈 때에는 푼힐지역 마을까지 말로 아이들을 태워주기도 하는 것을 보았습니다.

법상 스님께 묻는 트레킹 Q&A

○ 트레킹 음식, 숙박, 물품 등에 대한 대략적인 가격을 알려주세요.

지역에 따라, 고도에 따라 제각기 다르다 보니 예를 들어 한두 곳의 가격을 한국 원화 환전 가격으로 말씀드리지요.

먼저 해발 3,780m의 에베레스트 쿰중의 한 식당 가격입니다.

밥 한 공기(2,000원), 달밧(4,000원), 계란볶음밥(3,000원), 치킨 커리(5,000원), 팝콘(2,000원), 치킨스프·토마토스프(2,000원), 네팔라면(2,000원), 피자(3,500원~5,000원), 야채 야크 스테이크(5,000원 내외), 볶음국수(2,000원~4,500원), 찐감자(2,000원), 각종 감자요리(2,000원~4,000원), 스프링롤(3,000원~3,500원), 티베트빵·버터, 팬케익, 토스트(2,000원), 계란토스트(3,000원), 치즈오믈렛(2,500원), 밀크티·핫레몬·블랙커피·생강차·핫밀크(한 컵 500원 내외), 맥주 1캔(2,500원), 콜라/환타 1병(3,500원), 애플파이(2,500원), 숙박(1인실, 3,000원~4,000원), 뜨거운 물 샤워(3,500원), 카메라 베터리 충전(1,500원)입니다. 쿰중이 트레킹 둘째날 혹은 셋째날 만날 수 있는 곳이고, 남체바자와 이웃한 곳이니 비교적 중간보다 낮은 고도라고 할 수 있겠습니다. 대부분은 이곳의 가격보다 약간씩 비싸다고 생각하시면 됩니다.

그리고 다음은 에베레스트의 정상 최종 목적지라고 할 수 있는 칼라파타르 아래의 5,160m 고도의 고락샵 롯지 가격입니다. 밥 한 공기(3,200원), 달밧(5,500원), 계란볶음밥(4,200원), 팝콘(2,000원), 치킨스프·토마토스프(2,500원), 네팔라면(3,000원), 피자(6,000원~8,000원), 볶음국수(3,000원~5,500원), 찐감자(3,000원), 각종 감자요리(3,000원~5,000원), 스프링롤(4,000원~5,500원), 티베트빵/버터, 팬케익, 토스트(3,000원), 치즈오믈렛(3,500원), 마카로니(3,000원~5,000원), 스파게티(3,500원~5,000원), 밀크티·핫레몬·블랙커피·생강차·핫밀크(한 컵 1,000원 내외), 맥주 1캔(5,000원), 콜라·환타 1병(4,300원), 뜨거운 물 샤워(5,500원), 카메라 베터리 충전(5,500원) 정도입니다.

○ 고산병에 많이 걸리나요? 예방하는 방법은 없을까요?

제가 본 경우로 따진다면, 고산병에 걸리는 사람보다는 안 걸리는 사람이 훨씬 더 많았습니다. 미리부터 고산병에 걸릴 걱정을 안고 가기보다는 고산병에 걸리지 않는다는 마음으로 편안하게 오르는 것이 좋겠지요. 고산병에 걸리지 않는 예방법은 진부한 얘기지만 천천히 느리게 느리게 걷는 것이야말로 최고의 특효약입니다. 그것 이외에 더 좋은 방법은 없지 않나 싶습니다.

히말라야, 내가 작아지는 즐거움

보통은 하루에 고도를 300m 이상 올리지 말라고 하는데, 사실 그렇게 하면 너무나도 많은 시간이 소요가 되기에 보통 500m 전후로 올리기도 합니다. 다만 3,000m, 4,000m, 5,000m에 도달하면 그곳에서 하루 정도 쉬어 주는 방식으로 오르는 것도 추천할 만합니다. 또한 너무 욕심을 내어 과로하거나, 과하게 많이 걷거나, 뛰거나 빠르게 걷는 등의 행위도 고산증을 유발할 수 있습니다. 될 수 있다면 물을 자주 많이 마시고 머리를 감거나 샤워는 하지 않는 것이 좋습니다. 또 어떤 분은 산에서 롯지에 들를 때마다 적게든 많게든 술을 자주 드시는 분이 계시는데, 이 또한 고산병을 유발할 수 있다고 합니다. 온 정신이 저절로 깨어나는 투명한 산에까지 와서 억지로 정신을 흐리게 만드는 술을 먹을 필요는 없겠지요. 어떤 분은 고산병 약을 드신다고 하는데, 어쩔 수 없는 경우라면 먹을 수밖에 없겠지만 될 수 있다면 고산병 약은 안 먹는 편이 좋다고 합니다. 고산병 약을 먹는 것보다는 고산 증세가 나타나자마자 그때부터 걷기는 피하고 푹 쉬면서 하루 이틀 지켜보거나, 낮은 고도로 내려가는 것이 더 중요합니다.

○ **베터리 충전은 할 수 있나요? mp3, 카메라 등은 가져가도 될까요?**
에베레스트의 경우 남체바자를 지나면서부터는 방에 불이 들어오지 않습니다. 높은 고도에서는 모든 전기를 태양전지를 이용합니다. 그러다 보니 베터리 충전하는 가격이 아랫지역에 비해 두 배에서, 네 배까지 상승합니다. 남체바자에서 1,500원 정도 하는 베터리 충전 비용이 고락샵에서는 5,500원을 할 정도니까요. 그러나 어느 롯지든 베터리를 충전할 수 있는 시설은 다 되어 있습니다. 다만 많은 양의 사진을 찍는 분이라면 여분의 베터리를 충분히 가져가는 것이 경제적으로도 좋겠지요. 그리고 고지대로 올라갈수록 추워지니 베터리를 따뜻한 곳에 보관하거나, 주머니에 넣어 따뜻하게 유지해야 쓸데없는 베터리 소모를 막아줍니다.